DA SAGRADA MISSÃO PEDAGÓGICA

Eliane Marta Teixeira Lopes

DA SAGRADA MISSÃO PEDAGÓGICA

2ª edição revista e ampliada   **autêntica**

Copyright © 2017 Eliane Marta Teixeira Lopes
Copyright © 2017 Autêntica Editora

Todos os direitos reservados pela Autêntica Editora. Nenhuma parte desta publicação poderá ser reproduzida, seja por meios mecânicos, eletrônicos, seja via cópia xerográfica, sem a autorização prévia da Editora.

EDITORA RESPONSÁVEL
Rejane Dias

EDITORA ASSISTENTE
Cecília Martins

REVISÃO
Lúcia Assumpcão

CAPA
Diogo Droschi
(sobre imagem de Odilon Redon)

DIAGRAMAÇÃO
Waldênia Alvarenga

Dados Internacionais de Catalogação na Publicação (CIP)
Câmara Brasileira do Livro, SP, Brasil

Lopes, Eliane Marta Teixeira
 Da sagrada missão pedagógica / Eliane Marta Teixeira Lopes. -- 2. ed. -- Belo Horizonte : Autêntica Editora, 2017.

 Bibliografia.
 ISBN 978-85-513-0121-0

 1. Pedagogia 2. Prática de ensino 3. Professores - Formação I. Título.

16-09197   CDD-370

Índices para catálogo sistemático:
1. Pedagogia : Educação 370

Belo Horizonte
Rua Carlos Turner, 420
Silveira . 31140-520
Belo Horizonte . MG
Tel.: (55 31) 3465 4500

www.grupoautentica.com.br

Rio de Janeiro
Rua Debret, 23, sala 401
Centro . 20030-080
Rio de Janeiro . RJ
Tel.: (55 21) 3179 1975

São Paulo
Av. Paulista, 2.073,
Conjunto Nacional, Horsa I
23º andar . Conj. 2301 .
Cerqueira César . 01311-940
São Paulo . SP
Tel.: (55 11) 3034 4468

Para Luísa, raio de sol...
Para Rita, minha Margaridinha.

*A Margareth Diniz e José Jardilino que,
com amizade, leveza e um bocado de insistência,
me incentivaram a reeditar este livro.*

Sumário

9 | **Apresentação**

11 | **Prefácio**

17 | **Introdução**
17 | Para uma articulação entre o que antecedeu e o que se segue
25 | Apresentação do material coletado
37 | Para uma leitura conivente do que vem a seguir

65 | **Capítulo 1**
Ser professor, ser professora; qualidades e defeitos: o texto

185 | **Capítulo 2**
Entre Eros, Narciso e Eco, quem dá a última palavra?

191 | **Posfácio**

195 | **Nota preliminar à bibliografia**

197 | **Bibliografia**
197 | Primeira parte: metodologia
202 | Segunda parte: os discursos da e sobre a educação
216 | Terceira parte: religião e contexto
219 | Quarta parte: história da mulher e história da educação da mulher

225 | **Novo ponto de partida**
Educação: a angústia desse objeto
225 | "A educação (não) é tudo"
228 | Sobre ensinar e aprender

Apresentação

Em uma passagem tornada célebre, Marx afirma que os fatos e os personagens da história se repetem, mas com uma sutil diferença: primeiro como tragédia, depois como farsa. E o que fazer diante da repetição farsesca da história? Quando Eliane Marta Teixeira Lopes publicou pela primeira vez este seu *Da sagrada missão pedagógica,* saíamos de um momento trágico da história do país. Por muito tempo, pareceu que este livro havia cumprido sua função e, como a carta roubada de Poe, tinha chegado a seu destino. Afinal, muitos de nós pensávamos que o país havia cicatrizado as feridas abertas dos anos de chumbo da ditadura iniciada em 1964. Enfim, parecia que a tragédia do golpe civil-militar era um capítulo já superado dos livros de história. Mas é exatamente porque a história se repete que algumas verdades precisam ser ditas mais uma vez.

Se hoje o livro se faz novamente necessário é, paradoxalmente, pela contingência da repetição farsesca da história, que mostra sua face, antes de tudo, precisamente na educação. Alguns fatos recentes chamam a atenção: a batalha em torno da reforma do ensino médio, que opôs uma geração corajosa de secundaristas ao aparelho burocrático, à surdez da imprensa, à insistência da máquina de propaganda e à brutalidade da polícia; o falso debate que confunde atitude crítica diante da realidade com suposta "doutrinação", que tenta vender uma visão da escola como um lugar neutro, em que o conhecimento pode ser desvinculado das práticas reais e das condições materiais de seus atores. E até mesmo uma espécie de *index librorum prohibitorum* redivivo, que tenta extirpar dos livros escolares quaisquer discussões progressistas acerca de temas como sexualidade e política. Nesse contexto, a reedição do livro de Eliane Marta é um sopro de vida.

Com efeito, a obra propõe uma contundente arqueologia dos discursos sobre a educação, valendo-se de uma metodologia que busca contornar os impasses dos métodos consagrados nos meios acadêmicos. Recusa, por dentro, o discurso universitário, utilizando uma estratégia que consiste em justapor discursos de naturezas as mais diversas que formam o que a autora chama de "o texto". Sem tecer comentários, sem contextualizar, sem explicar: apenas justapondo e alinhavando os discursos que em níveis e instâncias heterogêneas constituíram, paradoxalmente, uma visão demasiado homogênea do que significa ser professor ou professora. Como se constituiu esse longo tecido que, no fundo, prolonga alguma coisa da secularização de virtudes teológicas? Em discursos tão longínquos como os de Angela de Mérici (1474-1540) ou Louise de Marillac (1591-1660); no texto da primeira lei sobre a instrução promulgada no Brasil Império, em 15 de outubro de 1827; na fala do papa Pio IX, *Deus Humanae salutis auctor* (1855); na circular do bispo diocesano Dom Silvério dirigida a todo clero em 1901; no Decreto n.º 10.118 de Olegário Maciel, que institui o "Dia da professora", na década de 1930; no excerto do livro de 1952 de Anísio Teixeira que trata da preparação do professor primário; nos dez mandamentos da professora, que o jornal *Estado de Minas* publica em outubro de 1961 e em tantos outros documentos históricos; o que se constitui é o longo texto que exalta as virtudes e as qualidades de uma professora, que elenca e classifica os diversos tipos de professor, que consolida e consagra toda uma visão acerca do caráter sagrado e – por que não? – redentor que a missão pedagógica encerra. Isso tudo, o título do livro capta perfeitamente: a sagrada missão pedagógica. O que permite juntar textos tão heteróclitos não é outra coisa senão a escuta atenta da autora, cuja experiência na área é inconteste. Ela escuta, por trás, por baixo, mas também na superfície e no clarão da letra, o baixo contínuo que insiste. Escuta por cima da polifonia ou mesmo da música aleatória, os motivos que se repetem, que se transfiguram na e pela repetição. Como se escutasse a pulsação daquilo que resiste ao conceito.

Sim, algumas verdades precisam ser ditas e reditas. O que não quer dizer que possamos dizê-las todas ou nos instalarmos confortavelmente em um lugar neutro da enunciação. Essa arte de deslocar-se por entre discursos e métodos, essa clareza acerca dos impasses que o próprio discurso engendra situa o livro de Eliane nesse lugar atópico que diz a verdade, sem dizê-la toda. Afinal, como lembra Jacques Lacan, a lei formal de enunciação da verdade é o semidizer.

Gilson Iannini
Psicanalista, filósofo e editor.
Professor do Departamento de Filosofia da UFOP.
Autor de *Estilo e verdade em Jacques Lacan* (Autêntica).

Prefácio

> [...] *e sufoco porque sou palavra e também seu eco.*
> (Clarice Lispector, *Água Viva*)

Prefácio não é, ao contrário daquilo que meu ouvido supunha, o que vem antes daquilo que faço ou que foi feito, mas aquilo que é dito antes, preliminarmente. Encontra-se, pois, no campo da linguagem e não no da ação. Prefácio é pequena fala (*prae e fari*) que precede um livro, dando sua razão de ser ou alguma informação indispensável ao leitor (Nascentes, 1981). É o que se diz em primeiro lugar, no princípio, porque é o que se pensou antes de se fazer. Mas, paradoxalmente, o que se pede é: leiam em primeiro lugar aquilo que foi feito por último.

Da sagrada missão pedagógica, foi o título[1] que escolhi para dar a este trabalho, entre quaisquer outros possíveis. Trata-se de um trabalho em que busco estabelecer eixos para uma leitura do que se disse (discursos), ao longo de muito tempo, sobre o que é ser professor, professora, suas qualidades, seus defeitos. Quero mostrar que vieram do campo do religioso e do privado e deslizaram para o campo do leigo e do público. Quero mostrar que muito foi o que se disse, que esse dizer se repetia, e que essa repetição tinha uma função. A formação do professor, da professora, diante de sua prática, impunha-se como uma esfinge que falava: Decifra-me ou devoro-te. Preferi tentar decifrar.

Mais vale prevenir... talvez para isso sirva um prefácio, depois que já disse o que é. Pronto o trabalho, é bom que se acautele o leitor. Previno:

---

[1] Em latim, ao lado de título de obra, ou rótulo de vinho e, ainda, de cartaz pendurado ao pescoço de um escravo ou condenado, *titulus, -i* significa também letreiro que se cravava nos enterros e que realçava os feitos da pessoa falecida, epitáfio.

esta não é uma Tese ortodoxa. Vários cânones foram quebrados. Além de fazer um prefácio – aquele que agora faço – chamo de leitor, ao invés de examinador, cada membro de uma banca de concurso para professor titular, ainda anônima para mim. Que não se considere isso falta do respeito devido. É que às palavras escritas se deve um leitor e, ainda que suposto, o papel de examinador vem depois do de leitor.

Também outro cânone foi quebrado no que diz respeito ao campo em que se situa o trabalho realizado. Se se confere o *curriculum vitae* da autora (também isso não é muito correto, pois sou examinanda; sim, sou, mas depois de ser autora, por enquanto sou autora), pede-se um trabalho de História da Educação, o que definitivamente este não é. Ou é? Não é trabalho de historiador, nem de sociólogo, nem de filósofo, muito menos de psicanalista, pois não foi exercendo nenhum desses ofícios[2] que o fiz. Não foi obedecendo, nem cumprindo os deveres das metodologias. No entanto, pretendo que ele contenha o resultado de algumas reflexões históricas, psicanalíticas e filosóficas, com sabor de antropologia e sociologia e mais teoria literária. Não é nada, então; ou então, é inclassificável.

Mas "[...] é precisamente esse embaraço de classificação que permite diagnosticar uma determinada mutação" (BARTHES, 1988, p. 71). Essa mutação apontaria para uma realizada ultrapassagem das demarcações disciplinares, que avançaria para o lugar da transdisciplinaridade, não decidido *a priori*, mas imposto como a única maneira desta autora realizar este trabalho. O quanto isso se dava na cabeça da autora, a escritura pretendia dar conta de mostrar; o quanto efetivamente se deu...

Michel Schneider (1990) nos oferece achados preciosos no seu *Ladrões de palavras*. Além do que diz sobre plágio, psicanálise e pensamento, autorizou-me, retroativamente, para o que já havia escrito, a dizer certas coisas. Por exemplo: a inconcebível desproporção entre a linha escrita e as páginas lidas, que enlouquece a todos que se dispõem a escrever. Leio tanto, para escrever o quê? Ler pode se tornar a mais perigosa armadilha para quem escreve: enquanto leio, ocupo-me – de coisa relevante e atinente – para não escrever. Não estou escrevendo – que é o que se pede – porque estou lendo; ou: ainda não sei; é preciso

---

[2] É interessante a palavra: o verbo, *officio, is...* tem o sentido de pôr-se à frente, pôr à frente, fazer obstáculo, impedir, obstruir. O substantivo, *officium, -i*, no seu sentido primitivo, significa trabalho ou tarefa a executar. Depois, obrigações; dever, obrigação moral, fidelidade ao dever, obediência.

aprender, é preciso ler mais. É preciso aprender o que dizer e é preciso também aprender como dizer. Aprender a plagiar; mas não é apenas a questão do plágio que fica posta, é a questão mesma da mimese. Quero "virar" o outro, é o outro em mim. Mas o paradoxo disso é que o "outro" que se quer virar já é esse que está em latência em nós mesmos. Achei anotado por mim em um livro de Nietzsche: o que nos faz aproximar de um autor ou de autores, e não aproximar de outro, não está nele, mas em nós mesmos. Essa aproximação, porém, tem um lado perverso. É alguma coisa em latência e inominável que nos aproxima. Ao chegarmos nele, encontramos a expressão daquilo que se queria dizer, mas nesse ponto já não podemos mais dizer, pois esse outro já disse, ele já o fez. Ai! Para alguma coisa semelhante, Schneider cita Pascal: "Achamos em nós mesmos a verdade do que ouvimos e que não sabíamos que lá estava, de sorte que somos levados a amar aquele que no-la fez ouvir; pois ele não nos mostrou seus bens, mas os nossos" (SCHNEIDER, 1990, p. 131).

Assim foi com muitos autores aqui citados, dos quais recebi uma transfusão de signos, de palavras, de frases, de parágrafos, com ou sem referências... A bibliografia, da maneira como está organizada e justificada, pretende dar conta desses, nem sempre explícitos, nem sempre coerentes, nem sempre competentes liames. Além disso, os livros, os autores são mais do que ferramentas de trabalho. Parecem-se com incenso,[3] que perfuma e perfumando faz companhia. Confesso que nunca li o *Sistema da moda*, de Barthes, mas ele tem-me feito muito boa companhia. Bourdieu (1990, p. 42) diz que "Quem procura acha". Mais afeita ao Tao, diria que não procuro. Acho.

A maneira de citar rompeu com mais outro cânone. Recomenda-se (com ênfase), segundo as Normas Bibliográficas, que, após a citação do excerto, deve-se fazer, entre parênteses, a referência ao sobrenome do autor, ao ano da publicação e ao número da página. Cada vez mais eclipsando a informação, segundo a maneira como percebo. No caso de autores muito conhecidos, é imediato o reconhecimento: Barthes, Bourdieu, Freud, Beauvoir (que já nem têm mais prenome). O que fica aborrecido, nesses casos, é a ida ao fim do texto para se saber de que livro se fala, já que a produção de autores como esses é grande, e que, no momento exato, imediato da leitura, o menos importante é o número da página e o mais, o título da obra. No caso de autores desconhecidos, ou

---

[3] *Incensum...* aquilo que é queimado.

que têm sobrenomes comuns como Lopes, Silva, são mais complicadas as consequências. Não só não se sabe quem é, como imediatamente se pensa o autor no masculino: o Lopes, o Silva. Pelo sexismo da língua, o lugar vai ser ocupado pelo pretensamente universal. Não é justo com a luta das mulheres para se fazerem ouvir escrevendo. A ruptura com esses cânones fez-se, então, com a intenção de facilitar a leitura do trabalho e a transmissão da informação e estar coerente com a crítica que faço a outros trabalhos. No Texto-criado,[4] pretendi, no cabeçalho de cada excerto, dar as informações necessárias e tão completas quanto possível, para que o leitor possa, se quiser, buscar o texto completo que está citado na Bibliografia.

***

Esta tese é um trabalho sem orientador. Conserva-se aqui e ali, recebem-se apoios importantes, ouvem-se questões, mas... o tempo é curto e a responsabilidade é inteiramente pessoal. A autora é, além de responsável única – tanto quanto possível – pelo texto e por sua direção (orientação bibliográfica, ideológica e metodológica), de uma solitude irremediável. A decisão em fazer o trabalho pressupunha isso. A universidade poderia, diante de uma conjuntura adversa, ter suspendido os concursos. Na sua decisão de não o fazer, o Conselho Universitário considerou que as ameaças de empobrecimento e de aviltamento que pairam sobre a universidade devem ser enfrentadas por meio da manutenção do nível de qualificação pelo qual vem lutando. Reafirmando essa posição, é preciso que os professores organizem sua produção e a coloquem publicamente em julgamento. Pessoalmente, ao lado dessa responsabilidade, fui provocada por incontida vontade de produzir o trabalho; de trabalhar dessa outra forma, de escrever, de criar. Acredito que uma maneira de responder à difamação de ausência de produção na universidade é produzir, criar criticamente. Com muito prazer.

O tempo era pouco, mas ouvi de Baudelaire (1981, p. 142):

> A cada minuto somos esmagados pela ideia e sensação do tempo. E só existem dois meios de escapar a esse pesadelo, de o esquecer: o prazer e o trabalho. O prazer gasta-nos. O trabalho fortifica-nos.

---

[4] Introduzo aqui a expressão Texto-criado, que vai ser explicada na terceira parte da Introdução, para referir-me ao Texto, que é o próprio Capítulo 1.

Escolhamos. Quanto mais nos servimos de um desses meios, tanto mais o outro nos inspira repugnância. Impossível esquecermos o tempo senão servindo-nos dele. Nada se faz senão pouco a pouco. De Maistre e Edgar Poe ensinaram-me até a raciocinar: não há obra longa, salvo aquela a que não ousamos dar começo. Ela se torna pesadelo.

Não deixei de fazer nada do que queria, do que achava que devia ser feito. No entanto, este trabalho me pediu uma liberdade muito maior do que eu, talvez, estivesse habilitada para conceder, mas não me pedi nada do que não queria fazer, do que excederia ao meu métron de então.

Introdução

Estou hoje perplexo, como quem pensou e achou e esqueceu.
Estou hoje dividido entre a lealdade que devo
À Tabacaria do outro lado da rua, como coisa real por fora,
E à sensação de que tudo é sonho, como coisa real por dentro.
(ÁLVARO DE CAMPOS. In: PESSOA, 1965)

Para uma articulação entre o que antecedeu e o que se segue

Ao concluir o artigo "Casa da Providência: uma escola mineira do século XIX", declarei que "assumo profundamente o risco de prosseguir envolvida".[1] Esse artigo provocou em mim mesma e em outras pesquisadoras na área da educação a certeza de que, por um lado, era preciso investir em pesquisas e estudos sobre a educação da mulher, e, por outro, só era possível fazê-lo assim, envolvida.

Os desdobramentos foram grandes: maior e mais profunda aproximação com o grupo Educação e Mulher do Rio Grande do Sul, coordenado pela professora Guacira Louro, que já vinha desenvolvendo reflexões em torno da questão da educação e da mulher; desenvolvimento de novos projetos de pesquisa sobre a mesma temática, como o realizado por pesquisadoras da Universidade de Santa Catarina, e aqui, na Faculdade de Educação da UFMG, a criação de um grupo interdisciplinar e, coincidentemente, interdepartamental, que congregou sete pesquisadoras com formação bastante diversificada.[2] O fio condutor por

---

[1] EDUCAÇÃO EM REVISTA, 1987.

[2] Constituindo-se como equipe interdisciplinar, o grupo buscou, então, um nome que o abrigasse, descartando, naquele momento, a ideia de Núcleo e adotando, no

onde passam as reflexões de que emergem e para onde convergem as pesquisas é "Ser mulher: ser mãe, ser professora...", contemplando dessa maneira os dois eixos sobre os quais, historicamente, vem se constituindo a identidade feminina.

Esta tese está ligada, assim, à constituição e à construção de uma reflexão coletiva, mas tem, ao mesmo tempo, uma trajetória particular. Devo explicitá-la. Após ter lidado na tese de doutoramento com a questão da relação educativa no movimento da história, privilegiando o período colonial em Minas Gerais e seus motins, era compreensível que, pelo menos geograficamente, estivesse mergulhada nas Minas e nessas relações educativas que aqui se constituíram. A ausência de um sistema educacional, ou, mais simplesmente, de escolas, nesse período, remetia à questão de que, afinal, todos eram educados por alguém, por algo.

A essa imersão no passado correspondia contemporaneamente um momento político nacional em que a morte do quase-presidente da República punha em evidência sua esposa, como modelo de mulher forte, reiterando o senso comum de que as mulheres mineiras são fortes. Ao mesmo tempo, não tendo porta-voz oficial que falasse dela, "falava-se" também de outra mulher mineira forte, a que era secretária, a que trabalhava com o político e administrador, "a outra". Para mim, propunham-se como questões de pesquisa, numa ponta, a educação no passado, e, na outra, a mulher mineira. Se, durante muito tempo essa mulher não teve, tal como os homens, acesso a um sistema público de ensino, quando passou a tê-lo, foi principalmente em colégios religiosos. Uma casual visita ao Colégio Providência (dirigido pelas Irmãs Vicentinas, as mesmas que dirigiam o colégio onde o referido modelo, esposa e mãe, estudara – situado em Mariana – Minas colonial) propôs a questão: quem educa, quem educou essa mulher, classe média, que vai ser

---

próprio nome, a realidade de sua prática acadêmica: Grupo de Estudos da História da Educação da Mulher (Gehem). Há um ano e meio, em reuniões semanais, o grupo debate e estuda a educação da mulher, considerando a relação passado/presente imprescindível para o avanço do entendimento da temática. A dinâmica desse grupo tem se tornado intensa e possibilitado a emergência de diversas questões de investigação que estão se traduzindo, gradativamente, em projetos de pesquisa. Temos buscado nos abrir, socializando nossa produção e reflexões em palestras e cursos dados na Faculdade, e também fora dela, incorporando, mediante projetos concretos, novas temáticas afins com a linha teórica, mas mantendo nosso particular espaço de construção de grupo, de metodologia e de interação teórica. Inspiradas por Barthes, o grupo pretende ser um espaço onde não se sabe, mas se "produz" um saber.

professora e mãe de família, matriz reprodutora, biológica e ideológica, ou a "outra", transgressora de costumes? Dessa aparente *mélange* foi que resultou a primeira fase da pesquisa relatada em "Casa da Providência: uma escola mineira do século XIX" (1987), restrita a um único colégio e a propor questões e a sugerir caminhos ainda não colocados para o campo de conhecimento da História da Educação, e que exigiriam a introdução de novas abordagens teóricas e metodológicas.

Feito esse relatório ou mapeada a questão, parti para Paris, em bolsa de pós-doutorado, não só com o mapeamento, mas também com as questões. Mantinha a ilusão, naquele momento, de que é possível, ao lado de respostas que se constroem, encerrar as perguntas. Essa viagem representava isso: saber. Paris era o lugar do saber, era o lugar em que se encerrariam as perguntas. Esse verbo, e só ele, me dava a resposta sem que soubesse ainda: as perguntas não acabam, não chegam ao cabo, mas verdadeiramente se encerram: colocadas em lugar fechado ("o afeto que se encerra em nosso peito juvenil") multiplicam-se e se diversificam. A aventura intelectual – entre outras – que significa a convivência com a socialização e a produção inesgotável do saber, é, para uma pesquisadora de 3º Mundo em Paris, deslumbradora. E o deslumbramento é uma armadilha... – "ofuscar ou turvar a vista de, pela ação de muita luz, causar assombro em, maravilhar" – tudo isso de que diz o dicionário é possível nessa tal convivência, essa aventura intelectual. Ao gosto do século XVIII, o saber ilumina, causa assombro, maravilha, mas corre-se o risco de se perderem os problemas a serem iluminados. Vira-se uma "deslumbrada" ou "deslumbrado", como qualificam os colunistas sociais aos néscios.

> Enfunando os papos
> Saem da penumbra
> Aos pulos, os sapos.
> A luz os deslumbra.
> (MANOEL BANDEIRA, *Estrela da Vida Inteira*)

Mas, *a ventura* é isso mesmo. Se já havia declarado que corria o risco de prosseguir envolvida (mas não por isso), prossegui. Perseguia tenazmente bibliotecas, pessoas, livros, xerox, ruas, avenidas, espaços em que as coisas haviam se dado, igrejas, cerimônias, documentos, pinturas em museus, cartões. Explorava, descobria, expunha-me. Relação apaixonada, simbiótica, que impedia que me esquecesse dos problemas, das questões que levara e que me apontava uma nova e possível aproximação com o objeto, mas que poderia também me impedir de prosseguir, de tão envolvida. "Morrer à míngua, de excesso", como advertiu o poeta Mário de Sá Carneiro no poema "A queda".

Que questões eram essas que, grudadas em mim, se multiplicavam como pequenos Gremlins?[3] A oportunidade reforçava algumas e fazia com que renunciasse a outras. Nesse movimento, dois grupos de questões impuseram-se como prioritários. Por um lado, um conjunto que se referia à criação da Companhia das Filhas da Caridade de São Vicente de Paulo e a tudo que a ela dissesse respeito, sobretudo ao movimento histórico que a engendrou. Por outro lado, aquele que se referia ao lugar da mulher (mãe-professora) na história, à história das mulheres e, ainda, mais precisamente, ao "gênero como categoria útil de análise histórica".[4] Atrás dessas, outras questões vieram. De alguma forma, todas elas estão neste trabalho.

Entre nós – a mim mesma – soava (e soa) estranho o movimento de deslizamento das questões: do campo estritamente educacional e pedagógico – mesmo levando em conta a questão do gênero –, elas se encaminham para o campo religioso, extraindo daí seus objetos. Estudar biografia de santos e santas, debruçar-me sobre dicionários de espiritualidade ou de teologia, em busca de novos sentidos para velhas palavras, como mundo ou catequismo, tudo isso completamente novo e suspeito para mim, mas absolutamente irrecusável. Não era o passado com sua sedução de uma possível resposta ou solução – impossível – que atraía, era o presente com sua arrogante imposição de realidade. Após ter *olhado* um certo presente, um certo cotidiano da educação, era impossível não ir a esse passado.

Se a empatia e o envolvimento com os objetos de pesquisa têm, por um lado, suas marcas mais sólidas no campo social e coletivo e no pessoal explícito, eles resultam, por outro lado, de uma outra inefável aproximação e sintonia. Que mistério é esse que, para além do engajamento e de compromissos políticos, ou da busca de uma cada vez maior afinação científica, aproxima o pesquisador de um certo objeto de estudo e não de outro?

> *Depois, mas por que é que me ensinaste a clareza da vista. Se não me podias ensinar a ter a alma com que a ver clara?* (ÁLVARO DE CAMPOS)

Educação, religião, mulher. Professor/professora; Reforma/Contrarreforma; mulher/homem. Assim mapeei meu campo de trabalho

---

[3] Refiro-me ao filme *Gremlins*, de Steven Spielberg.

[4] Tomo emprestada a expressão a Scott (1990, p. 5-22).

em um dos seus momentos, que já não sei se foi o primeiro – como saber essas coisas? Todas as categorias, conceitos, ideias, expressões, palavras, se entrelaçando de maneira inextricável, sempre exigentes, sempre pedindo mais, sempre pedindo outras explicações, outras compreensões. Uma das questões que se colocou como mobilizadora foi: de onde virá a concepção redentora da educação? De onde virá a frase que se ouve repetidamente "sem educação não há salvação"?[5] Já se desconfia de onde vem, mas como se constitui? Como e por que fica? Muitas vezes já se disse das estreitas e materiais relações entre educação e capitalismo, e do aviltamento imposto por uma determinada organização e fragmentação do trabalho àqueles que fazem a educação, mas não tem bastado para bastar. A categoria profissional se organiza em associações, em sindicatos, mas há, no interior mesmo da prática política, traços de atitudes, maneiras de encaminhar o raciocínio e comportamentos que não são da ordem do político. A educação esbarra e se vê impedida de ir largando suas cascas e couraças que o tempo fez envelhecer, possivelmente, por outras razões. A pretensão da eternidade – transcrita para a educação na busca incessante, voraz e muitas vezes paralisante, de perfeição imposta a alunos e professores e a pretensão da salvação, cunhadas e identificadas historicamente no campo do religioso, dele deslizam, travestidas de métodos e práticas didáticos, para o campo pedagógico e aí permanecem. Quem disse primeiro? Quem repete? O que se repete?

Se, no início da constituição dessa linha de pesquisa restringia-me à busca da especificidade do "ser professora", o rumo que a pesquisa para este trabalho tomava, no contato com o material coletado, impunha outra abordagem do mesmo problema. Interessou-me saber, quando algumas religiosas foram precipuamente professoras (Ursulinas, Vicentinas), qual a sua ética pedagógica? Quais as qualidades e virtudes (tal como estabelecem essas diferenças as Vicentinas e os Lazaristas) são necessárias e estimuladas? O que é interditado? O que é explicitado, fora das palavras

---

[5] Palavras do ex-ministro da Educação Marco Maciel, no *Bom-dia Brasil* do dia 19 de outubro de 1989. Não vai em outra direção o texto do cartaz divulgado pelos reitores e diretores das instituições do ensino superior em defesa do ensino público e gratuito como conquista inalienável da sociedade e obrigação do Estado (1987): "*Somente* através da educação será possível construir uma Nação democrática e garantir uma sociedade justa" (grifo meu). São exemplos, apenas, entre inúmeros que povoam esse cotidiano educacional, não apenas escolar.

das Congregações, pela Igreja, pelo Papa? Para além do campo religioso, essa ética é privilegiada pelo público e leigo, no Brasil, inclusive? Para professoras e professores?

A partir do século XIX os colégios religiosos femininos, educando mulheres e formando professoras, que em outras instituições iriam educar meninas e meninos, se espalham em Minas Gerais. Como se vê pelos dados abaixo transcritos, não é nada desprezível esse raio de influência.

> Temos hoje identificadas 185 instituições educacionais (chamamos instituições educacionais a todas aquelas em que haja atividade pedagógica, por nos ser impossível distinguir, nesse momento, quais são os colégios e quais não o são) que existiram ou existem em toda Minas Gerais, sob a direção de Congregações Religiosas Femininas. Dessas, 42 estão na Capital e 143, no interior. Desse total, 144 ainda funcionam e 41 foram extintas ou não são mais dirigidas por congregações [...] É exatamente com um total de 71 colégios religiosos femininos que prosseguimos o nosso trabalho com mais segurança. Sessenta e três congregações religiosas femininas desenvolveram algum tipo de trabalho educacional e entre elas as Vicentinas e as Clarissas Franciscanas possuem um maior número de instituições (12 cada uma).[6]

Em 1929, Francisco Campos dizia que era preciso reeducar o professorado, sem o que não seria possível implementar sua reforma. Palavras? Talvez, mas, ainda assim, palavras, discursos, com sua importância e validade específicos. Essa simples, e aparentemente banal, frase pode expressar a necessidade de se "limpar" de tanta religiosidade o campo educacional, para dar lugar a um ideário que previa novas relações entre professor-aluno e entre esses e a construção do saber. Mas, o que seria "exatamente", para esses novos-educadores-novos, *ser professor, ser professora, qualidades e defeitos de um e de outro?* O que eram eles mesmos? A quem citavam? De onde falavam? Esse ideário poderia ser banido por ordem do secretário, ou por decreto? Dessa maneira, cheguei à coleta dos discursos, que constituem o cerne deste trabalho.

Mas também cheguei àqueles discursos, ouvindo e lendo discursos de hoje, ou de ontem. Ouvi, por exemplo, um discurso de paraninfa

---

[6] PORTES, Iracé-Margarida Gatti; BICALHO, Marly Gonçalves. *Colégios religiosos femininos em Minas Gerais: localizar e mapear.* (Trabalho desenvolvido em Bolsa de Aperfeiçoamento, concedida pelo CNPq, sob minha orientação).

na formatura de um Curso de Pedagogia de uma instituição de ensino superior, em 1990, após uma longa citação do Gênesis:

> [...] depois o homem foi criado, depois o homem começou a criar. Vi vossa chegada à escola, vossos primeiros sonhos, grandes sonhos, grandes projetos. Pois só vale quem sonhou demais. [...] Aprendemos juntas que a ciência não pode encontrar sua legitimidade apenas ao lado do conhecimento. Talvez ela pudesse fazer a experiência de tentar encontrar o seu sentido ao lado da bondade. [...] Terminastes uma escola. Agora começou outra. A bondade, queridas alunas, não necessita de legitimações epistemológicas. [...] Hoje sois pedagogas. Aprendestes a teoria e a prática, sabeis que existem fundamentos da pedagogia, profissão digna. [...] Nos contatos diários com vossos alunos, com as pessoas que frequentam sua escola, fatalmente, verão, penetrareis na intimidade dessas pessoas. As neuroses, as doenças criadas pela angústia do estresse, criadas pela perda do individualismo, serão a tônica durante toda a sua vida profissional. Por isso, o mundo precisa de vós, as pessoas que as cercam precisam de vós, para não deixar que as famílias continuem a ser apenas um campo de treinamento, uma organização social, sem procurar ver o que e quem tem medo de si. Educá-lo como indivíduo e não mais como peça de máquina social. Vós sois profissionais responsáveis pela manutenção do bem-estar social [...] etc., etc.

Li nas transcrições feitas por Eliana Novaes, em seu livro *Professora primária: Mestra ou tia*, de 1987:

> – A mulher deve ser professora primária.
> – A mulher tem mais capacidade de se dar e a criança precisa de alguém que saiba conquistá-la.
> – Quando eu estudei, era moda moça fazer o curso normal. Era o curso apropriado para mulher.
> – Professora primária deve ser mulher e tem que ser mãe, para saber lidar com crianças.
> – Escolhi o Magistério por vocação. Gosto de me sentir projetada em outras pessoas. Estudei em colégio de freiras e minha formação religiosa me faz ver o Magistério como uma atividade missionária. Talvez eu tivesse tido outro ideal – Medicina – mas, na cidade onde eu morava, não havia faculdades e meu pai não me deixaria sair para estudar fora.
> – Não tenho condições nem físicas, nem mentais, nem culturais para outra profissão. Não faço nada sem ser mandada. E preferível ser soldado raso que general.

Li ainda nos excertos escolhidos por Guido de Almeida (em sua tese de mestrado, publicada em livro – *O Professor que não ensina* – em 1986) o que, para os profissionais da área, é ser professor, educador.

> Enfim, ser educador é ser uma vela que se consome lumiando.
> [...] o mestre é como a vela que iluminando se consome.
> [...] ela é ao mesmo tempo tia, mãe, professora.
> Ser educador é ser pai que quer e vibra com o progresso de seus filhos [...]
> O educador pode ser considerado como o bom pastor que conduz suas ovelhas [...]
> Ele é como Jesus levando suas ovelhas
> Ser educador é ser Cristo.
> O professor é portanto um missionário da obra de Deus, digo divina [...]
> O educador, no contexto atual, é convocado como missionário, a usar todas as suas forças [...]
> Ele é o espelho, ele é o responsável pelo futuro de sua Pátria. Depositemos nossa fé naqueles que são os arautos do saber e da verdade, pois sua missão é sublime.

Li também, em um livro publicado pela primeira vez em 1990, a citação:

> [...] os melhores métodos jamais poderão *salvar* um mau professor, ao passo que os métodos mais grosseiros e arcaicos poderão dar os melhores resultados nas mãos de um professor respeitado e estimado (M. GADOTTI *apud* FERACINE, 1990, p. 37 e ss., grifo meu).

E, ainda, as famosas classificações nos discursos prescritivos:

> Perfis negativos do professor:
>
> Desanimado/ saudosista/ critiqueiro/ alienado/ policial/ o professor-sem-mais/ sonhador/ leigo/ ideologizador/ terrorista/ autoritário.
>
> Atitudes positivas:
>
> A CONSCIÊNCIA: da realidade/ da mudança/ da crítica/ criativa/ de identidade/ política/ da opção pelas camadas menos favorecidas que requer: atitude de benevolência em favor dos menos dotados; gestos de aproximação junto aos problemas que afligem aos mais fracos; tomada de apreço pelos valores da cultura popular; interesse efetivo em participar da promoção de quantos estão sendo marginalizados; compromisso de não reproduzir os mecanismos de segregação, etc., etc.

No elenco de qualidades percebidas por Lilian Wachowicz (1989), constam aquelas de que todos os outros autores sempre trataram. Pode ser, sim, que existam coisas novas – o que aumenta o grau de exigência de qualidades – mas as velhas estão lá. Também na percepção de alunos do 2º e 3º graus entrevistados por Maria Isabel Cunha (1989. Parte IV) não há novidade. Prescreve-se, ensina-se a ser.

Ainda no que de novo pode ser lido, encontramos em Ezequiel Theodoro da Silva (1989) dois capítulos *old fashion*: "De como ser um mau professor" e "De como ser um bom professor".[7]

E dá-lhe prescrição. E continua-se a ensinar a ser. Será que ninguém aprende mesmo depois de tantos séculos, de tantas vezes repetido? Por quê?

Apresentação do material coletado

> *Toréador, en garde!*
> *Toréador! Et songe bien, oui,*
> *Et songe en combattant*
> *Qu'un oeil noir te regarde*
> *Et que l'amour t'attend.*
> (H. MEILHAC; L. HALEVY – P. Mérimée: *Carmen*)

A partir do momento em que está configurada para a pesquisadora[8] a problemática na qual está disposta a investir, dá-se início a um combate. Começa um longo caminho de buscas, de descobertas, de suspeitas e de decisões, jamais concluído, jamais seguro, jamais certo. Essas decisões terão de ser tomadas, por exemplo, em relação ao material que melhor se presta a revelar o que se quer compreender – e, dentro desse material, ao que é mais expressivo – e, ainda, em relação à teoria que melhor conduz a essa compreensão. Aqui, tal como no trabalho literário, a constituição de uma pesquisa e da sua escrita é feita de recusas[9] ou de escolhas como no

---

[7] Cf. cap. 3 e 4.

[8] Mesmo reconhecendo que a língua impõe para o autor de todo trabalho o uso do masculino em palavras que exigem opções de gênero, decidi utilizar o feminino, pois é sempre de um lugar feminino que estarei fazendo esta escrita, e afinal, o pesquisador de que falaria não seria outro senão esta pesquisadora que escreve este trabalho. As exceções se farão no gênero pertinente.

[9] "O trabalho severo, em literatura, se manifesta e se opera por RECUSAS. Pode-se dizer que ele é medido pelo número de recusas. [...] O rigor das recusas, a quantidade de soluções que são rejeitadas, as possibilidades que o escrito se proíbe

trabalho de "fazer história".[10] Dessa maneira poderia ter escolhido trabalhar, por exemplo, apenas com um período histórico, com uma congregação religiosa e apenas com isso, ou com um tipo de revista ou de livro, ou apenas um autor, ou apenas dois, ou apenas textos "científicos". Tantas as opções quantas as que a minha capacidade de relacionar o problema com sua já estabelecida articulação teórica permitisse.

Assim, não desconheço que a apresentação desse material, que foi o *corpus* sobre o qual o trabalho se fez (ou deveria ter sido feito) traz implícita a dúvida – isso foi o melhor? – e traz implícita a crítica – qualquer coisa que não isso teria sido melhor. Para começar a verbalizar a dolorosa franqueza que esse trabalho *exigiu* de mim em todo seu percurso, digo que não me importo, nem com a dúvida nem com a crítica, embora as considere muito importantes. Conto com esse diálogo desde o início; mais que isso, mantenho esse diálogo, ainda que com interlocutores ocultos, desde o início. As escolhas, simplesmente porque são escolhas, são pessoais e intransferíveis. Mais: não são sempre as mesmas, mesmo para a mesma pessoa.

> Não me pergunte quem sou e não me diga para permanecer o mesmo: é uma moral do campo civil; ela rege nossos papéis. Que ela nos deixe livres quando se trata de escrever (FOUCAULT, 1986, p. 20).

Nesse momento assumo, com todas as consequências que isso possa ter, o papel de sujeito deste trabalho.

Se este é um trabalho que porta tal nome, *Da sagrada missão pedagógica*, é preciso não recusar a pergunta: onde buscar o pedagógico, o que é que *diz* do pedagógico? Dizem dele a sua teoria e a sua prática. Ora, falar em teoria pedagógica é complicado bastante para justificar fugir disso de todas as maneiras. Faço-o. Como captar a prática pedagógica? Não nos faltam trabalhos sobre isso. Então, não farei mais um. Diante dessas recusas, até certo ponto, banalizadas nessas perguntas/respostas,

---

manifestam a natureza dos escrúpulos, o grau de consciência, a quantidade do orgulho e, até mesmo, os pudores e diversos temores que se pode sentir com relação aos julgamentos futuros do público. É nesse ponto que a literatura atinge o domínio da ética" (VALÉRY, 1987).

[10] Essa posição, anunciada por FEBVRE (1987, p. 24, v. I) já foi adotada por mim no livro *Colonizador-Colonizado: uma relação educativa no movimento da história*, p. 29-30, o que provocou um pequeno debate na área, transcrito em *Educação em Revista* n. 1. Apesar desse debate, continuo convencida de que a história é uma escolha.

nada a fazer senão também recusar-me a desvendar o pedagógico. Nova recusa. Quero desvendar *um certo* pedagógico. Como já disse acima, interessa-me, entre a teoria e a prática (neste momento, porque depois complica), o que é dito, as vozes, o vozerio, as palavras, os discursos sobre um certo aspecto do pedagógico que é o ser professor/professora, qualidades e virtudes necessárias, perigos e defeitos a serem evitados. Estive sempre em busca do que era definido como *ser professor/professora*, de suas qualidades e defeitos.[11] Enfim, em busca de como foi constituído, no campo discursivo, esse ethos pedagógico, que emerge, de certa forma, no campo religioso e privado e desliza para o campo do leigo e público. Tudo isso que se busca ensinar através de um lento e tenaz processo de convencimento e persuasão.

Onde buscar a palavra, o discurso? De novo as escolhas e as recusas se impõem. De início, a ambição do todo é inevitável. A ambição do tudo é inevitável. Quero todos os livros e todas as revistas e mais os jornais em que tenha sido publicado qualquer texto que se refira à questão perseguida. Nada mais, nada menos. Mas... mesmo que tivesse tido todos, como saber se tive todos?

A produção do passado, em certa medida, é inapreensível. Não se pode ter certeza, não se terá certeza. Busquei então, apelando a certo cinismo metodológico talvez, o que estava exatamente ao alcance da minha mão. Explico. Busquei o que estava nas bibliotecas de duas das mais importantes instituições formadoras de professores/professoras de Minas Gerais e circuladoras – senão produtoras – desse tal discurso: revistas de Educação, livros de Didática.[12] Estive também em alguns sebos e tornei-me proprietária de coisas interessantes. Nos arquivos busquei jornais.

Algumas escolhas foram feitas por mim, outras estavam feitas. Estava feita, por exemplo, a escolha dos acervos dessas bibliotecas, constituídos

---

[11] Não me foi possível, no entanto, trabalhar algumas questões que gostaria de deixar aqui apontadas/anotadas, pois são fortemente interessantes. A questão do celibato pedagógico, para as professoras públicas, posta a público e assim explicitada, que suscitou manifestações nas décadas de vinte e trinta; a questão da coeducação, que poderia provocar interessante cruzamento de interpretações entre o religioso, o pedagógico, o sociológico, o antropológico e o psicanalítico.

[12] Bibliotecas do Instituto de Educação de Minas Gerais (a do 2º grau e a do Curso de Pedagogia) e da Faculdade de Educação da Universidade Federal de Minas Gerais. Cf. na Bibliografia referente a educação os títulos e nomes de livros, revistas, jornais e desses artigos.

ao longo de um tempo por razões das mais nobres às mais casuais. Os acervos das bibliotecas contam, certamente, a história da sua constituição. Neles estão inscritas não apenas as linhas de financiamento para a aquisição de livros e manutenção de assinaturas de periódicos, como também as linhas de pensamento mais "em voga", mais solicitadas, em um ou em outro momento, sem falar nos incêndios e nos roubos. Também sobre os acervos dos sebos não há possibilidade de controle: foram formados a partir de compras ou doações de pessoas que jogaram fora os livros que lhes pertenceram ao longo da vida. Não cabem mais. Não servem mais. Com nuances: às vezes os livros, às vezes a própria pessoa.

> Caiu-lhe da algibeira
> A cigarreira breve.
> Dera-lhe a mãe. Está inteira
> E boa a cigarreira.
> Ele é que já não serve.
> (FERNANDO PESSOA)

Vieram de bibliotecas que foram extintas, e tudo passou para lá, para os livros, para os sebos, dedicatórias amorosas, amicais, paternais, maternais; anotações preciosas, bem elaboradas às margens e dentro, como se fizessem parte já do texto; bilhetes de amor; notas fiscais; guardanapos de papel; santinhos; retratos; folhas e flores amarelecidas. O sebo é esse depósito de ideias esgotadas à espera de quem queira recuperá-las, de quem a elas dê algum lugar, de quem tenha capacidade de "leitura" desse acervo: como é que se destrincha um lugar como esse? Paciência, inesgotável curiosidade, avidez mesmo, quase voyeurismo. O gosto do arquivo[13] são o fetiche do historiador. Ele acha que tudo está lá. E seu humor varia durante a pesquisa em torno disso: tudo está lá... não há nada lá. Armadilhas e tentações. Ora uma floresta sem clareiras, ora um deserto sem oásis. O desafio é saber o que abandonar e o que recolher. A minha busca era modesta: apenas jornais recentes, da cidade mesmo. Foi fácil. E ainda assim, a pergunta se mantinha, se mantém: o que, ainda?

Assim foram os lugares dos quais extraí "meus" textos. Limitados. Mas, que textos foram esses, afinal? Repetindo, trabalhei com livros, revistas e jornais.

---

[13] Cf. o maravilhoso livro de Arlette Farge, *Le Goût de l'Archive*, 1986.

▓ Educação em revista...

As revistas foram as seguintes: *Atualidades Pedagógicas, Formação Revista Brasileira de Educação, Revista do Ensino, Revista Brasileira de Educação, AMAE Educando, Boletins Eclesiásticos, Revista Brasileira de Estudos Pedagógicos, Educando, Escola Secundária*. Revistas que tiveram uma certa duração no panorama editorial da área de educação e das quais as bibliotecas guardavam quase toda a coleção, ou pelo menos vários exemplares.

Falo de algumas delas de acordo com o que se propôs em seus editoriais. Por exemplo: a *Revista Brasileira de Educação* – Órgão Oficial da Confederação Católica Brasileira de Educação, criada no Rio de Janeiro, em 1934 (substituiu o Boletim da Associação dos Professores Católicos do Distrito Federal) – propunha-se a discutir "todas as graves questões de educação e ensino [...] à luz dos princípios católicos, imutáveis na essência embora plásticos às pressões do progresso. Codificados recentemente por Pio XI na imortal encíclica *Divini Illius Magistri*, precisam, todavia, de larga difusão no Brasil [...]" A *Formação Revista Brasileira de Educação*, revista dos inspetores do ensino secundário brasileiro, criada em 1938, pretendia ser um mensário que pensaria na formação da juventude brasileira e de sua estrutura para a nacionalidade, servindo de orientação e defesa da classe dos inspetores no que se referia à educação e à técnica. Segundo José da Silva Nogueira, escrevendo sobre o valor da revista, em 1949, "*Formação* preenche a necessidade de leitura obrigatória que os professores têm, mas que nem sempre podem satisfazer por falta de tempo e de dinheiro". O lema da *Atualidades Pedagógicas*, fundada em 1950 e dirigida por Fernando de Azevedo, era "bem servir e bem informar". Ligada à coleção do mesmo nome, da Companhia Editora Nacional, foi certamente um dos mais importantes movimentos editoriais no Brasil, tendo marcado toda uma geração de professores e técnicos.[14] Seu objetivo era promover uma maior e melhor aproximação entre os educadores brasileiros, considerando a educação o denominador comum da unidade nacional. A *Revista do Ensino*, Órgão Oficial da Inspetoria Geral da Instrução de Minas Gerais (1926-1934), foi, talvez, a mais importante revista da área que já circulou em Minas Gerais, pois "preocupava-se não só com os

---

[14] Em edição de 1967, consta no livro de Hubert (1967) uma relação de 93 títulos da referida coleção, dos quais a maioria eram traduções.

aspectos de formação geral e específica do professor, mas também com a divulgação de materiais didáticos capazes de auxiliar o professor no dia a dia da sala de aula" (Peixoto, 1983, p. 151).

Delas extraí o seguinte material:

Editoriais, pois neles estaria explicitada de alguma forma a direção pretendida naquele momento, as principais lutas políticas e técnicas.

Discursos de paraninfos, pois neles estariam elogios, preceitos e conselhos que visavam à confirmação de compromissos com ética e ideologia, e que teriam sido ouvidos e atingido um número razoável de professores – na verdade, professoras – que *quiseram* ouvir aquela mensagem ao terem escolhido aquele orador. O momento da formatura é o momento da festa, mas é o momento em que se pede "balanço e perspectivas"; rompimento feliz com o passado – com a infância – e compulsória assunção de novas responsabilidades e éticas. O anel que as mais abastadas colocam no dedo, tal como o anel nupcial e o anel pastoral, indica um elo, é signo de uma aliança, de um voto, de uma comunidade, de um destino associado (Chevalier; Gheerbrant, 1988).

> Professora de Minas, em cujo dedo acabo de colocar anel simbólico – aliança entre a tua e as almas em desabrocho que irão voar, amanhã, em volta de ti como um exame inquieto de abelhinhas em torno de uma corola-caçoila de carne, toda de mel e perfume [...] (1933)

Também não era à toa que as normalistas do Colégio Providência de Mariana chamavam, por volta dessa mesma época, o magistério de "noivinho" [...]

Textos que comemoram o Dia da Professora foram também buscados, seja nessas revistas, seja em jornais. Neles está exposta a reverência, a paixão, o amor "de-mais". Expia-se culpa, fazem-se promessas. Um jogo infindável de espelhos: quem os escreve é ou foi professora, senão, necessariamente, foi aluno/a. É sempre de si que se fala.

Foram escolhidos ainda textos cujos títulos não deixavam dúvida quanto à sua intencionalidade formativa. Por exemplo: Oração da Mestra/do Mestre; A mulher e o ensino; A educação moral das escolas. A consagração da Professora; Qualidades de um Professor etc. Não são apenas artigos preparatórios, ou seja, artigos que visam informar sobre métodos e técnicas, ou se desembaraçar de situações difíceis: são artigos que cumprem, também eles, a missão de ensinar a ensinar: "Educar... eis tudo". Nesses artigos, algumas palavras, algumas expressões são repetidas *ad nauseam*: amor, entusiasmo, fé, missão, apostolado, mãe, pai, sagrado/a, Mestre, plasmar, perfeição, salvação, eternidade. Se fossem menos, e se aparecessem menos vezes, era preciso contá-los para "provar" a presença do discurso religioso no discurso pedagógico. A quantidade torna tal operação desnecessária; a simples leitura evidencia a realidade. Uma verdade material.

Livros são papéis pintados com tinta
(FERNANDO PESSOA, *Liberdade*)

Dos livros, os capítulos sob títulos sobejamente conhecidos: Qualidades do Professor; O Problema do Professor; A Arte de ensinar; A Importância do Professor, seus atributos fundamentais, etc. Em geral esses livros se encontram sob a ampla categorização de livros de Didática; afinal, a didática é, desde 1844, "a ciência ou arte de ensinar". No caso dos livros e seus autores, ensinam a ensinar. A seleção foi feita com base na presença de tais capítulos nos livros encontrados nas referidas bibliotecas ou ainda em livros achados nos sebos. Alguns deles se destacam por razões e de maneiras diferentes.

Sem dúvida alguma o livro mais citado por outros autores é o de Georg Kerschensteiner, *A alma do educador e o problema da formação do professor*, editado em português em 1934, sem nenhuma outra reedição. Curiosamente a biblioteca da Faculdade de Educação não tem esse livro. Foi roubado? Nunca teve? A Biblioteca do Instituto, que tem, trata-o mal. Cada dia está em uma estante, é sempre preciso procurá-lo. Citamno, por exemplo: Ruy de Ayres Bello, Afro do Amaral Fontoura, Luiz Alves de Mattos, Theobaldo Miranda Santos, para ficar apenas nos brasileiros sempre na lista dos mais vendidos no gênero. Os outros, menos difundidos, que não o citam, citam aqueles que o citam; assim, uma rede de citações fica formada, e se tem sua origem em *A alma do educador...* É preciso que se busque em Eduard Spranger e no idealismo alemão uma mais completa referência... se se quiser fazer história das ideias. O livro de Afro do Amaral Fontoura está na vigésima edição, o de Nérici, em décima quinta, o de Luiz Alves de Mattos, em décima sétima e não se sabe a tiragem de cada uma delas. Não é de se desprezar, nesse caso, a difusão das ideias contidas nesses livros.[15] Quantas normalistas e – por

---

[15] Não consigo deixar de falar de uma necessária história desses livros, não só da sua produção, examinando toda essa rede de citações que são tecidas entre uns e outros, mas também da sua circulação e recepção.

que não? – estudantes de Pedagogia terão lido cada um deles? E quantas leram mais de um?

> Que é ser professor: é ser idealista, não ter grandes ambições materiais, trabalhar pelos outros, pela felicidade alheia.

Terão aprendido de cor?[16]

Ainda na "categoria" dos livros, cito o *Meu tesouro*, coletânea de textos destinados ao uso das crianças do curso primário. O da primeira série, por exemplo, teve sua primeira edição em 1949; em 1957 já estava na 23ª. Não é banal... As autoras, que são professoras, ensinam as crianças a amá-las, valorizá-las, e também àquelas que estão com essas crianças no dia a dia, ensinando a ler e a escrever. Na verdade, não podem passar sem isso. Na recente exposição "Era uma vez uma escola... Memória Pedagógica da Escola em Minas Gerais",[17] havia uma sala de aula montada aos moldes dos anos sessenta e no quadro-negro um balão de cartolina onde estava escrito: "Sim, sou feliz porque vocês gostam tanto de mim". Todos nós aprendemos de cor a lição.

[...] Não é propriamente um jornal intelectual [...]

Nos jornais – e só nos de maior circulação de Belo Horizonte – busquei apenas as notícias sobre comemorações do Dia da Professora, ou do Professor, ou da Mestra, ou do Mestre, nome dado ao sabor do momento em que se comemorava. São verdadeiras pérolas. Elas aparecem em textos laudatórios, de saudação, de comemoração, cartas, mensagens de governador, de deputados, de presidentas de associações, de alunos e ex-alunos, de professoras e professores, poesias. E aparecem nas descrições das festas. Em 1947, "O Governador do Estado determinou que fossem suspensas as aulas nos grupos escolares, a fim de que as professoras participassem dos festejos". Esses festejos incluíram, ao longo do tempo, missa (sempre), café com doces finos, demonstração de ginástica (uma dessas, em 1958, incluiu Missa de Réquiem em sufrágio da alma de Pio

---

[16] De COR, "por ter sido o coração entendido não só como a sede dos sentimentos, mas também como a sede da inteligência, do saber [...]" *Dicionário Etimológico Nova Fronteira*, 1982.

[17] Exposição promovida pela Faculdade de Educação da Universidade Federal de Minas Gerais, entre 11 e 28 de outubro, comemorando o Ano Internacional da Alfabetização.

XII, "grande Mestre e incentivador da Educação Física"), hasteamento da bandeira, festival de folclore, números de canto e de teatro, entrega de flores, sessão de hinos.

Além desses jornais, considerei o jornalzinho das alunas do Colégio Providência[18] importante para ouvir a representação que as próprias alunas/normalistas faziam da profissão, das qualidades que, nelas mesmas, viam ser necessário desenvolver. No Editorial de 1936 assim se apresentam:

> O Providência não é propriamente um jornal intelectual e nem tampouco um noticiário, bem veem que a nossa capacidade intelectual não vai tão além, porém é, como já disse acima, um resumo pequeníssimo da nossa vida em comum, pois ele de fato contém geralmente algumas críticas de nossas companheiras, anedotas e artigos sobre algum fato acontecido durante o trimestre.[19]

Em um outro número, mais tarde: "[...] Ele instrui, estimula, ataca e defende; é como um menino bom, mas com defeitos inerentes ao seu meio".

Doutrinária ou Disciplinar?

Nesta espécie de prestação de contas que faço do material a que recorri, não posso deixar de me referir aos discursos emitidos do campo religioso. Embora de muitas maneiras pudesse ser composto esse campo discursivo, fiz a seguinte escolha: os discursos da Fundadora da Companhia das Filhas da Caridade de São Vicente de Paulo, os discursos pedagógicos dessa mesma congregação e as "falas de Roma".[20]

O primeiro capítulo deste trabalho começa com trechos das Regras das Ursulinas, acompanhados, em nota final, de um texto em que se

---

[18] Esse material pertence à primeira pesquisa sobre o tema que realizei. A linha de trabalho sustentada pelo Grupo de Estudos da História da Educação da Mulher (Gehem) tem incluído a coleta e busca desse tipo de material.

[19] O tom desse discurso faz lembrar os de Louise de Marillac... "Muito santa virgem, mãe de meu Deus, prosternada humildemente a vossos pés [...]" (Cf. Cap. 1 deste trabalho) ou de muitas outras mulheres, sempre que se viam em posição de dar lugar àquilo que pensavam por meio de sua fala; sempre que deveriam sair do lugar de "passageiras da voz alheia" (Cf. o texto de Lúcia Castello Branco e Ruth Silviano Brandão, 1989).

[20] E aqui é preciso dizer que pude desfrutar de outras bibliotecas que não apenas aquelas já mencionadas. Cito as outras: Biblioteca Nacional de Paris, Biblioteca Sainte Geneviève, Biblioteca do Institut Catholique de Paris, contatos e informações – mas não a biblioteca – na Maison Mère das Vicentinas na rue du Bac.

busca retratar, em traços gerais, a referida congregação. Na verdade, as referências do campo religioso que mais me interessavam eram as das Filhas da Caridade de São Vicente de Paulo, sendo que a citação das Ursulinas foi feita porque essa Congregação inspirou a ação pedagógica das Vicentinas, que foi sendo delimitada e definida em textos que buscavam estabelecer regras de ação comuns.

Os textos a que tive acesso e, confesso, quase sempre de segunda mão, isto é, por sua citação em outros trabalhos, em geral feitos por irmãs da congregação, são os seguintes:

– Às *Filles de la Charité de Saint Vincent de Paul escreve a fundadora Louise de Marillac, entre 1633 e 1660*. Esses são trechos de seus conselhos, máximas, advertências e correspondência (escolhidos primeiramente por Foucher [1960] e depois, inevitavelmente, por mim mesma), que me pareceram importantes, na medida em que considero importante captar que mulher era essa, tornada santa três séculos depois, modelo de colégios religiosos femininos, que se espalharam por muitos lugares do mundo e que formavam professoras. Além disso, esse material tem claramente um cunho pedagógico na medida em que "ensina" a ser mulher, a ser mãe, a ser irmã, a viajar, a se relacionar com pessoas da própria congregação e de fora dela.

– As *Règles particulières de la Maîtresse d'école – Édition 1672*, publicadas quando, já mortos a fundadora e o fundador, era importante firmar regras de conduta para aquelas – todas – que estivessem à frente de uma atividade precipuamente pedagógica.

– No século XVIII, 19 de setembro de 1727, Conferência feita por Monsieur Bonnet, Supérieur Général, "*Le soin que les Filles de la Charité doivent avoir [...] des écoles cretiennes qui leur sont confiées*".[21] Essa conferência segue a melhor tradição da companhia, iniciada por Vincent de Paul. Essa tradição consistia em ministrar ensinamentos por meio de conferências produzidas pelo Superior Geral, sempre um Monsieur, às filhas, às Filles. O cuidado de manter as atividades dirigidas por uma voz centralizada está sempre presente, garantindo a existência e a unidade da congregação.

---

[21] Alguns desses textos foram traduzidos para uso em relatórios e artigos há mais tempo. Para outros, decidi manter a versão original. Penso que se pode argumentar que poderia ter mantido todos no original ou poderia ter traduzido todos, mas na verdade a tradução me deixa bastante insegura. Mais uma vez – já fiz isso em *Origens da educação pública* – me oprime gravemente a consciência da ousadia que é traduzir. Assim, considero essas traduções simples tentativas de apropriação pessoal de um material necessário produzido em língua estrangeira.

O último trabalho das Vicentinas que apresento é o *Manuel à l'usage des Filles de la Charité employées aux écoles, ouvroirs, etc.*, obra dirigida – como não podia deixar de ser – por Monsieur Etienne, o Superior da companhia, em 1866. Essa foi a única que obtive e pude consultar em seu original e na sua integridade[22] e certamente a considero, não só por seu amplo e completo conteúdo, quanto pela época em que foi elaborada, o mais importante trabalho para se estudar a ação normativa e punitiva dos colégios religiosos femininos.

Também lancei mão de alocuções, discursos e encíclicas dos papas, desde 1824. Para tal vali-me de duas coletâneas feitas pelos monges de Solesmes.[23] Uma delas se refere à educação, a outra, ao "problema feminino" e, em decorrência disso, as citações que utilizo se encerram no ponto em que essas coletâneas se encerram.

■ A escola se não é templo, é caverna

Entre todos os textos destaca-se a Encíclica do Papa Pio IX, *Divini Illius Magistri*, de 31 de dezembro de 1929. Como o texto dela extraído, e incluído no Capítulo 1 deste trabalho, é pequeno e se refere apenas à formação e às qualidades do professor, vale a pena conferir a sua estrutura. De saída, é bom que se repita o comentário que introduz o texto da encíclica: o livro mostra que

> [...] a Igreja não improvisa seus comportamentos, que ela sabe onde vai e não tem mudanças de direções para conduzir os homens nas vias da salvação.

Precedida de uma Introdução onde é exposta a essência e importância da educação cristã, é dividida em quatro partes e fechada por uma conclusão.

I – Quem deve dar a educação? (a Igreja; a família; o Estado).
II – Sujeito da educação (naturalismo pedagógico; a educação sexual; a coeducação).
III – O meio da educação (a família cristã; a Igreja; a escola, a escola única, neutra e leiga; os bons mestres; vigilância necessária).

---

[22] Confira texto da nota 2, do Capítulo 1 deste trabalho.
[23] LES ENSEIGNEMENTS PONTIFICAUX, 1960.
LES ENSEIGNEMENTS PONTIFICAUX, 1953.

IV – Finalidades da educação cristã (a verdadeira educação cristã neste mundo).

A repercussão dessa encíclica foi enorme. Foi citada não apenas pelos porta-vozes oficiais da Igreja, ou seja, outros papas, bispos e toda a hierarquia eclesiástica e seus meios de divulgação, mas também por vários educadores que, instalados no campo do leigo e do público, daí repetiam seus ensinamentos e suas formas de conduta ideais.[24]

Seguindo essa trilha, reuni 167 excertos de discursos. Quase todos, dentre os que foram descobertos,[25] foram ordenados cronologicamente. Por que cronologia, se o que se pede, se o "correto", é periodização? Prometendo falar disso adiante, antecipo o marco inicial e o final dessa ordenação cronológica.

O primeiro foi dado pela escolha de trabalhar com as Vicentinas e logo cheguei, sem desvios de rota, à Contrarreforma (de que trato na nota 2 do primeiro capítulo). Mas, onde parar? Claro que podia ser em 1990, já que aí estava e está o ponto de partida. Não. Pareceu-me mais correto do ponto de vista da história e mais sensato do meu ponto de vista fazer cessar as enunciações em 1970.

Se muita coisa permanece, as mudanças a partir dessa década – que foram muitas – podem mostrar que, apesar de toda permanência, houve, no mínimo, uma grande politização do campo educacional, o que significa a mudança. Mostram isso vários fatos: a criação das associações de docentes de todos os níveis; a criação de novas revistas com um claro compromisso com a ideia de que toda educação é um ato político; a criação de cursos de pós-graduação, o crescimento de publicações de autores brasileiros e mesmo de editoras, que iriam se afirmar na década de oitenta. Além de tudo isso, a luta contra o autoritarismo tem seu lugar na sala de aula e na escola, colocando em questão a autoridade (para bem e para mal) e aparece uma nova Igreja, com uma nova proposta de catolicismo. Os

---

[24] Na década de trinta, mas não só, a Igreja Católica vigiava de perto as posturas assumidas pelos homens públicos em relação à educação. Por exemplo, são destacadas em O Horizonte, de 9/10/1934, "As convicções religiosas do Dr. Noraldino Lima" (ex-secretário e candidato a deputado), em que este presta contas de suas atitudes assumidas e outra notícia sobre o candidato a deputado Bilac Pinto, que termina com a expressão "Vade Retro!".

[25] Na Bibliografia referente à educação, constarão títulos de livros e revistas dos quais não foram transcritos discursos ou excertos. Penso assim estar colaborando para futuras pesquisas, minhas e de outrem, e dando maior visibilidade a esse campo discursivo.

marcos teóricos apoiados em Marx e Gramsci ganham legitimidade e se expõem abertamente, provocando uma produção comprometida com a mudança política e com a classe trabalhadora.

Tudo isso justificou para mim a interrupção da exposição dos discursos coletados, muito embora observasse que continuavam e continuam existindo, seja quase da mesma forma que os anteriores, seja como expressões religiosas de uma prática política. Mas isso já seria um outro trabalho.

> Não fosse isso
> e era menos
> não fosse tanto
> e era quase.
> (Paulo Leminski)

Para uma leitura conivente do que vem a seguir

> Nasce um Deus. Outros morrem. A Verdade
> Nem veio nem se foi: o Erro mudou.
> (Fernando Pessoa)

Muito antes da polêmica em torno da produção da chamada "história nova", ou das efervescências que a ela antecederam, Nietzsche (1985, p. 77) se perguntava (e, no seu estilo, já adiantava a resposta):

> Perguntarão por que relatei realmente todas essas coisas pequenas e, seguindo o juízo tradicional, indiferentes: estaria com isto prejudicando a mim mesmo, tanto mais se estou destinado a defender grandes tarefas. Resposta: essas pequenas coisas – alimentação, lugar, clima, distração, toda a casuística do egoísmo – são inconcebivelmente mais importantes do que tudo o que até agora tomou-se como importante. Nisto exatamente é preciso começar a reaprender. O que a humanidade até agora considerou seriamente não são sequer realidades, apenas construções, expresso com mais rigor, mentiras oriundas dos instintos ruins de naturezas doentes, nocivas no sentido mais profundo – todos os conceitos: "Deus", "alma", "virtude", "além", "verdade", "vida eterna" [...] Mas procurou-se neles a grandeza da natureza humana, sua "divindade" [...] Todas as questões da política, da ordenação social, da educação foram por eles falseadas até a medula, por haver-se tomado os homens mais nocivos por grandes – por ter-se ensinado a desprezar as coisas "pequenas", ou seja, os assuntos fundamentais da vida mesma [...]

É certo que já ninguém mais fala em "mentiras oriundas dos instintos ruins de natureza doente", mas a discussão, ou pelo menos uma parte dela, continua girando em torno dessas questões. O que é digno de se tornar história? As grandes questões, situadas no visível – embora nem sempre claro – campo público? *Ou* as pequenas, retiradas da cena principal, retiradas desse cenário em que se acredita que tudo acontece? Ou: a triste condenação metodológica (e pessoal) a que podemos nos ver reduzidos, se continuamos presos à crença de que, não só, é a "um lado" que devemos eleger como objeto de estudo, como também, é de um só lado que se examina esse lado. Se se fica no *ou*, como é que se sabe o que é que é *também*?

A história da educação vive, certamente, no embalo dessas frentes teóricas e metodológicas, um momento de redefinição de situação. De início, pode-se mesmo reportar a manifestações contra as especialidades, a excessiva particularização dentro das disciplinas. Marx ([s.d.], p. 98), na *Ideologia Alemã*, e Lucien Febvre (1977, p. 161), em *Contra o espírito de especialização* posicionam-se contra esse (e outro qualquer) tipo de compartimentação da história. O primeiro poderia mesmo ter afirmado que a História da Educação não existe pois, também, "Não há história da política, do direito, da ciência, da arte, da religião, etc.". Mesmo concordando com essa ideia, não a tomo como diretriz e penso na questão dela decorrente: no torvelinho da história, onde achar a educação?

No campo das Ciências Humanas e Sociais, a educação ocupa lugar marginal. Não é sequer claro se ela faz parte desses domínios. Nesse campo, não se pensa a educação (embora não se possa dizer que desse campo não se pense a educação). Educadores e sua reflexão foram postos de lado, ou se puseram de lado, fadados a pensá-la – ao gosto das décadas precedentes – como ação prática e pragmática (ou programática?) de resultados imediatos, mensuráveis e observáveis. Isso pode ser percebido em discussões, debates, ou textos, nos quais, mesmo se se está a falar de educação, não se fala em educação.[26] Não se nomeia a educação. Não se fala da educação, e também a educação não fala de. É como se problemas atuais, como o da comunicação de massa, por exemplo, não fizessem parte dos problemas da

---

[26] Para não assumir um tom queixoso e ressentido de quem não se vê no banquete do qual certamente gostaria de estar participando, mas que tem o olhar, inegável, do excluído, cito apenas um exemplo: em recente seminário da área de comunicação, promovido pela UFMG, o coordenador de uma mesa, dizendo dos objetivos do mesmo, esmerou-se em enumerar com que áreas das humanas e sociais a comunicação estava, através daquele seminário, buscando uma interface. Citou todas. Não a educação.

educação. Os estudos sobre a educação têm – talvez pertinentemente em certo momento – priorizado a educação escolar, mas em detrimento de e excluindo outros campos em que a educação também se dá. A educação, de maneira geral, e por muito tempo, só se fala. De si e para si.

Mesmo no generoso campo atual da historiografia, onde – quase – tudo é incluído e pesquisado como objeto, a educação não é contemplada, ou, exatamente, é apenas contemplada. A sociedade, nessa perspectiva, não seria feita de homens e mulheres educados. No entanto, não se pode deixar de aí reconhecê-la; pode-se ler a história do ponto de vista da educação[27] e, também, nela entrar clandestinamente, tanto pensando a família, por exemplo, como uma questão de educação, ou constatando a sociedade no seu funcionamento global/geral, composta, sim, de homens e mulheres educados; afinal "ninguém escapa da educação". Parece ser essa a tendência não explicitada da historiografia, a francesa pelo menos, se pensamos em livros e capítulos de livros que não trazem a chancela da história da educação,[28] mas que falam da educação em suas diversas formas de manifestação.

Se é verdade que a educação só se fala, também pode ser verdade que ela só se fale de certas coisas. E nisso mostra estar afinada com uma certa tendência da historiografia:

> Para obedecer aos critérios de cientificidade que se atribuiu, a pesquisa histórica tende a confundir a memória social com a memória do Estado. Todo fenômeno que não aparece na cena pública pode ser ignorado pelo historiador, não só por não corresponder a uma ação consciente e voluntária, mas por se supor que escape ao movimento histórico (BURGUIERE. In: LE GOFF, 1990, p. 128).

Essas certas coisas – e defendo sem transigências a possibilidade de o historiador escolhê-las – são aquelas que têm no Estado o seu lugar de memória, e na instituição escolar, na escola, o seu espaço de acontecimentos visíveis. Além disso, do ponto de vista social do qual quase sempre trabalham, que inclui necessariamente a questão das

---

[27] Foi o que tentei – ainda hoje sem saber se essa leitura trouxe alguma contribuição à historiografia – em *Colonizador-Colonizado: uma relação educativa no movimento da história*.

[28] Cito especialmente, e a título de exemplo, de Jacques Le Goff (1984), *Os intelectuais na Idade Média* e Le Goff (1980), em *Para um novo conceito de Idade Média*, o capítulo III, Cultura Erudita Cultura Popular. No Brasil lembraríamos também, por exemplo, de Margareth Rago (1985), *Do Cabaré ao Lar*, e, de Maria Beatriz Nizza da Silva (1981), o capítulo "Formas de Transmissão da Cultura" em *Cultura no Brasil Colônia*.

classes, não acrescentam – ou dificilmente o fazem – gêneros e raças na perspectiva relacional. Grandes reformas, grande(s) ideologia(s), grandes educadores, grandes correntes. Tudo que se vê. Tudo que se viu. O tempo é marcado pelo tempo da historiografia, as ações conscientes e voluntárias nele se enquadram agradecendo às periodizações confortáveis, que permitem isolar *in-vitro* formas de agir e de pensar; pedagogia e educação; teoria e prática,[29] mas, paradoxalmente, sem recusar a inserção concreta no contexto.

É bastante recente, e ainda não incorporada à seção dos livros de História da Educação, a perspectiva de se pensar historicamente, como queria Nietzsche, "essas coisas pequenas, ou seja, os assuntos fundamentais da vida mesma", por exemplo, os sujeitos desse processo escolar, professor-aluno, professora-aluna, sempre marcados pelo gênero, pela classe e pela raça, ou relações de parentesco, com todas as variações e combinações de gênero possíveis, entendidas como relações de educação, ou o espaço escolar, ou o discurso e os discursos pedagógicos, ou o cotidiano simplesmente, marcado pelo soar de sinetas, pelo assujeitamento dos corpos, pela multiplamente facetada alienação, etc., etc. A vertente historiográfica, que busca nas mentalidades novos objetos e novas maneiras de captar a história, pode oferecer à História da Educação algumas possibilidades interessantes.

▪ Mentalidades e educação: um cruzamento necessário

> O presente seria cheio de todos os futuros se já o passado não projetasse nele uma história. (A. GIDE)

À busca de saber o que é que se esconde sob os nomes dados às várias histórias, deparo-me, depois da clareza de, por exemplo, história econômica, história política, com história da educação, história cultural, história intelectual e, claro, história das mentalidades, todas sob a égide maior dos rótulos história comprometida x história de curiosidades. Parece-me que ajuda a compor o quadro de que falo acima se invisto

---

[29] Porque são os mais recentes livros de História da Educação produzidos e publicados entre nós, cito, a título de exemplo e sem deles fazer qualquer análise: *Capitalismo e Escola no Brasil: A constituição do liberalismo em ideologia educacional e as reformas do ensino (1931-1961)*, de Maria Elizabeth Xavier (1990), e *História da Educação*, de Paulo Ghiraldelli (1990), da Série Formação do Professor. Basta ler os títulos e os índices para entender do que falo.

pela vertente das mentalidades. Ela cuida das "coisas pequenas", ou seja, de curiosidades, que se dão e se expressam em lugares inimagináveis...

Estou chamando de História das Mentalidades não uma história das ideias ou do pensamento.

> [...] à ideia, construção consciente de um espírito individual, opõe-se passo a passo, a mentalidade, sempre coletiva, que rege as representações e juízos dos sujeitos sociais sem que estes o saibam (CHARTIER, 1981, cap. 1, p. 41).

O que busco, sob esse título, é a possibilidade de reconstituição dos comportamentos, das expressões e dos silêncios que traduzem concepções de mundo e sensibilidades coletivas.

Segundo Robert Mandrou, referendado mais tarde por Michel Vovelle (1987, p. 15), o termo "mentalidades" poderia ser sumariado na expressão "história das visões de mundo" e inclui, necessariamente, o afetivo, os sentimentos, as paixões, as sensibilidades. Ainda segundo Vovelle (1985, p. 7-16), a história das mentalidades deve se inscrever na história social (termo raramente usado pela recente historiografia francesa), na busca de se esclarecerem mutuamente. Uma das vias a se aprofundar nessa direção seria a da análise de discursos (no caso em que se dedica a discursos revolucionários). Discursos que levem em conta, para além do escrito, a imagem, os gestos, os símbolos, etc. Para Ariès (In: LE GOFF, 1990, p. 174-175), ela faria descobrir o que haveria de modo oculto, não consciente, sob formas de sobrevivências camufladas ou de vazios e enormes lacunas: "Pesquisa subterrânea das sabedorias anônimas [...]" ou ainda, como Le Goff exprimiu, "[...] aquilo que escapa aos sujeitos individuais da história porque revelador do conteúdo impessoal do seu pensamento" (CHARTIER, 1988, p. 41). É a história das atitudes diante da vida, diante do nascimento, diante da morte, da alimentação, dos lugares, do clima, da distração, de toda casuística do egoísmo.

E nada disso, salvo em situações conjunturais, muda de um dia para o outro. Assim, as mentalidades são aquilo que mais lentamente muda em qualquer sociedade. Trabalhar nessa perspectiva é trabalhar na longa duração,[30] buscando heranças, como, por exemplo: de onde, de quem, de quando vem esse gesto ou essa expressão ou essa atitude? Nesse ponto cruza-se, a meu ver, de maneira evidente, senão inevitável,

---

[30] A expressão longa duração, cunhada por Fernand Braudel, não tem, neste texto, exatamente a significação original. Cf. BRAUDEL, 1982; e ainda VOVELLE, 1987.

com a história da educação. É possível mesmo falar em educação sem falar em mentalidades?

É certo que o historiador privilegia o novo, os momentos de ruptura ou transformação, as ações inovadoras em detrimento de ações repetitivas, e isso talvez pareça estar em desacordo com essa proposta de se trabalhar com o que muda lentamente, com a lentidão na história. Mas... não será a história lenta mesmo? Não se diz que é preciso paciência histórica? Impossível negar que – mesmo ao lado de permanências espantosas, quase inacreditáveis – realizam-se, segundo Maurice Crubellier,[31] tomadas de consciência imprevisíveis, inéditas, revolucionárias, capazes de reorientar o comportamento de uma sociedade ou de um grupo em um dado momento. É, na verdade, por essas pontas de história que o futuro é vislumbrado num horizonte de possíveis. Tomada essa direção, impossível não pensar na articulação passado/presente/futuro, sempre apontada pela historiografia.

Como, então, na prática, realizar essa operação, se ao pensar em história das mentalidades e da educação, já introduzo a ideia de lentidão? Se o presente parece arquear-se sob o peso de um passado que se prolonga interminavelmente? Proponho duas maneiras. Para a primeira recorro a Lucien Febvre, para a segunda, a Merleau-Ponty.

No início do ano letivo de 1941, Lucien Febvre (1977, p. 56) assim se dirigiu aos alunos da École Normale Supérieure:

> [...] para fazer história virem resolutamente as costas ao passado e antes de mais vivam. Envolvam-se na vida. Na vida intelectual, sem dúvida, em toda sua variedade. Historiadores, sejam geógrafos. Sejam também juristas e sociólogos e psicólogos; não fechem os olhos ao grande movimento que, à vossa frente, transforma a uma velocidade vertiginosa, as ciências do universo físico. Mas vivam também uma vida prática. [...] É preciso que a história deixe de vos parecer como uma necrópole adormecida, onde só passam sombras despojadas de substância. É preciso que no velho palácio onde ela dorme, vocês penetrem animados da luta, ainda cobertos da poeira do combate, do sangue coagulado do monstro vencido, e que, abrindo as janelas de par em par, avivando as luzes e restabelecendo o barulho, despertem com a vossa própria vida, a vossa vida quente e jovem, a vida enregelada da Princesa adormecida [...].

---

[31] Cf. CRUBELLIER, 1973.

Essas palavras, prestes a comemorar meio século, causam ainda o efeito desejado, de convocação para um novo olhar sobre a História, indicando novos – ainda – paradigmas metodológicos. É preciso observar, agora, na vida e na educação, a inovação e o novo, aquilo que vem se fazendo novo. Essa é, talvez, a mais poderosa chave de entrada no passado. Quanto ao futuro... impossível esquecer o presente que será em relação ao passado que seremos. O lugar que se atribui ao passado é igualmente uma maneira de dar lugar a um futuro.[32]

Proponho ainda – trata-se do segundo modo de enfrentar aquelas questões – deixar de lidar com oposições, como, por exemplo, novo/velho, permanente/cambiante, permanência/inovação, e introduzir, ao menos para fins da reflexão que ora proponho, a ideia de pregnância, que tomo emprestada a Merleau-Ponty.

Aqui, é preciso um afastamento estratégico da história e uma aproximação, breve e leve, da filosofia. Foi nela que encontrei, quando não buscava, a resposta que me pareceu a mais adequada, não a um problema de filosofia, mas a muitas questões postas pela educação e pela história da educação.

> Isso de ler e escrever
> é por amor ao estudo
> Marx e a vida são breves!
> Pode-se querer tudo
> desde que seja leve.
> (RUBENS TORRES FILHO)

Foi no texto de Adauto Novaes (1987), em *O olhar*, que pela primeira vez fui tomada pela surpresa da palavra pregnância. O autor, citando Merleau-Ponty, diz: "pregnância de possíveis". Tempos depois, como ocorre às palavras que, não tendo medo de ser de efeito, tornam-se verdadeiros laços para o pensamento, ela voltou. Tendo voltado, curvei-me a ela e fui buscar "prender: apreender, compreender, aprender".

De início, para a mais simples das perguntas – a palavra pregnância existe? – a crueza do dicionário na resposta: não existe. Tal constatação vinha do Aurélio, irrefutável certeza, mas não ao ponto de impedir sua confirmação no Vocabulário da Língua,[33] coleta dos registros da língua moderna e

---

[32] Talvez passe desapercebido que disse *na vida e na educação*, mas quero deixar isso bem frisado, pois é nessa indissociabilidade que percebo a indissociabilidade da história das mentalidades e da história da educação.

[33] BUARQUE DE HOLANDA, [s.d.].

contemporânea. E aí encontrei-a, e não apenas a ela, substantivo feminino, como também a todas suas variações: pregnação, pregnado, pregnador, pregnar, pregnável, pregnante.

Volto ao Aurélio e na segunda edição lá está. Consta que vem do inglês. No entanto, em todas as outras línguas latinas em que existe, *pregnância* apresenta uma filiação etimológica com o latim *praegnans, antis* e certamente todos nós nos lembramos da *prenha*, mulher ou fêmea. No francês, o adjetivo *prégnant, -ante*, embora de uso restrito porque erudito, aponta para o sentido que particularmente interessa a esta reflexão: "Plein de sens implicite, gros de raison, de conséquence etc." Todo o campo semântico de *pregnância*, pregnante, e também impregnar, impregnante, impregnação, aponta para penetração, mistura, permeação, fusão, fertilidade, fecundidade, abastança.

Parece-me haver aí uma riqueza escondida que a palavra pode revelar. Poder-se-ia pensar, por exemplo, para em seguida abandonar, em permanência, pois também nela está contido esse sentido de duração, continuidade. No entanto, não é disso que fala a realidade histórica que se busca atrás das palavras; evidentemente me atrai a sutileza feminina contida em pregnância, mas não apenas isso. Se se pensa em educação, tudo aquilo que perpassa a prática e as relações pedagógicas, os gestos, as atitudes, as expressões, os silêncios, os sentimentos, as afetividades, as emoções – mentalidades – não é permanente. Mas porque são, todos, profundamente pregnantes, restam como pregnâncias a serem captadas. Contando com isso, Merleau-Ponty escolhe pregnância, "para exprimir tudo aquilo que, não sendo visível nos permite ver, não sendo pensado nos dá a pensar através de um outro pensamento".

> Não diz o que viu, mas diz o que não pode dizer; de maneira que aquelas coisas que não podem ser ditas é mister ao menos dizer que não podem ser ditas, para que se entenda que o calar não é não se ter o que dizer, mas sim não caber nas palavras o muito que há para dizer (CRUZ, 1989, p. 63).

Na mesma direção proposta pela ideia de pregnância, Pierre Bourdieu pode contribuir para a leitura do que se segue. Retomando a noção aristotélica de *hexis*, dita na Idade Média *habitus*, assim "define"[34] *habitus:*

---

[34] Em vários artigos e capítulos de livros, Bourdieu retoma a ideia de *habitus*. Essa definição de que lanço mão está em Esboço de uma Teoria da Prática, na coletânea *Sociologia* organizada por Renato Ortiz (1983, p. 61).

> [...] sistemas de disposições duráveis, estruturas estruturadas predispostas a funcionar como estruturas estruturantes, isto é, como princípio gerador e estruturador das práticas e representações que podem ser objetivamente "reguladas" e "regulares" sem ser o produto da obediência a regras, objetivamente adaptadas a seu fim sem supor a intenção consciente dos fins e o domínio expresso das operações necessárias para atingi-los e coletivamente orquestradas, sem ser o produto da ação organizadora de um regente.

O *habitus* é o resultado de práticas que se constituíram ao longo do tempo e foram capitalizadas em razão de sua pertinência; um sistema de disposições adquiridas pela aprendizagem implícita ou explícita. É interessante ouvir como isso é dito, no campo da literatura:

> Certamente, toda causa produz um efeito. Mas, em moral, é igualmente bem certo que uma repetição de efeitos tende, por sua vez, a tornar-se uma causa. Aí é que reside o princípio do que chamamos vagamente hábito (EDGAR ALLAN POE, 1985).

Também Walter Benjamin (1985, p. 109) preocupou-se com a questão do que "fica", daquilo que não é mudança, transformação, mas semelhança.

> Mesmo para os homens dos nossos dias pode-se afirmar que os episódios cotidianos em que eles percebem conscientemente as semelhanças são apenas uma pequena fração dos inúmeros casos em que a semelhança os determina, sem que eles tenham disso consciência. As semelhanças percebidas conscientemente – por exemplo, nos rostos – em comparação com as incontáveis semelhanças das quais não temos consciência, ou que não são percebidas de todo, são como a pequena ponta do *iceberg*, visível na superfície do mar, em comparação com a poderosa massa submarina.

Ao historiador da educação que se coloque nessa perspectiva, pede-se que olhe o presente, que viva o presente, pensando, talvez, esse presente como chave de entrada no passado. Pede-se ainda, consciente da pregnância que o envolve e ao seu objeto de estudo, que se disponha a penetrar no passado como Freud, ou Morelli, ou Sherlock Holmes, em busca de "traços, pistas e sinais",[35] rastros por onde talvez não tenha passado o sujeito do seu trabalho, mas onde estava o ar que ele respirava, o olho que o olhava. Rastros sempre lacunares e confusos que subsistiram em não se sabe ainda

---

[35] Cf. GINZBURG, 1989.

que formas de expressão. Para além das objetivas atitudes de coleta, organização e interpretação do material que lhe concerne, é preciso *sentir* e é preciso não acreditar muito, nem na periodização, nem nos "cortes", e se aplicar na tarefa de penetração e de decifração. É preciso dizer novamente: o passado não enquanto permanência, ou cristalização de imagens, mas enquanto *habitus*, semelhança, pregnância, que como prenha contém em seu bojo transformações, mutações e crises... mas também o que as provocou.

Tais reflexões abrem caminho para a leitura conivente com o que se segue, mas partem do que específicas questões de pesquisa e da prática de olhar e exercer o *ser professora* propuseram. Seguindo algumas prescrições recentes, quero dizer quais são os três eixos em torno dos quais se articula essa linha de trabalho. Quanto ao *gênero*, estarei falando da mulher, quanto à *raça*, estarei falando da branca, e quanto à *classe* social, estarei falando da chamada classe média, na qual se situa, de maneira geral, essa professora urbana, do século XIX e início do XX, de quem falamos. Talvez não fique clara nesta exposição a devida e proclamada articulação, não só entre esses três eixos, mas entre cada um deles e seu interlocutor em oposição, digamos assim, ao homem, à raça negra, e a outros segmentos sociais. Mesmo assim, essa articulação e esse diálogo estarão presentes, já que a realidade histórica impede qualquer tentativa de fuga dessa orientação.

Quando, no século XVIII, a Revolução criou a função de professor público, o fez no masculino. Escola pública para meninos, educados por homens. Alguma educação para as meninas, e certamente ministrada por mulheres, em outros tipos de escola e sob a responsabilidade de outrem. Era, no nível da educação escolar, aquela dada nos colégios ou orfanatos religiosos. Suas professoras eram religiosas e a partir do século XIX deveriam ser formadas especialmente para isso.

Desde o século XVI, as Ursulinas faziam, na França, educação de meninas com um padrão pedagógico claramente definido. Esse padrão foi seguido, ou pelo menos imitado, por várias congregações que se ocupavam da educação ou da caridade, entre elas a das Filhas da Caridade de São Vicente de Paulo.[36] Em meados do século XIX, quando começam a se dedicar de forma sistemática à educação, elaboram um grande consolidado pedagógico dessa companhia, o *Manuel à l'usage des Filles*

---

[36] As duas notas que acompanham os discursos no capítulo que se segue tratarão especificamente dessa questão. Sua inclusão neste ponto é mesmo para "exemplificar" que tipo de leitura venho propondo para a questão da formação da professora/ do professor.

de la Charité employées aux écoles, ouvroirs, etc.,[37] no qual a Terceira Parte é expressamente dirigida à formação das professoras.

A Introdução à obra é escrita por M. Etienne, Superior dos Lazaristas. Sabe-se que, em virtude da origem, da história da formação da companhia, as Vicentinas sempre tiveram o mesmo Superior que os Lazaristas, cuja tarefa era a de "guiá-las na carreira e indicar os meios de percorrê-la com sucesso". Assim, desde o início de seu "generalato", M. Etienne pensou e preparou o referido *Manual*. Para realizá-lo, convocou uma comissão coordenada pela ecônoma da companhia e composta das irmãs mais experientes e que melhor dominavam o assunto. Essa comissão "fez tudo para realizar suas intenções e objetivos, cumprindo desde o início a direção proposta". Depois de pronto foi "submetido em todos os detalhes ao exame da comunidade, que o fez com a mais escrupulosa atenção, antes de aprovar sua redação e impressão". Se seguido como regra de conduta na educação da juventude, poderia responder a todas as necessidades e garantir o sucesso do trabalho, não importa onde ele se desenvolvesse.

Às antigas tarefas desempenhadas pelas Irmãs, "servas de pobres e doentes", mas sem abandoná-las, M. Etienne acrescenta uma nova missão, a de educar meninas: "[...] se vos chamam é sobretudo para confiar a educação das meninas. [...] sustentareis a honra da companhia naquela de suas funções que, sobretudo hoje, podem contribuir enormemente para o bem da Igreja, a regeneração dos povos e a salvação das almas. [...] é toda uma obra de regeneração das mães de família, das famílias e das nações, para o bem da religião".

Ser mãe. A esse papel se destinarão, necessária (o texto não deixa alternativa) e exclusivamente, as meninas educadas. Mas é que são Mães espirituais, elas mesmas, as Filhas da Caridade, Irmãs entre si. "Uma Filha da Caridade é a mãe, com a ajuda de Deus, da menina do povo. Ela a envolve de cuidados, de afetos, de conselhos, e de toda a solicitude da maternidade na ordem da salvação".

A tarefa de educar será confiada à professora. Educar é "ocupar-se da menina desde a mais tenra infância; é envolvê-la de sua mais salutar influência; é segui-la pouco a pouco, desde o começo de sua vida e sempre cultivando sua inteligência, alimentando seu coração com ensinamentos diversos e formando-a na prática de todas as virtudes que devem compor

---

[37] MANUEL à l'Usage des Filles de la Charité Employées aux Écoles, Ouvroirs Etc (1866). Cf. na Segunda e Terceira Partes da Bibliografia.

sua riqueza aqui na terra, prevenindo-a contra todas as armadilhas e todos os perigos que ela deve enfrentar, assegurando sua felicidade em um mundo melhor". Para isso era preciso exercer a *"maternidade espiritual,* patrimônio de vossa santa vocação e que o céu vos confia para assegurar sua felicidade no tempo e na eternidade".

A Terceira Parte do Manual vai se dedicar, então, às Virtudes e Qualidades necessárias a essa educadora, a uma Filha da Caridade empregada em uma escola. Sem precisar recorrer a um Dicionário de Teologia, a diferença entre virtudes e qualidades se impõe: as virtudes são disposições constantes do espírito; as qualidades são propriedade ou atributo da pessoa. Para ser uma boa mestra de escola, eram precisas duas qualidades: vigilância e firmeza. E eram precisas doze virtudes: devoção, humildade, doçura, constância, paciência, sabedoria, gravidade, silêncio, prudência e discrição, zelo, generosidade e bom exemplo.

Essas "mães espirituais" educariam meninas segundo essas qualidades e virtudes, para serem mães. No mesmo compasso, a sociedade proclamava que a mestra da menina por excelência era a mãe, a sua mãe, ajudada pelos manuais de etiqueta, conduta, etc., ensinando-a a bordar, a dirigir uma casa, a manter as coisas (todas) nos seus devidos lugares. Trata-se da transmissão de uma moral familiar na qual o ensinamento religioso ocupa um lugar fundamental. Evidentemente, em um tipo de educação como essa, predomina a formação do caráter, do coração, da consciência, em detrimento da formação intelectual.

Do outro lado do mundo, em 1849, a chamado do Bispo de Mariana, o lazarista Dom Viçoso, as vicentinas vêm para o Brasil, mas especialmente vêm para Minas Gerais. A ação de Dom Viçoso é claramente moralizadora e regeneradora; enquadra-se adequadamente na política "neocontra-reformista" do Papa Pio IX. O Manual, que apareceu dezessete anos depois, concebido para ser aplicado e dar certo onde quer que a ação educativa se desse, vai ser a pedagogia normativa das Irmãs Vicentinas em Mariana.

É delicada e difícil de ser captada e apreendida a trama que vai se tecendo, que vai sendo tecida em torno da educação da mulher, da formação da professora, em Minas Gerais, no século XIX. Os diferentes fios que compõem essa trama precisam ser buscados.

- É Paris, século XVII, cenário da criação da Companhia das Filhas da Caridade de São Vicente de Paulo.

- É Louise de Marillac, lado feminino, criadora da companhia e mulher em carne e osso; é M. Vincent, o lado masculino interlocutor de Louise, o conselheiro dos "grandes" do século XVII.
- É a pedagogia católica do século XIX indicando as qualidades e virtudes de uma mestra de escola, os exercícios e livros didáticos, arbitrando um sistema disciplinar.
- É ainda Paris, ditando a moda e o bom-tom das boas famílias burguesas, interiorizando costumes, hábitos, passando cordões de isolamento por toda a sociedade, desinfetando os espaços públicos, editando e exportando manuais de delicadeza, de guloseimas, de qualidades e de defeitos das meninas e mocinhas casadoiras.
- É a sociedade marianense com suas gavetas nas mesas e candelabros de prata nas igrejas de ouro: são os padres amasiados e empencados de filhos; são as prostitutas ameaçando os lares abençoados; é o Seminário ensinando aos meninos; são os pais impedindo que suas filhas aprendessem a ler.

Em Ouro Preto, ao lado, bem ao lado, passavam-se outras coisas. Diferentes? Sim e não. Escola Normal pública, com professores e alunos homens; escolas domésticas e senhoras respeitáveis para ensinar às meninas a ler, escrever, contar, costurar, bordar, fazer flores, tocar piano, desenhar, falar francês, preparar doces e massas... Sua copiosa imprensa debatendo temas como a instrução pública e os ideais republicanos, anunciando venda, compra, fuga de escravos e escravas; abrindo espaços para a escrita feminina, mostrando a moda e seus artesãos, descortinando a vida privada e exibindo os afazeres domésticos, incumbências das mulheres escravas – as brancas costuram e bordam, preparam doces e massas; as negras lavam, passam, engomam, cozinham...

A voz feminina circula em toda Minas Gerais, por meio de uma imprensa paralela, para não dizer marginal... A voz eclesial também, mediante os Boletins Eclesiásticos, *O Romano*, *O Bom Ladrão*. Seus Casos de Consciência divulgam, categorizam ou desclassificam costumes, atitudes, hábitos, ideias, fantasias, palavras.

Tudo isso para falar de coisa tão simples, a formação da professora em Minas Gerais no século XIX, XX? Não bastaria falar das matérias que eram estudadas, o currículo, fazer um levantamento socioeconômico das alunas dos colégios, analisar a política educacional e a legislação atinente, o ideário de filiação político-ideológico-partidário, os relatórios de inspeção, os prospectos, estatutos e programas de ensino? Não bastaria falar da nomeação das professoras e seus colégios de origem, da questão do trabalho e do salário? As grandes coisas não estariam aí todas contempladas? Não bastaria e tudo isso já não seria muito?

Talvez sim, se se pretendesse trabalhar de alguma outra perspectiva que não essa, que inclui ambiciosamente as (ainda assim chamadas) mentalidades no seu cruzamento difícil e escorregadio com a educação.

Talvez sim, se não se olha o hoje – repleto de agoras – e se pensa: tudo novo... mas há alguma coisa que não muda... Há algo que resiste, que insiste...

Nessa perspectiva, é preciso que o historiador da educação se disponha a incorporar e articular, ao seu objeto específico, novos objetos, e recorrer a fontes bem menos ortodoxas. Penso nos escritos de propaganda (de colégios ou não), tratados de boa conduta, "discursos edificantes, manifestos, panfletos, sermões, elogios, epitáfios, biografias de heróis exemplares ou não [...]" Penso na literatura, de qualquer qualidade, nos autos jurídicos e policiais, na iconografia, nas fotografias, nos emblemas, roupas, uniformes, insígnias, medalhas, gestos; nas cerimônias de festa e luto cívicas, religiosas, populares; na disposição e ordenação do espaço físico. Penso nos depoimentos e histórias de vida, tomados muitas vezes como a única possibilidade, entre nós, de resgatar práticas, e através deles poder rescaldar objetos que podem ser incorporados à memória. Penso nos discursos que repetem normas e prescrições para formação do professor, da professora, as qualidades a serem buscadas a qualquer preço (literalmente) e defeitos dos quais fugir.

Para terminar este exercício retomo a ideia de pregnância.

É certo que não se pode dizer que nada mudou. Mas pode-se dizer que tudo mudou? Aquelas virtudes e qualidades, valorizadas no Manual das Irmãs do século XIX em Paris, não mais vigoram, não permaneceram, claro. Mas se tomarmos as revistas de ensino ou de educação, os livros e Manuais de Didática do mesmo século ou da década de vinte ou quarenta do século seguinte, que dizem eles das qualidades do professor, da professora? Talvez valha a pena mostrar concretamente um exemplo do que insinuo.

> A vocação é o próprio da personalidade, é o sinal divino aposto diferencialmente pois que cada qual como que recebe ao nascer um encargo especial preponderante. [...] A vocação para a carreira do Magistério é coisa que pode ser traduzida objetivamente por uns quantos indícios. Os melhores desses indícios residem exatamente nas qualidades do professor. [...]

> Notar-se-ão como primeiras qualidades vocacionais: a sociabilidade e o amor [...] A sociabilidade conduz o professor a ser comunicativo, a se solidarizar com os alunos, a estimar e procurar sua convivência, a se tornar deles um amigo, a se alegrar com suas vitórias, a sofrer com o que de mal lhes possa acontecer. Tudo isso se traduz em qualidades e sociabilidade, significa amor ao próximo, quer dizer, caridade que lhe é sinônimo (EVERARDO BACKHEUSER, *O professor*).

Anteriormente citei um discurso de formatura que ouvi em julho de 1990 e isso bastaria para propor as perguntas: o que falamos e como falamos? Como agimos hoje na nossa prática docente?

Não se diz a mesma coisa, não se diz por causa das mesmas coisas, não se diz no e do mesmo lugar e época, não se diz às mesmas pessoas, não se diz empregando as mesmas estruturas sintáticas e morfológicas. Mas alguma coisa *insiste*.

UMA professora/UM professor pode não estar submetida/submetido a esse todo educativo. TODOS os professores podem não estar, mas AS professoras, OS professores estão, sim, imersos nesse ETHOS pedagógico, religioso e feminino, repetidas vezes reiterado, profundamente pregnado de lutas, de renegados, de reprimidos, de recalcados, que não se pode continuar ignorando, que a História da Educação não pode esquecer, sob o risco de manter o presente aprisionado.

> Por que era que eu estava procedendo à-tôa assim? Senhor, sei? O senhor vá pondo seu perceber. A gente vive repetido, o repetido, e, escorregável, num mim minuto, já está empurrado noutro galho (GUIMARÃES ROSA, 1965, p. 52).

Posto isso, como criar um campo de entendimento que integre história, mentalidades, educação, discursos sobre ela e nela produzidos (mas em e de campos de enunciação heterogêneos, a partir de um conjunto de fontes?).

Entre a forma e a teoria, da forma à teoria e vice-versa, planteia-se tal ambição. Por onde começar? Em relação aos discursos, tenho uma noção do que quero, desdobrada em vários *não*. Não quero analisar, não quero relacionar, não quero concluir, não quero nomear, não quero julgar, não quero avaliar. Quero mostrar o teor desses discursos e quero mostrar que foram muitos e, ainda, que se repetem. Como então organizar o material, permitindo uma certa leitura?

O que decidi foi temporalizar os discursos ressaltando datas, isto é, mostrar de que tempo são e arrolar, citar, transcrever, no todo ou em partes, todos – ou quase todos – os que me caíram em mãos. Sem temer – temerariamente – a discussão sobre a longa duração, ou sobre os tempos da história, diria que este é um trabalho que deve jogar com a longa duração, embora não exclua – que presunção e equívoco seria fazê-lo – os trabalhos que lidam com conjunturas, buscando estabelecer, quase sociologicamente, a relação educação/sociedade, ou *à la* Foucault fundando-se no corte, na ruptura, na descontinuidade, arqueológica ou genealogicamente.

Aqui, o objeto e a intencionalidade definem o estilo do texto, ou o estilo do texto se define em face do objeto e do tipo de análise que se pretende. Peter Gay (1990) trata do estilo na história:

> O estilo é um centauro, reunindo o que a natureza como que decretou que se mantivesse apartado. É forma e é conteúdo, entrelaçados para formar a tessitura de toda arte e de todo ofício – e também a história. Salvo por alguns artifícios mecânicos de retórica, a maneira se encontra indissoluvelmente ligada à matéria; o estilo molda e é por sua vez moldado pelo conteúdo.[38]

Mesmo sendo uma entusiasta da narrativa na história como estilo,[39] o que faço certamente não é uma narrativa, pois para isso teria de lançar mão da análise, que está entre os *não quero* acima citados. Isso talvez acabe de vez por descaracterizar este estudo como um trabalho de história – ou SÓ de história –, já que a narrativa histórica sem análise é trivial, a análise histórica sem narrativa é incompleta. Se não tenho nem uma, nem outra... Em todo caso, resta-me um argumento: exponho as fontes. É bem verdade que não em sua "pureza" original, pois já maculadas, deturpadas, quem sabe, destruídas? Talvez sim, está tudo explícito. Tomo, no entanto, as fontes, que procuro expor sem fronteiras, como sintomas de uma realidade. O outro que busco nelas apreender pode estar em qualquer lugar, e em qualquer tempo.

> A topografia não conhece favoritos; tão perto o Norte quanto [o Oeste.
> Mais delicadas que as dos historiadores são as cores dos [cartógrafos.
> (Elisabeth Bishop)

---

[38] Introdução: O estilo – da maneira à matéria.

[39] Cf. RIEDEL, 1988 (em especial os textos assinados por: Benedito Nunes, Francisco Iglesias, José Américo Motta Peçanha).

Mas, então, esse puxar interminável de linhas teóricas, que me deixava perdida[40] entre a educação, a história, a teoria literária e a psicanálise, poderia compor uma cartografia de cores mais delicadas?

> Para os geógrafos, a cartografia – diferentemente do mapa, representação de um todo estático – é um desenho que acompanha e se faz ao mesmo tempo que os movimentos de transformação da paisagem (ROLNIK, 1989, p. 15).

Das certezas e cenários teóricos e metodológicos, mudei-me para as dúvidas e para as paisagens. Desmanchamento de certos mundos e formação de outros, como fala Suely Rolnik,[41] dando passagem ao que queria passar, deixando para trás (para o lado, para cima ou para baixo ou para frente, não importa) o conforto de ter uma área de estudo, uma linha de pesquisa, um campo disciplinar. Ao invés da narrativa bem construída depois de uma rigorosa pesquisa, ao invés da apresentação de um bem teorizado e contornado objeto-estudado, a crueza de alguma coisa que ainda busco definir, e apenas cruzamentos, anotações, propondo, de forma insolente, uma leitura conivente para lançar, de certo modo, uma "luz corrosiva sobre os bastidores das belas almas".

Ao longo desta Introdução, repetidas vezes chamei ao que trato de discursos; serão "apenas" discursos? E mais, o que é que me permite, autoriza-me falar desse "monte de palavras amontoadas" como um discurso, se já excluí a possibilidade de fazer uma análise e, portanto, não estarei situada no campo da linguística e da análise do discurso? Antecipo de forma breve: esse "monte de palavras amontoadas" que são obras, que contêm discursos, foram organizadas em Texto.[42]

O discurso pode ser tomado, simplesmente, como um segmento contínuo de língua maior que uma sentença[43] ou mais elaboradamente, como tratou Pêcheux (*apud* ORLANDI, 1983, p. 21), como um efeito de

---

[40] Do latim *perdere*: quero que, neste texto, *perdida* carregue os 31 sentidos que vêm assinalados no Aurélio.

[41] Eu antropófaga dela, como ela antropófaga de..., antropófago de... ciranda sem fim.

[42] Muito embora tenha feito um longo percurso com autores que trabalharam, e outros que estão trabalhando com a linguagem, foi em Barthes que me ancorei, em seu "Da obra ao texto" (1988, p. 71). Assim, as considerações que estou fazendo são originais na medida em que eu as faço pela primeira vez e as articulo com um específico objeto de estudo, mas não o são, na medida em que estão feitas e postas em obra e texto. Utilizo-as como Texto.

[43] Cf. CRYSTAL, 1988.

sentidos. Nessa direção, os significados dos discursos seriam vários e se estabeleceriam segundo o confronto de forças e de poder no contexto da sociedade, em sua dimensão ideológica. Seria uma possibilidade rica e pertinente de trabalho, mas nesse momento a questão era outra.

Barthes me leva à obra e ao texto, ou como quer ele, "Da obra ao texto". A obra se vê, pega-se, tem uma materialidade, por assim dizer, material; já o texto é um campo metodológico e então se demonstra:

> [...] o texto mantém-se na linguagem: ele só existe tomado num discurso (ou melhor, é Texto pelo fato mesmo de o saber); o Texto não é a decomposição da obra, é a obra que é a cauda imaginária do Texto. Ou ainda: só se prova o Texto num trabalho, numa produção. A consequência é que o Texto não pode parar (por exemplo, numa prateleira de biblioteca); o seu movimento constitutivo é a travessia (ele pode especialmente atravessar a obra, várias obras) (p. 73).

É na obra que se busca e se constrói uma cadeia de filiações, de pertencimentos a ou de, em que autor conta pelo seu valor de pai ou proprietário da ideia, em que o autor é uma pessoa e não um sujeito. Na obra, ou à obra, pede-se fidelidade e militância.

> Quanto ao Texto, lê-se sem a inscrição do Pai. [...] o Texto tem a metáfora da rede; se o Texto se estende, é sob o efeito de uma combinatória, de uma sistemática (imagem, aliás, próxima da visão da biologia atual sobre o ser vivo); nenhum "respeito" vital é, pois, devido ao Texto: ele pode ser quebrado (é o que fazia a Idade Média com dois textos, aliás autoritários: as Escrituras e Aristóteles); o Texto pode ser lido sem a garantia de seu pai; a restituição do intertexto vem abolir paradoxalmente a herança. Não é que o autor não possa "voltar" no Texto, no seu texto; mas será, então, por assim dizer, a título de convidado [...] a sua inscrição não é mais privilegiada, paterna, alética, mas lúdica: ele torna-se, por assim dizer, um autor de papel [...] (BARTHES, 1988, p. 76).

Diria, então, que construí um Texto, a partir de discursos, que estavam em obras.

> O intertextual em que é tomado todo texto, pois ele próprio é o entretexto de outro texto, não pode confundir-se com alguma origem do texto: buscar as "fontes", as "influências" de uma obra é satisfazer ao mito da filiação; as citações de que é feito um texto

são anônimas, irreconhecíveis e, no entanto, já lidas: são citações sem aspas (BARTHES, 1988).

Um Texto tecido (etimologicamente, texto é tecido) de citações, de referências, de ecos que o compõem e o atravessam de fora a fora. De onde vêm, atravessam o Texto. O Texto tem o nome (nomear é fazer existir): ser professor, ser professora – qualidades e defeitos.

Um Texto que é, na verdade, uma pilhagem de muitos autores (até do papa!) coloca, para além do que nos diz Barthes, a questão da organização do Texto e portanto da sua autoria. Nesse ponto importam as considerações feitas por Teresa Pires do Rio Caldeira (1988), quando trata do papel do autor no texto etnográfico[44] e também por Silviano Santiago (1989, p. 44), em *O narrador pós-moderno*. Analisando os contos de Edilberto Caldeira e tendo como referência W. Benjamim e sua concepção de narrador e narrativa, Santiago se pergunta: por que o narrador não narra SUA experiência de vida? E constata que o mais difícil é a apreensão, ou seja, a própria arte do narrar. No caso da literatura analisada por esse autor, o narrador se subtrai da ação narrada e, ao fazê-lo, cria um espaço para a ficção dramatizar a experiência de alguém que é observado e muitas vezes desprovido de palavra. Subtraindo-se à ação narrada pelo conto, o narrador identifica-se com um segundo observador – o leitor.

Também o antropólogo, quando se pergunta sobre sua capacidade de conhecer o outro, pergunta-se sobre sua possibilidade de contar o outro e da maneira de contar esse outro e, então, pergunta-se do seu papel no texto. O que me conduziu a essa reflexão foi a constatação da *polifonia* como constante nesse Texto-criado e a própria concepção de etnografia "não como uma interpretação sobre, mas uma negociação com, um diálogo, a expressão das trocas entre uma multiplicidade de vozes".

> A ideia de representar muitas vozes, muitas perspectivas, produzir no texto uma plurivocalidade, uma heteroglossa, e para isso todos os meios podem ser tentados: citações de depoimentos, autoria coletiva, "dar voz ao povo" ou o que mais possa se pensar. O objetivo final, no que diz respeito ao autor, seria fazer com que ele agora se diluísse no texto, minimizando em muito sua presença [...] (CALDEIRA, 1988, p. 140).

---

[44] Embora possa parecer ter havido pouco intercâmbio entre essas ideias e a construção deste trabalho, quero deixar destacado que recorrer a elas, reencontrá-las significou a possibilidade de continuar caminhando na direção apenas pressentida naquele momento.

O autor cede espaço e dá voz aos outros que antes só apareciam pelo exercício de uma prática determinada, ou no discurso sobre uma prática determinada. A prática é vária e díspar, o discurso, que pretendia dar conta dela, fala num mesmo tom e se repete. No máximo, variações em torno do mesmo tema.[45]

A repetição é um artifício de linguagem que participa, por força de repetição, de um fenômeno mais amplo que seria o lugar-comum (BARTHES; BOUTTES, 1987, p. 266). E pode até faltar muita coisa nesses discursos, nesse Texto, mas certamente não falta lugar-comum, que acaba sendo construído justamente pela repetição. Historicamente, o lugar-comum e a repetição não tinham a conotação pejorativa que, pelo menos nós, damos a eles, pois tinham o papel de permitir a entrada do novato em cena pública, mesmo repetindo, ou porque lançava mão do lugar-comum. Tinham, pois, uma função democratizadora. A reflexão que esses dois autores fazem é interessante. A consciência da repetição ou do lugar-comum é relativa, pois ela ou ele é na medida de quem ouve e não de quem comete; é a escuta que funda o lugar-comum. Mas também remete ao contrário: repito, porque não sei se ouviram. Para quem falo/escrevo? Na repetição de palavras e de sentidos dos discursos que transcrevo está a intencionalidade de instaurar uma nova realidade: se os professores não são "assim", como se queria que fossem, é talvez porque ainda não ouviram. Então se repete:

> [...] a repetição de linguagem que funda o lugar comum é ambivalente: por um lado, pode parecer uma servidão, porque reduz a liberdade que permite produzir a novidade, combinando as frases de forma diferente; mas, por outro, tal como é a repetição do signo que funda a língua, que lhe permite funcionar, é a repetição das frases (ou seja, dos lugares-comuns) que permite a muitos terem um discurso; sem o lugar comum, quantos indivíduos não seriam prisioneiros de uma afasia congênita. Mais vale, então, a resignação ao "Tudo está dito", mais vale servirmo-nos disso, do que voltar ao "Nada a dizer" que o mundo não perdoa, porque o ser humano pensa que só pode afirmar-se enquanto sujeito falante (BARTHES; BOUTES, 1987, p. 266).

---

[45] É evidente que as questões não se colocaram nem *a priori* nem tão claramente para mim. Não *decidi* construir um Texto, assim como *não pretendi* ser uma autora pós-moderna. Não são coisas que se escolhem. Mesmo porque, não sendo este o meu campo de trabalho, ou o campo em que trabalho, a convivência com a literatura e a reflexão da crítica literária "apenas" fazem parte do meu desejo e prazer e entram a contrabando nas minhas leituras.

Essa repetição não estaria expressando, então, a impossibilidade de dizer de outra maneira esse ser professor, a impossibilidade de *não* dizer do ser professor, e, se se ocupa um certo lugar, a impossibilidade de deixar de normatizar, a impossibilidade de deixar de regular? E o que não é dito, o que diz? Nesse caso, a linguagem, o discurso instaura possibilidade de dominação, porque instaura também a culpa de não ser, a desenfreada busca por ser, o desejo de salvação, de perfeição.

Shoshana Felman (1978, p. 159), estudando o romance de Flaubert, *Un cœur simple*, acrescenta alguns pontos bastante interessantes a essas reflexões. Ela introduz as ideias de autoridade, de poder, de função social da repetição:

> A pressão sociocultural impõe a repetição. A repetição excita e suscita a superstição: na sociedade como na religião, os clichês da religião fazem eco à religião dos clichês.

Do professor ou do autor que ensina ao professor a ser professor, de quem se poderia esperar que viesse algo mais, a mais, nada veio senão repetição. Levei tempo para compreender que o mais não está no dito, mas no dizer, no simples fato de repetir com uma outra voz, num outro tempo. Uma segunda vez que faz com que se entenda o que é dito pela primeira vez (SCHNEIDER, 1990, p. 318).

■ O futuro de uma ilusão? Ou a ilusão de um futuro? Apontamentos a partir da psicanálise

Não é fácil, a partir de reflexões, e muitas vezes de processos vividos, escrever esses apontamentos.[46] Neste momento, é bem disso que se trata: dificuldade de escrever. Clarice Lispector escreveu certa vez "Quero escrever-te como quem aprende". Também eu. Quero escrever isso, que talvez consiga escrever, como quem apreendeu e aprende; *escrevo-te como exercícios de esboços antes de pintar...* Por que é mais difícil escrever que pensar, ou pelo menos, pensar que se pensa? Talvez porque, para mim também, *escrever é o modo de quem tem a palavra como isca: a palavra pescando o que não é palavra.*

Mas, o que é que pode não ser palavra no Texto-criado, se ele é a expressão de uma incontida bulimia de palavras?

---

[46] Agradeço a Arlindo Pimenta a condição de possibilidade para a ousadia.

1- Talvez por aí passe a primeira contribuição[47] que recebi, para estes estudos, da psicanálise. Freud nos fala de verdade histórica e verdade material. Se este é um trabalho que se articula com a história, não é então para uma verdade histórica que os textos devem apontar? Seria o trabalho do historiador, sim, de, após estabelecida a fidedignidade das fontes, e tomadas as fontes como sintomas, estabelecer aquilo que seria a sua verdade histórica na relação entre o discurso e sua produção, levando em conta, inexoravelmente, tenazmente, o contexto que o produziu. Mas, talvez não. Eis o raciocínio de Freud (1973, p. 3318 e 3319):

> Hemos emprendido todas estas excursiones psicológicas, a fin de comprender mejor el hecho de que la religión de Moisés solo llegara a ejercer su influencia sobre el pueblo judío una vez que se hubo convertido en una tradición. Con todo, quizá no hayamos alcanzado aí más que una mera probabilidad. Aceptemos, no obstante, que hubiésemos establecido una demonstración rotunda: aún así, subsistiria la impresión de que solo cumplimos el aspecto cualitativo, pero no el cuantitativo del problema. [...] Hé aqui por qué debemos restringir nuestra admisión del argumento religioso. También nosotros creemos que éste contiene la verdad, pero no la *verdad material*, sino la *histórica*.

Quando dizia que foi a descoberta do material e seu volume que impuseram a forma de organização e de apresentação do trabalho – o que naquele momento chamei (chamo ainda) de estilo – talvez já estivesse apreendendo essa verdade histórica contida na própria materialidade dos discursos, mas que só emergiu depois do Texto-criado.

O ser professor..., para além do que pode suscitar para um estudo da produção de um certo professor, professora, em um determinado momento histórico, pode nos dar a chave para entender, ao longo da história, essa ética pretensamente pedagógica. Justamente o que o Texto-criado e não cada um dos discursos, ou excertos de, carrega, ou pode carregar, é essa verdade histórica.

Ainda com relação à questão da verdade e da memória, como esquecer que o ponto de partida dos dois campos – a história e a psicanálise – é radicalmente oposto? A história pretende que a memória traga a verdade de uma certa época ou pessoa. Ou seja, com base no que está sendo lembrado – porque foi guardado – de uma certa época, constrói-se uma história

---

[47] Cf. GARCIA. História e Psicanálise. In: BIRMAN, 1988, p. 42-58. Também Notas de Curso dado ao GEHEM, Faculdade de Educação, 1990.

que tem como pretensão a maior fidelidade possível com essa época, ainda que se saiba que o que se conta não é tudo e tão só o que aconteceu. Na psicanálise, o ponto de partida é diferente: o que se conta foi articulado em torno do que se esqueceu. "Para a ciência, o indivíduo é aquele que se lembra. Para a psicanálise, o sujeito é aquele que pode esquecer."[48]

2- Em várias obras, Freud dedicou-se ao estudo da religião e das relações e efeitos que possa ter com o funcionamento psíquico das pessoas que se ligam a ela. *O futuro de uma ilusão* (FREUD, 2015) foi uma delas. Aquilo a que chama de ilusão interessa-nos saber o que é. Erros não são ilusões, assim como ilusões não são necessariamente erros. "O que é característico das ilusões é o fato de derivarem de desejos humanos" (FREUD, 2015, p. 87), e não devem ser confundidas com delírios, pois que não estão em contradição com a realidade como esses estariam:

> Portanto, chamamos uma crença de ilusão quando se destaca em sua motivação o cumprimento de desejo, ao mesmo tempo em que não levamos em conta seu vínculo com a realidade, exatamente do mesmo modo que a própria ilusão renuncia a suas comprovações (FREUD, 2015, p. 88).

Talvez o desejo de superar uma situação de privação e de prejuízo a que a sociedade brasileira esteve sempre submetida fez com que se elegesse a educação como o espaço privilegiado para isso, proclamando que "Sem educação não há salvação"; "*Só* a educação poderá restabelecer [...]".[49]

A ilusão de que se poderia ter um professor perfeito, maravilhoso – provocando uma espécie de maravilhose – impediu-nos, por muito tempo, de aceitar – todos nós, as escolas de formação, mas também a sociedade – o professor que tínhamos, para os alunos que tínhamos. Esses – ambos! –, saturados de prescrições e de maneiras de ser ideais, experimentavam seu presente de forma ingênua, iludidos de que, comportando-se bem, sendo perfeitos – que é a santidade dos humanos – alcançariam um reino em que, não sendo deste mundo, "não seriam torturados pelo vazio espiritual, nem pela indigência interior, nem sentiriam a nostalgia dos bens eternos" e a salvação seria para sempre. A missão estaria cumprida.

Na mesma direção de raciocínio, a pergunta que me ocorre é: por que é que foi ao campo da religião que a educação se ligou (e não, por

---

[48] Cf. GARCIA (BIRMAN, 1988, p. 42).

[49] Cf. a primeira parte desta Introdução.

exemplo, ao da ciência)? Para além de uma explicação histórico-sociológica – que acho imprescindível para o entendimento da questão –, por que não é ao pensamento racional e sim ao pensamento mágico, como padrão de comportamento e de conduta, iludido e ilusório, que a educação se liga? Que vantagens psíquicas eram essas que esse campo que oferecia e não o outro? Por que é que, mesmo quando os discursos deixam de ser estritamente religiosos, eles permanecem religiosos?[50]

> A partir de então, torna-se tarefa divina compensar as falhas e os danos da cultura, atentar para os sofrimentos que os homens se infligem mutuamente na vida em comum e vigiar o cumprimento dos preceitos culturais que eles obedecem tão mal.
>
> [...] Cria-se assim um patrimônio de ideias, nascido da necessidade de tornar suportável o desamparo humano [...] (FREUD, 2015, p. 62).

Tornar tolerável o seu desamparo... o nosso desamparo, para o que ingressamos na corrente das ideias prontas; "Ele toma posse da herança de muitas gerações, da qual se apropria como da tabuada, da geometria etc." (FREUD, 2015, p. 68), porque é apresentado a ele como revelação divina. Temos que acreditar, porque nossos antepassados acreditaram e porque reivindicam nossa crença. Mas também porque

> através da ação bondosa da Providência divina, o medo dos perigos da vida é atenuado; a instituição de uma ordem moral universal assegura o cumprimento da exigência de justiça que aja com tanta frequência deixou de ser cumprida na cultura humana (FREUD, 2015, p. 85).

Claro que seria muito bom se tivéssemos tido, um dia, e daí para frente, professores dotados de qualidades excepcionais e tão longe dos defeitos quanto mais próximos de Deus, à sua imagem e semelhança (Professor: imitai Cristo!). Professores e professoras eximidos e desembaraçados dessa humanidade que nos faz tão desvalidos. Quis-se do professor e da professora pessoa com vocação para sua missão, chamado a ela por um interesse

---

[50] No *Dicionário Etimológico*, "crença na existência de uma força ou forças sobrenaturais, consideradas como criadoras do Universo, e que como tal devem ser adoradas e obedecidas" (BRUGGER, 1977). No *Dicionário de Filosofia*, "[...] Sem religião permanece ele (o homem) deformado no que tem de mais precioso, por preciosos que sejam os dons e admiráveis as obras que possa praticar [...] a religião não é tanto um saber quanto uma entrega, uma doação. A religião irradia, desde a esfera do espírito, sobre a vida sensitiva e sobre o corpo, criando assim expressão visível por meio da palavra, do gesto e do símbolo" (CUNHA, 1982).

desinteressado e tivesse qualidades excepcionais: paciência, persistência, capacidade de trabalho, tato, senso social, e preparo excepcional.

Mas não é assim que é. O professor, a professora, não é uma abstração ou ente um metafísico. Se tem uma inserção material concreta – econômica, social, política – tem também uma inserção psíquica. Foi criança, sujeita às manifestações e expressões das ideias religiosas e às repressões da sexualidade. Consciente de um árduo trabalho, o mundo da religião se abre para ele com a promessa de salvação, de perfeição, de eternidade. Mesmo que não seja para já.

Abandonar esse lugar, esse céu, e renunciar ao papel que se identifica, nada mais nada menos, com o do próprio Cristo, não é fácil.

Mesmo que nisto esteja a "morte", a crucificação, o morrer glorioso, como mártir que entrega a sua vida para que outrem cresça em sabedoria e graça, vale mais a pena do que uma simples morte simples. É mais difícil ainda se o que se oferece em troca é só ficar sem lugar e sem modelo. Sem pai.

> O homem certamente se encontrará então em uma situação difícil: terá de reconhecer todo o seu desamparo, sua insignificância no mecanismo do mundo, não será mais o centro da criação e o objeto do cuidado terno de uma Providência bondosa (FREUD, 2015, p. 122).

O professor e a professora viveriam isso, não só como homens e mulheres comuns, mas homens e mulheres que exercem – sabe-se lá por quê! – uma profissão que "escolheu" ligar-se às ideias e condutas religiosas. Uma dupla ablação.

Não cabe nos limites que me coloquei para este trabalho falar na educação para a realidade que propõe Freud como saída para esse falso impasse. Além disso, é difícil, e de certa forma perigoso, mesmo que a inquisição já tenha acabado, tocar nessas questões.

3- Qualquer um de nós poderia ter dito ou escrito o que Freud escreveu, em 1914, na obra coletiva em comemoração ao aniversário de fundação do colégio em que estudara:

> Minha emoção ao reencontrar meu velho mestre-escola adverte-me de que, antes de tudo, devo admitir uma coisa: é difícil dizer se o que exerceu influência sobre nós e teve importância maior foi a nossa preocupação pelas ciências que nos eram ensinadas, ou pela personalidade de nossos mestres.

Ensinar, educar: trata-se de transmissão. Durkheim não fala mesmo que "é pela educação que essa transmissão se dá"?[51] No *Dicionário Analógico*, ensinança, ensinamento, instrução vêm junto a transmissão, assim como luz, pão do espírito, história do saber, evangelização, apostolização, catequese, missionarismo, doutrinação, parábola.

- No Dicionário etimológico:
- *Trans (tra, tras, tres)*: através de, para além de; o latim *trans* reduz-se a trã em palavras iniciadas por consoante: como *traducere*=traduzir;
- *Transmitir*: expedir, enviar, deixar passar além; transmissão: ato ou efeito de transmitir-(se);
- *Missa*: do latim tardio *missa*, substantivação do, feminino de *missus*, particípio passado de *mittere*, "enviar". O termo foi retirado da expressão: *ite missa est*=ide [as preces] foram enviadas; daí vem missal; Missão, míssil, missionário, etc. (grifo meu).

No Aurélio:
- Transmissão (do latim *transmissione*): ato ou efeito de transmitir(-se); transferência (de coisa, direito ou obrigação); instrumento destinado a transmitir movimento;
- (do latim *transmittere*); mandar de um lugar para outro, ou de uma pessoa para outra; expedir, enviar; fazer passar dum ponto ou de um possuidor ou detentor para outro; transferir; deixar passar além, conduzir, transportar; comunicar por contágio.

No caso da educação, é necessária a palavra; é através dela que o professor transmite o conhecimento do qual é ele, supostamente, o detentor. O discurso instaura a relação. Segundo José Américo Mota Pessanha (1988, p. 77-105), há, desde Platão, cumplicidade entre Logos e Eros. Eros é mediador, e tem a função de interpretar e de transmitir. É como a linguagem.

> [...] a doutrina socrático platônica sobre o amor emerge do texto de "O banquete" como aquilo que pode ser resgatado de uma longa cadeia de memórias e esquecimentos, no meio de uma série de discursos heterogêneos, provenientes de várias épocas e entremeados de lacunas. Mais: o que se tem são sempre discursos que se referem a discursos e são mediadores de outros discursos.

---

[51] DURKHEIM, 1965, p. 43 (com o pronome demonstrativo "essa", Durkheim refere-se às múltiplas aptidões que a vida social supõe).

> Ou seja, o tema do autor existe na intermediação dos discursos no campo plural da fala, na interlocução sustentada pela memória, mas marcada inevitavelmente pela incerteza e pelas omissões do esquecimento. Um discurso que remete a outro, que remete a outro, que remete a outro... (1988, p. 89-90).

Captado o sentido dessa transmissão, dessa "pedagogia", fica clara, a meu ver, a reflexão desenvolvida por Pessanha: Logos e Eros são inseparáveis. Por isso, também, é que em todos os seus tipos e níveis, o amor é falante, discursante.

Como se vê, nada tem de puro e inocente, santo mesmo, esse ensinar, essa transmissão. Entre os dois – aluno e professor – ocorre muito mais coisa do que a nossa pretensão de tudo controlar dá conta de aprender, embora, já que a aparência é de ato de conhecimento como ato de consciência, tudo se passe como se o controle absoluto fosse absolutamente possível. Ensinar é um ofício de exposição.

Catherine Millot (1987, p. 150) expõe claramente esse impossível na transmissão.

> A ideia de que a pedagogia é uma questão de teoria, de doutrina, de que pode haver uma ciência da educação, se baseia na ilusão da possibilidade de domínio sobre os efeitos da relação do adulto com a criança. Quando o pedagogo imagina estar se dirigindo ao Eu da criança, o que está atingindo sem sabê-lo é seu Inconsciente; e isto não ocorre pelo que crê comunicar-lhe, mas pelo que passa do seu próprio Inconsciente através de suas palavras.

Não é difícil fazer uma transposição (mesmo correndo o risco de parecer simplista) do que diz Millot, para o campo da formação do professor/a, para ser professor/a, aproveitando para a reflexão o Texto-criado. Quem fala, escreve, o faz por si (o Eu) e pretende um domínio. Mas este domínio, exercido sobre o outro mediante a palavra e algumas vezes pretendido como real, é ilusório, já que o Inconsciente do educador demonstra possuir um peso muito maior que todas as suas intenções conscientes. "Não se submete o Inconsciente, pois é ele que nos sujeita." É isso que faz, da educação – ao lado do governar e do psicanalizar – uma profissão impossível.

Talvez não tenham sido gastas tantas e tantas páginas, em tempos e história diferentes, para dizer o que deveria ser feito, mas para tamponar o que poderia ser feito. Talvez não tenham sido gastas tantas e tantas páginas para dizer o que deveria ser feito, mas para impedir que o que queria ser feito se fizesse ou que o que se desejava fazer fosse feito.

CAPÍTULO 1
Ser professor, ser professora; qualidades e defeitos: o texto

> *Souvenir, o bûcher, dont le vent d'or m'affronte,*
> *Souffle au masque la pourpre imprégnant le refus*
> *D'être en moi-même en flamme une autre que je fus* [...]
> (PAUL VALÉRY. *La Jeune Parque*)

Das exortações e cláusulas das regras das Ursulinas (1)*

Angela de Mérici • 1470-1540

Tendes que refletir na grande estima que deveis ter por elas, porque quanto mais as estimardes mais as amareis; quanto mais as amardes mais tomareis conta delas.

Vemos as mães segundo a natureza porem tanto cuidado e esforço em enfeitar, ornar, embelezar as filhas de tantas maneiras, a fim de que possam agradar aos futuros esposos; com maior razão deveis assim em relação a vossas caras filhas espirituais...

As mães, segundo a natureza, mesmo que tivessem mil filhos os levariam no coração, individualmente (*una ad una*), e acontece o mesmo com as mães espirituais.

Não existe mal de nenhuma espécie que não procure se opor (à nossa empresa), dado que estamos aqui nessa vida colocados no meio de armadilhas e de perigos. Como nossa carne e nossa sensualidade não estão mortas, os elementos e todo inferno se armarão contra nós.

As mestras exercitarão suas filhas na mortificação de suas paixões e ensinar-lhes-ão a romper com sua vontade própria.

---

* Confira nota 1 no final deste capítulo.

Esforçai-vos por conduzir vossas filhas com amor, com uma mão delicada e suave, e não imperiosamente e com aspereza. Em todas as coisas sede amáveis.

Alegrai-vos juntas... agradecei a Deus pelas graças que se dignou a conceder-vos... Sede consoladas.

Como podereis admoestá-las, repreendê-las por algum defeito que também vós tendes?

Règles Particulières de La Maîtresse D'École (2)**
(Édition 1672)

Louise de Marillac | Vincent de Paul ● 1633-1660

[...] ela pensará sempre na grande felicidade que ela tem de ter sido chamada por Deus para cooperar com ele na salvação das meninas pobres que um dia talvez estivessem condenadas se não tivessem a instrução que ela lhe dá.

Sereis mães sensatas se as instruírem no conhecimento de Deus...

Ela tomará cuidado de nada dizer nem fazer para não lhes dar mau exemplo, lembrando-se que Nosso Senhor amaldiçoa as pessoas que escandalizam as outras, particularmente as crianças.

Ela terá grande cuidado de aprender, ela mesma, o que ela deve ensinar aos outros, particularmente no que diz respeito às matérias da fé e dos costumes.

Ela cuidará de convidar as pobres meninas a vir à escola, convidando-as com doçura e afeto quando encontrá-las nas ruas e nos caminhos, presenteando-as com livrinhos, terços e imagens.

Ela as castigará cuidadosamente por seus erros costumeiros; mas ela só raramente aplicará o chicote, e só por faltas graves, e apenas cinco ou seis golpes, e longe das vistas de outras da escola. Os castigos que ela poderá usar cotidianamente para corrigir seus erros serão os de pedir perdão a Deus de joelhos e a quem haja ofendido, de fazê-las se manter de joelhos durante um Miserere, colocá-las no banco dos burras, dar-lhes alguns golpes de vara na mão e outros parecidos, mas nunca no rosto, nem na cabeça [...]

Ela elogiará publicamente e recompensará com alguns prêmios aquelas que se sairão melhor, não apenas na leitura, mas também no catecismo e nas virtudes.

** Confira nota 2 no final deste capítulo.

A fundadora Louise de Marillac às Filhas da Caridade de Saint Vincent de Paul,[1] entre 1633 e 1660

Ser Mulher

Mas vós quisestes agir miraculosamente e vos servirdes também da natureza humana na pessoa de uma virgem, não desdenhando nossa baixeza, oh grandeza infinita.

Algumas vezes eu me examinarei como cristã e católica, e como mulher que deseja ser devota.

Mulher/Religiosa

Eu trabalharei o mais que puder para a mortificação de minhas paixões e principalmente, aquelas da vaidade; para honrar os sofrimentos de Jesus Cristo, todos os dias de comunhão eu usarei, durante a manhã, o cinto de penitência e, às sextas-feiras durante todo o dia.

Eu tentarei, por meio de sua graça, sair de minha indolência e considerar todas as ocasiões de fazer algum bem ao meu próximo, não somente com vistas e recompensas que Nosso Senhor promete como se o fizéssemos a ele mesmo; mas porque este próximo está em seu lugar, por um meio de amor que sua bondade conhece, e que ele faz entender a meu coração.

A irmã servidora olhará sua companheira como uma das esposas de Jesus Cristo; e a companheira olhará Deus e a Santa Virgem na pessoa da irmã servidora.

[...] Jesus nosso irmão, nosso amor, nosso esposo.

Muito santa virgem, mãe de meu Deus, prosternada humildemente a vossos pés, eu vos peço, muito humildemente, perdão pelo que eu deixei toda minha vida de vos prestar, e à humanidade sagrada de Jesus vosso caro filho, a honra e o amor que eu devia. Não me rejeiteis, por favor, como eu mereço; mas pela graça, por vossa caridade habitual, esquecendo minhas faltas recebei a declaração que eu faço, que vós sois o verdadeiro refúgio dos pecadores; e como tal, oh muito santa virgem, cheia de confusão como estou, permiti que eu me lance entre os braços de vossa proteção; suplicando-vos de todo meu coração, pelo amor que vós tendes a meu Salvador e vosso, de querer tomar a conduta de minha vida e de me fazer empregar o resto de meus dias segundo sua vontade.

---

[1] Categorização e fichamento feitos a partir dos textos da própria Louise de Marillac, compilados por Foucher (1960).

[...] permiti-me por favor, oh meu Deus, se bem que eu seja somente uma muito miserável pecadora [...]

Eu reclamo humildemente vossa assistência; vós conheceis minha fraqueza, vós vedes meu coração [...]

Oh meu Deus, se eu sou tão feliz ao receber vosso Espírito Santo, não quero outra vida senão a vossa, que é toda de amor! Só quero a vida para ir a vós por essa via; não quero outra satisfação que não seja a de amar e querer vosso bom prazer. Vós vedes ainda alguma fraqueza em mim para afeição de criaturas, consumi-a, fogo ardente do divino amor, e pelo efeito de vossa graça debilitai todas as minhas paixões e o uso dos meus sentidos.

[...]destruição dos meus hábitos [...] retirai minha cegueira, luz eterna! Tornai meu espírito simples, unidade perfeita! Humilhai meu coração, sabedoria infinita [...]

Ser Mãe

Como vosso estado de aprisionamento, Jesus meu amor, é diferente daquele das outras crianças, o qual tira de suas mães suas forças e sua coragem, reduzindo-as a um estado de não poder agir sem temor! Convosco, Santa Virgem, ocorre algo totalmente diferente! Vosso corpo e vosso coração estão fortificados por isso: mas somente vós conheceis seus meios e sentis suas suavidades: e o que dá a prova disto é a vida de Jesus em vós, que podeis dizer: eu vivo em mim, não eu, mas Jesus vive em mim.

O que fazeis, oh meu único amor Jesus, durante vossa permanência no seio da Virgem? Vós projetais o admirável testemunho que vós nos quereis dar de vosso perfeito amor pelo dom de vós mesmo ao muito augusto e adorável sacramento do altar. Que todos os dias de minha vida honrem este estado pleno de contínuas maravilhas.

O filho de Deus não vem a este mundo de uma maneira semelhante à sua grandeza, mas de forma mais baixa que se poderia imaginar a fim de, oh minha alma!, de que nós tenhamos mais liberdade de nos aproximarmos dele, o que nós devemos fazer com ainda mais respeito pelo fato de que ele pareça tão humilde.

Eu não me enganei, Virgem Santa, no pensamento de que vós concordaríeis em ser nossa única mãe. Nós podemos pretender a qualidade de sermos vossas filhas, já que vós sois a mãe de Jesus, que é nosso irmão, e que nós fazemos profissão particular de nos tornarmos parecidas com ele; parece que ele mesmo nos convidou para isso, tendo nos chamado a seu serviço de uma forma da qual não saberíamos nos eximir se não imitássemos sua santa vida; permiti, pois, que nós recorramos a vós com confiança, respeito, humildade e inteira submissão; consiga para nós a comunicação do espírito de vosso filho, a fim de que não mais agindo por nossas particulares vontades, a união reine em nossa companhia, na prática das virtudes de Jesus nosso irmão, nosso amor e nosso esposo.

Vocação

Seria possível que alguma ligação com as criaturas vos colocou em perigo de perder este caro tesouro que é vossa vocação? Tomai cuidado, minhas caras irmãs, este perigo é danoso, como também não percebermos as vaidades que podem haver sob estes pobres hábitos e pobres toucas; se não tomarmos cuidado com isto sob uma aparência de asseio e limpeza podemos cometer grandes faltas. Eu não quero acreditar que algumas dentre vós, minhas muito caras irmãs, podíeis ter algum pensamento contrário à vossa santa vocação, nem que vós ousásseis gostar de falar com pessoas que poderiam prejudicar vossa pureza do amor que devíeis ter por Deus, que tem ciúme das almas que ele chama a seu serviço! Se algumas tiveram alguns pequenos ataques desta paixão, oh minhas caras irmãs, não deixeis apodrecer esta víbora no vosso ser, descobri os pensamentos de vosso coração à pessoa que Deus vos deu como diretor espiritual [...]

[...] ajudardes umas às outras [...] e será isto, minhas caras irmãs, ser verdadeiras Filhas da Caridade, já que a marca da caridade em uma alma é, com todas as outras virtudes, a de suportar tudo.

Dignidade da vocação: caridade (cuidados materiais e assistência espiritual).

As maiores marcas do amor de nossa vocação consistem em praticar fielmente o que ela nos obriga a fazer e em recusar todas as vantagens que o mundo, o diabo e a carne nos poderiam propor para nos tirar dela, mantendo-nos precavidas, nas ocasiões que nos poderiam fazer perdê-la.

Ora, vós vedes um número de infelizes aos quais vós não podeis socorrer; Deus os vê também e não quer lhes dar maior suficiência. Carregai com eles suas penas, fazei o melhor possível para lhes dar alguma ajuda e ficai em paz.

A pura intenção que elas devem frequentemente renovar de fazer suas ações pelo amor de Deus lhes servirá de ajuda para se conservar no espírito que as verdadeiras Filhas da Caridade devem ter. Enfim eu suplico a todas que a distância não vos tire da memória o cuidado da prática de vossas regras e das virtudes que devem ter as Filhas da Caridade.

Trabalho
Lembrai-vos desta prática que há entre nós que devemos trabalhar para ganhar nossa vida. Nós temos irmãs há pouco tempo em Melun. Oh! que elas não se poupem! Deus não nos tirou da preocupação de ganhar nosso pão para nos colocar somente mais à vontade e em repouso, mas para trabalhar mais fortemente como seu filho.

Ser Filha da Caridade
[...] onde está a doçura e caridade que vós devíeis tão caramente conservar para com nossos caros senhores, os pobres doentes? Se nós nos afastarmos, ainda que seja por um pouco, do pensamento de que eles são os membros de Jesus Cristo, infalivelmente isto será uma razão para diminuir em nós essas belas virtudes.

[...] e lhes suplico olhar sempre a eternidade, para que a esperança das rosas as console entre os espinhos. É preciso trabalhar para adquirir a igualdade de espírito (serenidade) em todos os encontros (momentos) que se apresentem.

É que é preciso que nós façamos morrer inteiramente nossas paixões e inclinações através de mortificações de nossos sentidos; que nossos corações estejam ávidos para serem preenchidos com amor pela graça de Deus, de maneira que sua bondade possa considerar agradável o sacrifício de vós mesmas, que vós ofereceis frequentemente à sua majestade, e os serviços que vós prestais aos pobres.

É então que nossos espíritos devem mais generosamente elevar-se, apesar da natureza, para fazer práticas de alta virtude de humilhações imediatas, de abrandamentos de coração [...]

[...] humilhemo-nos pela submissão às criaturas, pela mortificação de nossos sentidos e paixões e pela aquiescência aos desígnios de Deus em todas as condutas que ele tem sobre nós.

Que esteja sempre no meu coração o desejo da santa pobreza para que, livre de tudo, eu siga Jesus Cristo e sirva com toda humildade e doçura meu próximo, vivendo em obediência e castidade toda minha vida, honrando a pobreza de Jesus Cristo, que a guardou perfeitamente.

Sejamos bem afáveis e doces para com nossos pobres; são nossos senhores, é preciso amá-los ternamente e respeitá-los muito.

Uma verdadeira filha da Caridade é de Deus para o serviço dos pobres [...]

Cada uma de nós merece particularmente ter seu quinhão dos flagelos que Deus envia em geral. É justo que as servas dos pobres sofram com seus senhores.

[...] vós sabeis que para fazê-la subsistir (a companhia) ela precisa da pureza e da caridade e de quem aprenderemos essas virtudes a não ser de nossa Mãe?

Eu continuei este exercício de devoção desde este tempo, na intenção de pedir a Deus pela encarnação de seu filho e pelas preces da santa virgem, a pureza necessária à Companhia das Filhas da Caridade e a solidez desta companhia, segundo sua vontade.

Rotina

Eu suplico a bondade de Deus para que ele vos mantenha em suas Santas graças, particularmente, a do amor de vossa vocação que vós conheceis pela exatidão a vossas regras, na medida em que o exercício dos pobres doentes vos permitir:
- dormir às nove horas e levantar-se às quatro horas;
- estipular horário para os pobres;
- receber homens só excepcionalmente e conversar pouco com eles;
- só fazer visitas aos pobres e aos doentes;
- não comer fora;
- só comunicar coisas pessoais ao diretor espiritual;
- uso do vinho só em casos de necessidade (enfermidade) e raramente e pouco;
- a doçura, a cordialidade e o auxílio (suporte) devem ser o exercício das Filhas da Caridade, como a humildade, a simplicidade e o amor da humanidade santa de Jesus Cristo, que é a perfeita caridade, é o seu espírito;
- recorda que: M. Notre Père nos disse em conferência que nós temos uma clausura tanto quanto as religiosas e que é tão difícil sair desta quanto da outra, porque embora esta não seja de pedras, é feita da santa obediência que deve ser a regra de nossos desejos e nossas ações. [...] e vós sabeis a importância de nada inovar nas comunidades [...].

Sobre o seu regulamento de vida no mundo

1 - [...] Que o meu primeiro pensamento, depois do repouso da noite seja para Deus; fazendo um ato de adoração de reconhecimento e de abandono da minha vontade à sua, muito santa, e em vista da minha baixeza e impotência, eu invocarei a graça do Espírito Santo [...].

2 - Tanto quanto eu possa, eu me levantarei, desde a Páscoa até a Festa de Todos os Santos, às cinco e meia e às seis, desde a Festa de Todos os Santos até a Páscoa.

3 - Estando de pé farei imediatamente uma oração durante uma hora; tomarei a matéria de minha meditação nos evangelhos e na vida do santo do dia.

4 - Acabada a oração eu direi "Prime et Tierce de Notre Dame", conservando os sentimentos de oração.

5 - A seguir, se há alguma ordem a ser dada na casa eu providenciarei me vestindo.

6 - Às oito e meia no verão e às nove no inverno irei escutar a Santa Missa.

7- Estando assistida a Santa Missa eu recitarei o resto do ofício da Virgem conservando no meu coração o sentimento do grande amor que Deus teve por nós na instituição desse santo sacrifício.

8 - Estando de retorno às nove horas e meia no verão e às dez no inverno, trabalharei até as onze [...].

9 - E então almoçarei tendo feito antes uma leitura piedosa.

10 - Exatamente ao meio-dia, um quarto de hora de oração para honrar o instante da Encarnação do Verbo no seio da Virgem.

11 - [...] Eu porei mãos à obra trabalhando alegremente, seja pela Igreja, seja pelos pobres ou mesmo pelo bem da Casa, e o trabalho durará até as quatro horas; se for obrigada a alguma visita ela será feita durante essas horas.

12 - Quatro horas vindas [...] eu irei à Igreja mais próxima para dizer as Vésperas da Santa Virgem [...].

13 - [...] Se tiver tempo, depois das orações, até as seis horas.

14 - Jantarei às seis e meia (e antes da refeição farei leitura).

15 - Após o jantar farei uma hora de recreação e depois eu trabalharei ainda meia hora.

16 - Às oito horas me retirarei e farei um exame de consciência humilhando-me profundamente, tanto pelas graças que terei recebido durante o dia, quanto por meus erros [...].

Mortificação das paixões

1º) A rainha das paixões que é preciso mortificar em nós é o amor (perigos de se ligar a uma só pessoa).

2º) O ódio – esta paixão é inimiga mortal da caridade [...] ela nos será útil se nós a empregarmos em odiar o pecado [...] e a conceber um santo ódio de nós mesmas, que faça com que deneguemos tudo o que desagrada a Deus.

3º) A cólera é uma paixão que faz falar alto e audaciosamente, fazer ações violentas e que nos leva sempre a crer que temos razão no momento da cólera, abster-se de falar e seguir exemplo do Filho de Deus (doçura). O próprio do amor é tornar-se parecido com a pessoa amada.

4º) A esperança [...] embora seu exercício seja necessário à salvação, nossa natureza corrompida faz com que abusemos frequentemente dela, como quando esperamos misericórdia e aperfeiçoamento de nossa vida sem ter o cuidado de trabalhar por isso.

5º) O desespero [...]

6º) O medo ou temor [...]

A tentação é inimiga da vocação, é enganosa; a CARNE e o MUNDO são aliados da tentação.

A vida é curta e a eternidade bem-aventurada é longa, amável e desejável (p. 64-65).

No século XVIII, 19 de setembro de 1727
Conferência feita por Monsieur Bonnet, Superior Geral

> *O cuidado que as Filhas da Caridade devem ter nas escolas cristãs que lhes são confiadas.*

Para bem se desincumbir do dever de professora três coisas são necessárias: a primeira é a estima por esta função; a segunda é a afeição pelas crianças; e a terceira, uma grande paciência. Esta afeição é necessária a uma professora para amar seus alunos e ser amada, para instruí-los com prazer, doçura e proveito e enfim para viver e trabalhar juntas, como boas filhas e verdadeiras mães espirituais que trabalham sem cessar para a instrução de seus caros alunos, que não omitem nada daquilo que elas creem poder facilitar-lhes a aquisição da ciência dos Santos, que é aquela da Salvação e que tem um grande zelo e cuidado de Deus. Sem esse afeto e esse amor terno e cordial não é possível suportar o peso, o cuidado e a assiduidade inseparáveis da função de professora.

Alguns defeitos devem ser evitados: o orgulho e o desejo de promoção; o amor próprio, o cuidado consigo mesmo, de suas próprias satisfações; a procura mais da própria glória que da glória de Deus; o maior interesse pelas ciências do que pelo fervor, o temor de Deus e virtudes cristãs que devem ser o primeiro e principal objeto. A moleza, a preguiça, o horror ao esforço. A pusilanimidade, a covardia.

Do Papa Leão XII em 1824

Minha boca falará a verdade e meus lábios detestarão o que for ímpio. Todos aqueles que instruem a juventude estudantil tenham sempre presente esta mesma máxima, que eles a coloquem em prática e se esforcem por gravá-la no espírito dos seus ouvintes. Pois disso depende tanto o progresso da religião quanto a salvação do estado.

No Império Brasileiro, a primeira lei sobre a instrução no Brasil, a Lei de 15 de outubro de 1827

[...] Serão nomeadas mestras de meninas e admitidas a exame, na forma já indicada, para cidades, vilas e lugares mais populosos, em que o presidente da província, em conselho, julgar necessário este estabelecimento, aquelas senhoras, que por sua honestidade, prudência e conhecimentos se mostrarem dignas de um tal ensino, compreendendo também o de coser e bordar.

Em matéria de religião, mais clareza e bastaria quase que lhes explicassem os mandamentos da lei de Deus e o Padre-Nosso, porque aqui se contêm todos os preceitos, toda boa moral, todas as regras para bem obrar e bem crer todas as coisas, que se devem crer.

As mulheres carecem tanto mais de instrução, porquanto são elas que dão a primeira educação aos seus filhos. São elas que fazem os homens bons e maus, são as origens das grandes desordens, como de grandes bens; os homens moldam a sua conduta aos sentimentos delas. É a lição da história. Disse-se que se podiam dispensar a mestras de serem examinadas porque eram mais vexadas. Não têm elas vergonha de se apresentarem no teatro e hão de ter alguma vergonha de se apresentar perante o tribunal para o seu exame?

[...] As mestras, além do programa de ensino acima declarado, com exclusão das noções de geometria, e limitando a instrução de aritmética só às quatro operações, ensinarão também as prendas que servem à economia doméstica; e serão nomeadas pelos presidentes de província, em conselho, aquelas mulheres, que sendo brasileiras de reconhecida honestidade, mostrarem com mais conhecimentos nos exames feitos na forma indicada. As mestras vencerão os mesmos ordenados e gratificações concedidas aos mestres.

Fala do Papa Pio IX. *Deus Humanae salutis auctor*, em 1855

As escolas [...] estarão [...] submetidas à vigilância dos bispos. O ensino se fará em tudo de acordo com a doutrina da Santa Religião. Os bispos decidirão que livros devem ser de preferência empregados para o ensino religioso da juventude. O cargo de mestre ou professor nos ginásios e escolas frequentadas pela juventude católica só será confiado aos católicos.

Manual para uso das Filhas de Caridade empregadas das escolas. M. Etienne, 1866

[...] se é importante que assistam aos últimos momentos de um moribundo, é bem mais importante que se ocupem de uma menina desde a sua mais tenra infância, de envolvê-la na sua salutar influência [...] Em uma palavra, uma Filha da Caridade é a mãe segundo a graça, da menina do povo. Ela a envolve de cuidados, de afetos, de conselhos e de toda a solicitude da maternidade na ordem da salvação.

[...] à companhia a missão de uma vasta rede que envolve a juventude de todos os povos. É toda uma obra de regeneração das mães de família que ela está chamada a realizar [...]

Colocando em suas mãos este novo Manual, que deverá ser, daqui para frente, a regra de vossa conduta na educação das moças, eu vos recomendo de, particularmente, bem estudar e de reler, frequentemente, a Terceira Parte da obra, que trata das virtudes e qualidades que devem ser encontradas em toda professora. As duas primeiras partes são como o corpo da obra; a Terceira é a sua alma. É nela, caras filhas, que extrairão a seiva que fecundará vosso ensino e assegurará os frutos dos cuidados dispensados à juventude. Aí encontrareis o segredo de vossa missão e compreendereis como podereis e devereis ser entre as crianças como focos de luz e de calor divinos, para desenvolver de uma maneira salutar suas inteligências e ampliar seus jovens corações iniciando-os na prática das virtudes cristãs. É assim que exercereis, a seu favor, a maternidade espiritual, que é patrimônio de vossa santa vocação e que o Céu vos confia para assegurar sua felicidade no tempo e na eternidade.

Das Virtudes e das Qualidades de uma Professora

Da Devoção

A devoção é uma virtude que faz com que cumpramos dignamente e com amor nossos deveres para com Deus. Nenhuma virtude é mais necessária a uma professora: obrigada a inspirá-la em suas crianças, ela não poderá fazê-lo se ela não a possui em alto grau, tanto interior quanto exteriormente. Não podendo nada por ela mesma, na obra que lhe foi confiada, a devoção é para ela um meio indispensável de obter a assistência divina sem a qual a palavra seria apenas – como diz o apóstolo – um bronze ressoando [...] que não produziria nenhum efeito sobre a alma. [...]

Da Humildade

A humildade, a primeira das virtudes que constituem o espírito das Filhas da Caridade, é uma virtude cristã e moral que nos faz ter baixos sentimentos por nós mesmos, revelando-nos aquilo que somos. No fundo ela é apenas a sabedoria que faz com que nos avaliemos corretamente; ela combate o orgulho e é assídua companhia da modéstia. [...] Para atingir a este objetivo, ela deve especialmente: ser atenciosa e muito respeitosa [...]; ser muito afável com suas companheiras [...] desconfiar de seus entendimentos e consequentemente ser dócil aos conselhos e às prescrições dos Manuais e das professoras mais experimentadas [...]; [...] não cultivar o amor próprio ferido [...]; ser modesta na sua postura e nas suas palavras [...]; não ser suscetível, nem pretensiosa [...]; não fazer ostentação de seus talentos se ela os tiver; não ser senão humilde e simples aos olhos do mundo; não ter inveja de suas companheiras [...]. É importante não confundir humildade com desconfiança excessiva de si mesma – aquela é uma virtude sublime, esta, uma fraqueza, condenável, sobretudo porque, inspirando à professora um grande medo de não se sair bem, ela não se empenha tanto quanto pedem dela a glória de Deus e a obediência.

Da Doçura

A doçura é a forma exterior da caridade, da bondade. A doçura de uma professora será aparente e inútil se não for inspirada por uma verdadeira caridade, porque as crianças logo descobririam e logo essa forma amável não teria correspondência com o real e elas a atribuiriam, com razão, à fraqueza ou à dissimulação.

Da Constância

A constância é, nada mais, nada menos, que a perseverança no emprego dos métodos que escolhemos. Essa virtude é indispensável para obter a ordem e o sucesso no ensino.

Da Paciência

A paciência é para uma professora uma virtude que faz com que ela suporte com resignação e confiança os desgostos dessa vida e sobretudo os que são ligados à educação da juventude. Seu motivo é a confiança na Providência e na ação da graça e ainda na bondade dos meios que se emprega. Seu efeito principal é de fazer esperar o sucesso que por ardor ela desejaria obter logo. Ela contribui para tornar a vida mais doce, a minorar suas penas, acalmar seu espírito e garantir o êxito junto a seus alunos. A paciência, longe de ser uma marca de fraqueza, é precisamente o caráter das grandes almas, daquelas que são realmente fortes. [...] Em resumo, a paciência impede as palavras ásperas, o mau humor, os desvelos desmesurados, as saliências – em uma palavra, todos os atos de uma alma que não possui mais controle de si.

Da Firmeza

A firmeza é, no fundo, a força e a constância empregadas para se opor ao mal, prevenir e reprimir a desordem. Essa qualidade é indispensável em uma professora porque suas crianças são naturalmente inclinadas ao mal, então é preciso inspirar-lhes um medo respeitável... Entretanto, que não se faça uma ideia falsa da firmeza. Ela não é nem a dureza, nem a inflexibilidade, mas uma força da alma empregada pela razão para manter as crianças no bem.

Da Sabedoria

A sabedoria é uma virtude que nos faz avaliar as coisas no seu justo valor e agir consequentemente. O primeiro efeito da sabedoria é o de inspirar-lhe a estima e o amor por suas funções, de fazê-la compreender a sublimidade, o grande bem que ela pode operar entre suas almas, as vantagens que proporciona a ela mesma se devotando à educação da juventude [...] essa virtude a faz compreender que seu principal fim não é ensinar as crianças a ler, escrever e calcular, mas instruí-las nas verdades da salvação e lhes dar uma educação cristã...

Da Gravidade
A gravidade é uma virtude que controla nosso exterior conforme a modéstia, a conveniência e a boa ordem. Ela é indispensável para manter a classe em ordem, inspirar o respeito e atrair a estima das crianças.

Do Silêncio
O silêncio consiste em só falar se o dever obriga, em só dizer o necessário e da maneira mais conveniente. Esse uso da palavra, tão útil à conservação da saúde da professora, lhe é absolutamente indispensável para obter a ordem e o progresso.

Da Prudência
A prudência nos faz discernir e empregar os meios próprios, seja para nos conduzir ao fim a que nos propusemos, seja para nos distanciar dos obstáculos que encontraríamos. A discrição é uma parte da prudência e consiste em moderar nas ocasiões em que se poderia agir precipitadamente e isso a fim de ter tempo de refletir sobre as consequências da ação e examinar a sangue frio se se poderá aplaudir ou arrepender-se.

Da Vigilância
A vigilância é a constante atenção da professora ao que fazem suas alunas. Esta qualidade produz os mais felizes efeitos, não só porque ela reprime a desordem logo que ela aparece, mas também porque a previne.

Do Fervor
O fervor consiste em empregar toda a atividade para conseguir um bom resultado, o qual, para uma Filha da Caridade, não pode e não deve ser outro senão a glória de Deus e a Salvação de seus alunos.

Da Generosidade
A generosidade é uma virtude que nos faz sacrificar voluntariamente nossos interesses pessoais àqueles para maior glória de Deus e àqueles do nosso próximo. Uma professora a pratica perfeitamente, pois ela se sacrifica pela obra tão difícil e frequentemente tão ingrata da educação da juventude seu tempo, suas faculdades e mesmo sua saúde.

Do Bom Exemplo
Existe uma obrigação de uma importância tal que todas as virtudes se reúnem para a impor à professora: é aquela de dar constantemente

o bom exemplo às suas alunas e por isso ser sempre, ela mesma, verdadeiramente virtuosa.

Conselhos de Marie Carpentier sobre a direção das Salas de Asilo, 1847

Que o amor da nossa obra esteja entre nós como um laço de família e que ele nos dê aquilo que o sangue nem sempre dá: a franca concórdia, a doce confiança, os afetos do coração, a verdadeira fraternidade.

[...] nosso apostolado é novo. Eu digo apostolado e quem avalie menos elevada nossa tarefa nela trabalhará com menos fruto e também com menos felicidade. Para aceitar uma missão de devotamento é preciso ter o élan do entusiasmo; mas para se manter na abnegação de si mesmo, para suportar por muito tempo sem se queixar e sem fraquejar, uma vida de fadiga e provas, que nem as distinções do mundo, nem os agrados de uma existência abastada, nem a esperança de glórias futuras podem abrandar, é preciso, como aos apóstolos, ajuda do alto, algum ponto de vista no qual a obra laboriosa possa nos aparecer bela como a caridade cristã, como a aurora de um melhor estágio da sociedade.

O método é letra morta; a ele o professor deve acrescentar a cor, o movimento, a vida.

Para um professor existem dois sujeitos a serem estudados: as crianças e ele mesmo. Duas coisas para sua realização: a educação delas e a sua própria.

Obrigações e qualidades de um professor:

Tato, doçura, ser afetuoso, ter firmeza de julgamento, equidade, coragem. Ser isento de paixão, de parcialidade, de prevenção; ser lúcido, digno, justo.

Em livro sobre a educação, Monsenhor Dupanloup expõe as qualidades e defeitos do professor, 1851

O professor primário.

Eu digo a mim mesmo: qualquer que seja a sociedade e os costumes presentes, sempre haverá sobre a terra uma função, um homem a quem se pedirá para as crianças que não são as suas, o devotamento de um pai, a solicitude de uma mãe e ainda a ciência, a firmeza e a paciência que faltam frequentemente a um pai e a uma mãe para educar essas crianças e completar perfeitamente esta grande obra: este homem é o professor da juventude.

[...] este homem é grande; este homem ocupa um lugar à parte entre os cidadãos; esta função é nobre e de uma nobreza superior...

Este homem está ou deve estar, pelos sentimentos, acima da ambição vulgar: é preciso que as crianças lhe demonstrem um profundo respeito, uma afeição, uma docilidade filial, como a um pai; e a família lhe deve honra e um reconhecimento superior.

[...] o ministério da educação é ao mesmo tempo uma paternidade, uma magistratura, diria quase um sacerdócio.

[...] o que constitui o fundamento de sua dignidade e a mais alta nobreza de sua função é que ele é pai; é mesmo a esse título que se encontra revestida a dignidade magistral.

O professor é então um segundo pai. A paternidade espiritual, tal é o caráter augusto de que se acha revestido. Ele é pai de almas, é a seu serviço, à sua perfeição que ele trabalha sua obra, as altas qualidades que ela exige, o devotamento que ela supõe e que ela inspira tudo é, lá, em primeiro lugar.

Virtude: santidade, isto é, a virtude sólida, assumida, a virtude exemplar.

Firmeza: autoridade real, autoridade pessoal, força pessoal e moral, a força do espírito e de caráter com a qual um professor sustenta os direitos da autoridade real e da qual ele está investido. Força moral, não força material; força da alma e não força do corpo.

Devotamento-amor: só existe um sentimento, uma virtude na alma que pode inspirá-la e sustentá-la em uma tal obra, é o devotamento e só há um mestre que o ensina, é o amor. Sem dúvida o interesse, a conveniência, o gosto natural, o prazer ou a honra podem ligar o professor às suas funções; a consciência, sobretudo, o grande e severo pensamento do dever [...] É preciso aqui o amor o mais desinteressado, o mais efetivo, o mais terno e o mais forte; é preciso o amor de Deus e das almas, isto é, o puro e grande amor.

Inteligência: é preciso não esquecer que a força, a inteligência e o amor constituem, numa santidade infinita, a Divindade e o reflexo dessas coisas divinas deve ser encontrado no pai e no professor.

Docilidade: (do espírito) [...] não digo obediência. Sobre a obediência e sua necessidade em geral se está de acordo, ao menos na teoria [...] A obediência é a submissão da vontade à lei. [...] Na docilidade há uma certa submissão do julgamento; mas é ainda melhor: é a disposição do espírito, a inclinação do coração a se deixar instruir, a receber o ensino dos outros a se esclarecer de suas luzes, a se penetrar de suas ideias, a aproveitar de suas experiências e conselhos.

A viajante Ina von Binzer escreve aos seus na Alemanha, do Brasil, em 1881

[...] Aprendi, aliás, no colégio, que só nos conferem o título de professora quando somos apreciadas; ao contrário, rebaixam-nos para outro inferior: mestra.

Circular do Bispo Diocesano Dom Silvério dirigida a todo clero, em 1901

Sei que V. Rvma., com zelo infatigável, procura defender os católicos dessa cidade e freguesia dos assaltos que lhes dão as seitas heterodoxas para lhes roubarem o sagrado depósito da fé. [...] Falo dos meninos de um e de outro sexo, que os pais não temem confiar a colégios e mestres protestantes, heterodoxos, ou ainda, sem religião. [...]

O que digo de colégios protestantes quanto à doutrina tem aplicação quanto à moralidade às casas e institutos de educação, que não tomam por base a religião e não velam por sua observância séria e eficazmente. Se ali os meninos vão perder a fé, aqui naufraga-lhes a inocência com a convivência, exemplos e incitamentos de companheiros perdidos, que não faltam, sem os remédios que unicamente os podem preservar, que são o ensino e a prática dos preceitos e sacramentos da religião católica.

O mesmo perigo correm os meninos que frequentam escolas de mestres, conhecidamente imorais, por viverem amancebados publicamente ou por outros vícios sabidos e manifestos. Dessas escolas devem arredar os pais seus filhos, ainda que não tenham outra onde colocá-los [...]

A gravidade do mal obriga-me a dar este grito e este rebate a V. Rvma. e a todo clero da Diocese de Mariana.

Do Papa Pio X sobre a instrução religiosa que os párocos devem dar aos meninos na paróquia, em 1905

[...] Mas se pela má inclinação contraída na primeira culpa, a educação é trabalho árduo, que embora conte com o concurso de todos e não se lhe antolhem obstáculos, dificilmente se implanta, como poderá um jovem desprovido de auxílios chegar às culminâncias da perfeição cristã? [...]

Carta Pastoral de Dom Silvério Gomes Pimenta, em 1911

O perigo, antes o dano certo, que sofre a mocidade com o ensino em colégios heterodoxos ou ateus. [...]

Abrirão colégios e escolas; e esta tática é a que lhes vai melhor luzir na obra nefasta de formar apóstatas. Com os adultos pouco medrarão as diligências; não assim com os meninos. Estes são o terreno apto para a semeadura e proliferação da heresia. Os meninos recebem como cera mole a impressão que se lhes dá; e imbuídos do erro na primeira idade, nas idades subsequentes serão propagadores dele na família e nas ocupações em que se colocarem. [...]

Se porém esses pais [...] confiarem filhos, pupilos ou protegidos a colégios heréticos, devem ser considerados como fatores da heresia; e como tais incorrem em excomunhão maior [...]

[...] Que os pais não só arredem seus filhos de colégios acatólicos, mas também de todos os colégios em que a religião é posta de parte, e não entra nas ocupações da diretoria e do magistério, ficando unicamente à vontade e deliberação do aluno. [...]

[...] Crede-nos, amados filhos, a educação chamada leiga, na qual não tem parte o ensino e as práticas religiosas é a mais eficaz arma que podia inventar o inferno para as ruínas do cristianismo; e se ela vingar entre nós, pode Satanás ufanar-se de haver descristianizado o Brasil. [...]

Só a religião pode conter o homem e preservá-lo dos vícios, mormente desses que se escondem aos olhos dos outros, e escapam à pesquisa das leis. [...]

Esta seja lida, e lida mais de uma vez, explicada e intimada aos fiéis, e seja registrada no livro competente e arquivada.

Do Cônego Touzéry, na França, em 1911

Depois do sacerdote católico que educa o homem para uma dignidade incomparável, uma das mais santas e mais nobres vocações é a do professor. O professor é o auxiliar da família e da Igreja na mais importante de todas as obras, a instrução e a educação cristã das crianças.

Qualidades corporais: isento de todos os defeitos corporais que poderiam torná-lo ridículo aos olhos dos alunos. Forte constituição e sobretudo um tórax sólido. Os sentidos intactos. Uma boa vista para o exercício da vigilância; o olho do mestre é o principal meio da disciplina. É preciso também que os órgãos vocais estejam em bom estado, já que esse é o seu primeiro instrumento de ensino.

Qualidades sociais: chamamos qualidades sociais aquelas que tornam um homem conveniente e honesto nas suas relações com os outros homens [...] deve ser limpo [...] amar a ordem e a simplicidade. Uma roupa exagerada é tão pouco conveniente quanto uma roupa suja. O rosto, as mãos, as roupas, os livros e os móveis, a sala de aula devem revelar no mestre o senso da limpeza e da conveniência [...] O professor deve se esforçar por adquirir também: tranquilidade exterior, domínio sobre sua fisionomia e gestos mesmo quando está emocionado, facilidade e graça nos movimentos, um caminhar reto e desembaraçado, sem afetação.

Qualidades intelectuais: por qualidades intelectuais entendemos as atitudes e os conhecimentos necessários ao professor para preencher os deveres de sua vocação; espírito lúcido; boa memória; coração puro e delicado; habilidade em captar prontamente as ideias dos outros; facilidade para exprimir suas próprias ideias em uma linguagem correta e inteligível.

Qualidades morais: verdadeiro espírito de religião, amor pelo seu estado, a fidelidade e a consciência no cumprimento de seus deveres profissionais; o gosto pelo estudo; a paciência e a doçura; o amor por seus alunos; a prudência.

No Boletim Eclesiástico da Arquidiocese de Mariana, Carta Pastoral de D. Silvério Gomes Pimenta, em 1912

Há longo tempo, amados irmãos e filhos, somos testemunha da chaga perniciosa que vai corroendo nosso organismo social e religioso, a deficiente e a defeituosa educação da nossa mocidade. A esse lamentável desastre havemos procurado aplicar remédio por nós e por meio de zelosos cooperadores eclesiásticos e seculares, aos quais folgamos de significar daqui nossa gratidão sincera e bênçãos cordiais. Pedimos ardentemente a Deus que lhes aumente o número, engrossando e reforçando com novas levas as linhas dos que trabalham pelas mais santas das causas. [...]

[...] Observai as regras que nesta nossa carta vos propomos e inculcamos; segui os grandes modelos de educação que tendes no S. Tobias, S. Luiz, Santa Mônica e tantos outros pais que, pelo cuidado que tiveram em educar seus filhos, mereceram as bênçãos de Deus na terra e coroa imortal no céu. [...] Seja esta nossa Pastoral lida, explicada e intimada aos fiéis a espaços e, muitas vezes, registrada e arquivada, como é de obrigação.

Da União dos Professores Primários portugueses, em 1918

Há de ser sempre o professor primário das diversas nacionalidades o fator por excelência da educação de amanhã, o reconstrutor básico da grande obra mental, moral, econômica e social que, após a guerra, a todos os povos se imporá.

De Firmino Costa, em Belo Horizonte, 1918

Iniciado na arte educativa, tendo estudado a psicologia da criança, conhecendo a história da educação popular, o professor consagrará outro amor ao magistério, aperfeiçoará mais e mais seu trabalho, com igual esforço poderá obter resultados admiráveis, transformar-se-á num verdadeiro operário da Pátria, fazendo de sua escola uma esplêndida sementeira de civismo, de progresso e de grandeza nacional.

O Ensino Normal [...] formará professores que não subalternizem os deveres profissionais a outros sentimentos estranhos a sua profissão, ainda que respeitáveis, como, por exemplo, os sentimentos religiosos...

[...] a incompatibilidade entre os deveres de mãe de família e os de professora. Como cada vez mais me convenço dessa incompatibilidade, que a legislação escolar ainda não quis reconhecer [...] quanto ao ensino primário. Ele demanda tensão contínua do espírito a par de inteira serenidade na regência da classe. O magistério, para ser bem exercido, deve suceder ao máximo repouso do espírito e do corpo. É preciso poupar forças para poder despendê-las convenientemente na aula, de modo a conservar sempre o bom humor nas explicações da matéria e no trato com os alunos. De outra sorte, se a fadiga surpreende a professora em meio dos trabalhos ou se uma preocupação, qual a dos filhinhos lhe domina o espírito, ambas as partes, a docente e a discente ficarão prejudicadas.

O Papa Pio XI elogia Marie-Madeleine Postel e Madeleine-Sophie Barat, em 1925

[...] pareceu-lhes que não teriam ação mais fecunda que a sã educação das moças que cresciam e preparavam uma nova geração. [...] Sempre especificando que em todo pensionato e em toda casa seria anexada uma escola aberta às meninas das classes pobres, ela desejou que sua obra fosse principalmente voltada à educação das moças da nobreza e das classes abastadas (entre os ricos há muita miséria no coração). Além disso, se na elite as mães de família são formadas desde a infância numa vida santa, por seus exemplos e palavras elas levarão à prática fiel dos deveres religiosos não apenas suas crianças, mas também as pessoas do povo que delas se aproximarem. [...] é urgente [...] ajudar a mulher a ser para a humanidade por seus dons da natureza e da graça que lhes foram concedidas um instrumento não de perdição, mas de soerguimento e de salvação.

Em livro, Almeida Junior discorre sobre o que pensam as Normalistas, em 1927

Serei boa professora e boa dona de casa: hei de instruir e educar, não só os alunos como também os filhos e os criados, e suportar a todos, e mais o marido com extrema paciência.

Irei a qualquer parte, porque mamãe me acompanhará. Quero ser pobre, mas feliz.

Desejo ser rica, muito rica... para comprar tudo que me apetecer... para viver folgadamente e não ter que pensar no futuro.

Ser pobre, extremamente pobre, para ganhar seguramente o reino dos céus. Mas isto, só no caso de não poder ser muito rica. Desejo ser feliz e o melhor meio reside no casamento. Imitarei na dedicação e na bondade minha mãe.

Qualidades que buscam no marido: honestidade (brasão dos pobres), simpatia (consolo dos feios), delicadeza (temem a selvageria masculina), que seja instruído e que inspire grande respeito para que possa ser bom marido e bom diretor de colégio, que seja católico prático, formado, proprietário, não beba e não fume.

E assim concentrarão o seu afeto nestas duas entidades que todos estremecemos – a família e a criança –, que representam, de algum modo, o presente e o futuro da Pátria.

Em um livro, Seyfert, sobre as práticas escolares, em 1926

Preparação do professor para o ensino [...] é necessária, especialmente para os professores jovens [...] um bom e grande manual [...] consulte-se o Manual citado: Kerschensteiner, *El alma del educador*.

Fala do Papa Pio XI na *Divini Illius Magistri*, em 1929

A eficácia de uma escola depende mais de bons mestres que de uma boa legislação. Os professores que uma boa escola exige devem estar perfeitamente preparados e instruídos em suas respectivas disciplinas e devem ser dotados das qualidades intelectuais e morais exigidas pelo seu transcendental ofício, ardendo em puro e divino amor pelos jovens a eles confiados precisamente porque amam Jesus Cristo e a sua Igreja, de quem eles são os filhos diletos, e buscando, por isso mesmo com todo cuidado, o verdadeiro bem das famílias e da pátria. Por isso nos enche a alma de consolo e de gratidão para com a bondade divina ver como, juntamente com os religiosos e religiosas, consagrados ao ensino, existe um grande número de mestres e mestras excelentes – [...] – dedicados com desinteresse, zelo e constância ao que São Gregório chama a "arte das artes e ciência das ciências", quer dizer, a direção e a formação da juventude. Sem dúvida também a estes auxiliares da educação se aplica o dito do divino Mestre: "A colheita é muita, mas os trabalhadores são poucos".

Da *Voz da Escola*, Órgão da Escola de Aperfeiçoamento, em 1929

Professorado Mineiro! Façamos do Brasil a nossa profissão de fé: tu, Brasil, serás o que quisermos que sejas!

Reformemos a nossa mentalidade à luz clara das ideias novas, afastando dela todas as teorias vazias, todas as animosidades, todos os egoísmos perniciosos.

Substituamos o culto vaidoso e egoísta do eu pelo ideal da solidariedade, para a vitória da obra.

Essa solidariedade significará para nós a Fé e a Esperança fundidas no mesmo desejo de triunfo.

Do Editorial da *Revista do Ensino*, em 1929

Só no dia em que tivermos professores de verdade, conhecedores dos princípios fundamentais de seu trabalho, é que haverá entre nós o direito de pugnar por uma situação melhor do professorado e de protestar contra possíveis preterições e esbulhos. Faz-se mister uma renovação radical de atitude e que o professorado procure estudar as matérias básicas de sua profissão.

O verdadeiro professor deve ser forrado de bons estudos, seguro nos seus processos, ambicioso de perfeição tendo um fim determinado a atingir, caminhando para ele sem vacilação.

Na *Revista do Ensino*, em 1930

"[...] tal seja o mestre, tal será o discípulo."

[...] para o preenchimento dessa função o critério da seleção moral mais absoluta: honestidade, virtude, homem do trabalho e do dever [...]

A vida social do professor condiz com os preceitos morais que ele prega e exige de seus alunos?

Toda a responsabilidade do fracasso da obra educativa cabe ao docente, irremediavelmente, porque bons fossem os exemplos, bons teriam sido os hábitos implantados na personalidade infantil. E não seria caso para processo criminal o desviar de uma linha reta na vida [...]

[...] ao professor e ao sacerdote incumbe o dever de ter constantemente os olhos voltados para dentro de si [...]

Editorial da *Revista do Ensino*, em 1930

[...] o nosso professorado, para que cumpra bem os seus deveres, se consagre à leitura dos livros modernos, medite longamente sobre eles, procure aplicá-los com cuidado, aprimorando e aperfeiçoando seu modo de ensinar.

Apelo a todos os mestres mineiros nesta hora gloriosa na nacionalidade: que adquiram, um, dois, ou três volumes de pedagogia, que os leia com ponderação, que os procure aplicar com seriedade, melhorando dia a dia a sua técnica de ensino.

Em *O Horizonte* em 1931, sobre a pedagogia de Ignácio de Loyola

O fim da escola é educar. O professor é por isso um guia, um orientador. E para educar, o mestre serve-se da instrução. Ambas, pois, educação e instrução, não podem estar separadas.

No *Estado de Minas*, em 1931, a comemoração do Dia da Professora

Na escola Infantil Bueno Brandão, o Dr. Noraldino Lima expressou ainda mais uma vez sua admiração pelo que presenciava e declarou seu contentamento que a instrução primária em Minas "está entregue às moças dedicadas e hábeis, que bem se compenetrem do papel que lhes compete na educação e na alfabetização das crianças. [...] O Bueno Brandão possui um corpo de professoras competentes e carinhosas, compenetradas de seus deveres e da missão de educadoras".

Da Academia Mineira de Letras, em 1931

[...] e parece-me de toda justiça enaltecer aqui o esforço intelectual da mulher mineira que tem desenvolvido no magistério e no lar, caracterizando e definindo a sua tendência social em nosso meio...

O Decreto n.º 10.118 institui o "Dia da Professora"

O Presidente do Estado de Minas Gerais, no exercício de suas atribuições:
- considerando que é dever do Estado reconhecer e proclamar o esforço e trabalho dos que se consagram à causa pública;
- considerando que ninguém mais que a professora primária tem direito ao reconhecimento coletivo, pela sua colaboração na obra de elevação mental e aprimoramento moral da sociedade;
- considerando que o Grupo Escolar Barão do Rio Branco, instalado nesta capital no dia 30 de outubro de 1906, no governo de inolvidável João Pinheiro, foi o primeiro criado em Minas, marcando o início da renovação do ensino público no Estado – preocupação de todos os governos que se têm sucedido no poder;
- considerando que nenhuma data seria mais propícia do que esta para se homenagear nela a professora primária no seu devotamento constante à formação do sentimento e da primeira camada de cultura das gerações mineiras, resolve:

Art. 1º – Fica instituído em Minas Gerais, o Dia da Professora, que será festejado em todos os estabelecimentos de ensino público do Estado, no dia 30 de outubro de cada ano.

Art. 2º – Este ano, excepcionalmente, o Dia da Professora será comemorado dia 4 de novembro.

Art. 3º – Revogam-se as disposições em contrário.
Palácio da Presidência, em Belo Horizonte,
30 de outubro de 1931.
Olegário Maciel
Noraldino Lima

Em um livro, Maria dos Reis Campos, 1932

[...] o professor antigo não poderá fazer o ensino moderno. [...] é necessário lançar mão dos elementos que existem, isto é, dos professores da escola antiga, a quem é preciso converter à escola nova e prepará-los para os novos misteres que deles se esperam.

Quatro aspectos são essenciais: responsabilidade e extensão de suas funções; exigências de preparo intelectual e técnico; papel que lhe deve caber no desempenho de suas funções; maior ou menor dificuldade do exercício dessas funções.

Na *Revista do Ensino*, a biblioteca mínima do professor primário, em 1932

Dewey: *Vida e Educação; Teorias sobre Educação; O hábito e o impulso na conduta.*
Kerschensteiner: *A alma do educador; A escola do trabalho.*
Kilpatrick: *Educação para uma civilização em mudança.*
Angelo Patri: *Vers l'école de demain.*
Dufestel: *La croissance.*
Binet: *Les idées modernes chez les enfants.*
Claparède: *La psycologie de l'enfant; Comment diagnostiquer les aptitudes chez les écoliers; L'éducation fonctionelle.*
Alberto Pimentel: *Pedologia.*
Bonfim: *Psicologia.*
Iago Pimentel: *Psicologia.*
Foerster: *L'école et le caractère.*
Robin: *L'enfant sans défauts.*
Binet et Simon: *Les enfants anormaux.*
Descoeudres: *Éducation des enfants anormaux.*
Balmer: *Les classes dites faibles.*
Bowen: *De la science du caractère.*

e ainda: Ferrière; Seyffert; Toledo; Faria de Vasconcelos; Sampaio Dória; Durkheim; Proença; Lourenço Filho; Delgado de Carvalho; Anderson; Dottrens et Margairaz; Wellis; Sainz; Piaget.

Na *Revista do Ensino*, no Dia da Professora em 1932, o Ser Professor

Ser Professor é professar a religião do Dever, é olhar sempre para a frente e para o alto, é considerar-se como o alvo permanente de olhares indagadores, é viver em aturada vigília, anotando no ementário da experiência as sutilezas e os mistérios desvendados no recôndito dos corações infantis; é fazer, em suma, da própria vida um encadeamento de atos dignificantes, uma oblação perene da energia da vontade, um código da ética mais elevado.

Assim como ao sacerdote [...] também ao professor não é dado despojar-se dos seus atributos, apenas tange a sineta assinalando o encerramento das aulas. Na escola, na praça pública, no lar, no recesso calmo do gabinete de estudo, por toda parte, como ao corpo segue a sombra projetada, assim ao professor, acompanha-o a silhueta da sua responsabilidade perante o mundo, perante sua consciência, perante Deus.

Ele será sempre um fator do bem, se moralmente integrado na consciência de sua missão [...] mas pode tornar-se um dos maiores cooperadores do mal em si, por negligência, por desamor, por tédio, por negativismo vocacional, não se conserva em guarda contra os botes da fragilidade humana [...]

A vida do professor deve ser uma consagração de todos os instantes à causa do aperfeiçoamento moral, da elevação mental dos pequeninos seres [...]

O professor deve ser um eterno insatisfeito consigo mesmo [...]

O estudo, a meditação, a virtude de não vacilar em retroceder sempre que se sentir desviado da verdadeira rota, a humildade dignificante no aceitar a sugestão proveitosa, a potencialização da sua energética, o acrisolamento dos atributos morais, a paciência da fé intemerata de um evangelizador – eis o programa que se deve traçar e seguir [...]

O Secretário paraninfando em São João del-Rei, em 1932, em um colégio dirigido pelas Filhas da Caridade de São Vicente de Paulo

[...] casa de educação, que é também um templo e cujos degraus só podem ser galgados com o pensamento alto e o coração puro

[...] os destinos confiados à proficiência das irmãs de São Vicente de Paulo [...] alta consciência que guarda de sua missão esse pugilo de dedicadas servas do senhor que se vêm revezando aqui, na penosa e messiânica tarefa de preparar as almas no sentido da virtude e do aperfeiçoamento.

[...] o elemento afetivo do nosso ser – o coração – é o que nos aproxima da divindade. Assim no lar; assim na escola. No lar a irradiação do amor se faz através de um coração de mãe; na escola opera-se através de um coração de mestra. O amor de mãe é mais humano e o da mestra, mais divino [...] A mestra ama de graça, sem a ligação da matéria, nem a exigência do espírito; ama porque há uma fatalidade de outra ordem, meramente psíquica a orientar-lhe os movimentos e os sagrados impulsos. [...] o seu amor não tem cálculos, nem objetivos: é sem preço – grito sublime da natureza e cuja ressonância se encontra num futuro sem data.

Quem quer que se bata por um ideal tem a cruz de Cristo no seu escudo e a bravura de Godofredo no seu coração. [...] o ideal do ensino é clarear as almas que precisam de luz e abrir caminho aos que querem andar [...]

Sejamos idealistas, Senhoras Diplomandas: idealismo de que só são capazes os verdadeiros homens, no sentido genérico.

A ordem social como expressão do progresso coletivo só pode assentar-se na rocha viva da ideologia educacional [...]

Educar... eis tudo.

Em livro, Luis Rego mostra seu desejo de ser útil, em 1933

O educador do futuro é, pois, aquele que tende a ser, com a máxima simplicidade, um homem completo, isto é, aquele que, mostrando-se tal como a natureza o fez, procura elevar-se no sentido dum ideal moral de equilíbrio, de razão, de bondade e de amor.

Cita Jonatas Serrano: possui o fogo sagrado, o entusiasmo comunicativo, o *quid* inefável e irresistível logo sentido pelos alunos [...] entusiasmo, alegria e fé.

Homenagem do Grupo Santos Dumont ao Secretário e a um professor, em 1933

[...] o motivo de homenagem aos doutores. Noraldino Lima e Guerino Casasanta estava no fato de ambos simbolizarem a figura do autêntico mestre, no que essa missão tem de mais nobilitante, que é a trama de virtudes humanas, como a honradez, a bondade, a dedicação, o entusiasmo e o espírito de justiça.

Na *Revista do Ensino*, A escola e o progresso, é comentado o desempenho da professora mineira, em 1933

[...] as moças mineiras recebem de todos os professores a prática metodológica das matérias beneficiando-se, ao mesmo tempo, do influxo da educação moral e social, em cujo ambiente devem transcorrer não só as aulas, mas também todos os trabalhos escolares, enfim toda a vida escolar. E assim nesse ambiente de afeição mútua, de trabalho e cooperação é que vamos caldear, formar, fortalecer e destorvar o espírito da moça mineira.

[...] a professora deve conhecer a pedagogia, rudimentos de biologia e psicologia infantil [...] são elas que ensinam a tratar a criança com amor, a respeitar a sua personalidade [...]

A professora deve ter entusiasmo pela profissão [...]

Deve transparecer em suas palavras, em seus gestos, em suas ações – provas da necessidade de amor à pátria, de bem servi-la, de engrandecê-la.

Deve habilitar os alunos ao trabalho [...]

Deve principalmente formar nos alunos a capacidade de adquirirem hábitos de atenção, disciplina, vontade, energia, higiene [...]

De toda consideração é digna a professora.

Menos resistente fisicamente do que o homem, ela tem muitas vezes o pesado encargo de uma família numerosa, cuja manutenção lhe traz desconforto, sofrimentos e desnutrição por rudes trabalhos, noites mal dormidas e dedicadas ao sublime e santo mister de dar vida àqueles que na meiguice única lhe chamam "mamãe".

Amai vossa mestra, porque pertence àquela grande família de milhares de professoras elementares, espalhadas pelo nosso país, que são como mães intelectuais de milhões de crianças que crescem convosco [...]

E pronunciai sempre com reverência este nome – Mestra – que, depois dos de vossos pais, é o mais nobre e o mais doce dos nomes que possa uma pessoa dar a outra pessoa.

Almeida Junior discursando na Associação das Professoras de São Paulo sobre a mulher e o ensino, em 1933

[...] a mulher insinuou-se maneirosamente no ensino primário e foi aos poucos afastando o homem. As leis e as praxes a mantiveram arredada por muito tempo da administração, alegando-se como elementos irremovíveis os excessos de sua afetividade e a insegurança do seu temperamento. Mas a resistência cedeu.

[...] o professor já nasce feito. Deu-lhe de presente a natureza predicados naturais: tolerância, paciência e a bondade [...] atitude de perene simpatia para com a infância [...] suportar os bandos infantis [...] capacidade de apreender o essencial de cada problema, de concatenar as ideias com clareza e lógica, de adivinhar as dificuldades, de pensar e sentir como as crianças.

A minha convicção profunda e sincera, colhida em mais de vinte anos de atividade nas escolas, é que entre as profissões liberais o magistério é a que mais apela para o fator pessoal hereditário.

A cultura não supre a sovinice do berço [...] mas a cultura, encontrando dons nativos em que se apoiar, consegue aprimorá-los.

O Bispo Diocesano paraninfando no Colégio N. Sra. das Dores, em 1933

Magistério: mais humilde e menos remunerado pela gratidão dos homens, mas na realidade é dos mais eficazes e necessários [...] apostolado da instrução.

O Secretário paraninfando, em 1933

Professora de Minas, em cujo dedo acabo de colocar o anel simbólico – aliança entre a tua e as almas em desabrocho que irão voar, amanhã, em volta de ti como um enxame inquieto de abelhinhas em torno de uma corola-caçoila de carne, toda de mel e perfume [...]

O Secretário paraninfando em Escola Normal oficial, em 1933

Domine, ad quem ibimus? A quem iremos, Senhor? Para o trabalho, para o dever, para o triunfo.

A professora é a expressão viva e corpórea do trabalho, que é o fator da produção e da riqueza, bálsamo de todas as dores, consolo de todas as mágoas, tão necessário à natureza física como indispensável à natureza moral.

Na sua escola, na sua classe, exemplificando a energia, vivendo a ação, é a criadora de todas as atitudes [...]

Formar na criança o hábito do trabalho e dar-lhe diariamente o exemplo desse hábito [...]

Plasmar os valores humanos que a sociedade lhe entrega [...]

Trabalha, professora de hoje: inove-te dentro da tua sala, onde soberana deves reinar, não com a supremacia de tua inteligência [...] mas pelo exemplo de tua energia: ela é a faísca que vai acender o lume em lares felizes; é a semente que, multiplicada ao infinito, abarrotará os celeiros; é a réstia de luz que atravessará as esferas [...]

Professora de Minas: inteligência [...] bondade [...] coração quente de ternura e palpitante de autor [...] grande ternura das almas bem-intencionadas do grande amor das causas superiores [...]

[...] o alcance social de tua missão é tudo [...]

Trabalha e observa; cumpre o dever e espera.

O Secretário paraninfando no Colégio Imaculada, em 1933

[...] espírito preparado na cultura do século e o coração aquecido pela chama do Verbo [...]

[...] agir menos em proveito próprio que em favor de outras almas [...]

[...] três atributos: cultura, trabalho e fé; e mais: ideal messiânico, espírito de renúncia, obsessão do bem-fazer.

[...] em lugar de pai, de mãe está todo aquele ou aquela que toma sobre si a missão de educar.

O Secretário paraninfando em Escola Normal oficial, em 1933

Vultos de altíssimo relevo na galeria humana têm considerado glória final da existência a glória de equacionar o problema da educação.

Precisamos valorizar o professor [...] Cerquemo-lo, senão dos recursos materiais que lhe melhorem as condições de vida [...] cerquemo-lo de grande apreço para que ele não se desiluda da sua missão.

O Inspetor-Geral da Instrução paraninfando no Colégio Sagrado Coração em 1933, fala da disciplina que nos convém

[...] educadores da juventude, formando o espírito para formar o coração [...]

O professor – e cada um de nós ensina de qualquer maneira –, pelo exemplo, pela palavra, pela ação – deve compenetrar-se de sua altíssima missão e ser, em qualquer momento, um modelo vivo de virtudes comuns que, afinal, são a melhor coroa da vida.

A disciplina que nos convém é sem dúvida a disciplina de Cristo: disciplina interior, disciplina firme e consolidada pela prática de virtudes.

O Inspetor-Geral da Instrução paraninfando no Colégio Sacré-Cœur de Marie, em 1933

[...] nosso esforço se dirigirá agora com maior intensidade ainda, a conseguir uma perfeição que seja uma garantia do vosso sucesso [...]

Métodos e técnicas de ensino não têm valor se o professor se mantiver sem vibração, sem entusiasmo, pelo máximo problema dos povos modernos.

O professor deve ser um homem do seu tempo [...]

Em verdade, educar uma mulher, sentencia Laboulave, é educar toda uma geração [...]

Meditai na lição do Mestre: só é realmente educador quem cultiva a modéstia, a tolerância, a renúncia, que se aperfeiçoa no plano espiritual e analisando as manifestações de inteligência hospeda os propósitos úteis e rejeita com dignidade, mas sem azedume, as ideias inúteis ou nocivas.

Elegendo Jesus Cristo como seu único e verdadeiro ideal, está a exigir-vos a nova escola esta nobilíssima tarefa: infundir as virtudes inestimáveis de simpatia, solidariedade e cooperação e remover, destarte, os atritos da hora presente, tornando os homens mais polidos e a sociedade mais feliz.

Respeitando a espontaneidade das crianças, a nova escola obedece à letra os evangelhos. Também ela se propõe uma grave tarefa: preparar a infância para uma vida melhor.

Na *Revista Brasileira de Pedagogia*, a Festa do primeiro Mestre, em 1933

[...] ensinar, missão sacrossanta nem sempre compreendida na devida altura.

Mestres e pais – pais e mestres, eles se confundem [...]

Os nossos primeiros mestres aqui foram mestras. E como se encarna bem no coração da Mestra o papel gracioso de mãe? Cuidar bem destes pequeninos que, envoltos ainda nas chamas do amor do lar, cuidar dessas almas para fazê-las dignas, cada vez mais dignas.

A mente iluminada, o coração abrasado, mestra e mãe, para sempre bendita [...]

Na *Revista do Ensino*, a oração do Mestre de Gabriela Mistral publicada em 1933

Senhor! Tu que ensinaste, perdoa que eu ensine e que tenha o nome de Mestra que tiveste na terra.

Dá-me o amor exclusivo de minha escola: que mesmo a ânsia da beleza não seja capaz de roubar-me a minha ternura de todos os instantes.

[...] Dá-me que eu seja mais mãe do que as mães, para poder amar e defender, como as mães, o que não é carne da minha carne. Dá que eu alcance fazer de uma das minhas discípulas o meu verso perfeito e deixar gravada na sua alma a minha mais penetrante melodia, que ainda assim há de cantar quando meus lábios não cantarem mais. [...] Põe na minha escola democrática o resplendor que aureolava o teu bando de meninos descalços.

Faze-me forte no desvalimento de mulher e de mulher pobre; faze que eu desprezе todo poder que não seja puro, toda pressão que não seja da tua vontade ardente sobre a minha vida.

E, enfim, ensina-me, como a palidez da tela de Velásquez, que ensinar e amar intensamente sobre a terra é chegar ao último dia com a lançada de Longuinos no plano ardente dos anos.

No Editorial da *Revista do Ensino*, em 1933. Que fazer em situações difíceis?

É necessário que o professor seja também digno de sua missão: forte na vontade, claro na inteligência, infatigável no trabalho.

O Mestre, onde quer que ele esteja, deve ser o grande transformador de homens.

O professor deve armar-se de fé e coragem [...] Que o mestre seja além de uma grande força social, operante e viva, um alegre formador de vontades fortes, para quem a dificuldade será um estímulo, e a derrota, novo motivo de lutas.

Leonilda Montandon, na *Revista do Ensino*, escreve sobre a educação moral nas escolas, em 1933

Um dos fins da escola, o mais importante e que requer do professor todo cuidado e carinho, é por certo o aperfeiçoamento do caráter e da conduta do indivíduo.

(O professor assim deve ser para levar o trabalho): atitude digna e acolhedora; enérgico sem fraqueza; bom, carinhoso e justo; hábil; dedicado; bondoso; enérgico; com a inteligência consagrada ao desenvolvimento dos pequeninos seres.

Grande é a nossa responsabilidade, não só perante a família e a Pátria, mas sobretudo perante Deus!

[...] somos os guias de tantas almas em flor [...]

[...] somos nós que teremos de responder pela conduta de nossos jovens!

[...] sem catecismo, sem Deus, fatalmente havemos de fracassar.

Em livro, Georg Kerschensteiner discorre sobre a alma do educador e a formação do professor, em tradução de 1934

[...] cada homem é educador de outros, seja para o bem ou para o mal.

[...] é o homem que, voluntária ou involuntariamente, influi na vida espiritual de seu semelhante, elevando-o a um estado mais perfeito.

[...] o educador propriamente dito é sempre um homem ocupado na prática. [...] Pestalozzi como educador do povo. [...] seu impulso pedagógico não lhe motivava tanto o desejo de elevar individualidades isoladas ao tipo intelectual, como a ideia de salvar a sociedade da ruína moral e elevar a classe dos deserdados, dos pobres abandonados, até um puro conceito de humanidade. Seria conveniente distinguir entre os verdadeiros educadores que se orientam praticamente daqueles que se ocupam unicamente da formação, elevação e salvação de indivíduos isolados – os altruístas – dos que tendem de preferência ao conjunto, à sociedade, à coletividade nacional e à humanidade – educadores sociais.

Mas a essência da simpatia e o fundamento emocional de todo ato pedagógico é a compenetração. Compenetrar-se quer dizer viver em outro [...]

Assinalamos agora um indivíduo no qual domina um sentimento fundamental de simpatia e inclinação (amor) para seus semelhantes: uma pessoa orientada socialmente, mantendo-nos assim na forma mencionada do homem altruísta. A Alma do educador pertence a um tipo social: mas cada indivíduo orientado socialmente não precisa possuir de um modo imprescindível uma natureza de educador, ainda que toda verdadeira natureza de educador deve, forçosamente, pertencer ao tipo social.

Para descobrir as possibilidades de formação de valores na pessoa que educa, é necessário, por parte do educador, uma profunda penetração que lhe permita descobrir a capacidade intelectual do educando. Como poderia ser alcançada esta penetração sem uma profunda simpatia e inclinação por quem se educa, que nos demonstrasse francamente as modalidades de sua vida espiritual peculiar? Sem chegar à dita penetração, o ato pedagógico vai degenerando facilmente num procedimento coativo que se limita a obter um comportamento estimativo no educando, e que somente por acaso e em casos raros pode conduzir à sua efetiva formação interior.

Eduardo Spranger, o notável professor de Filosofia e Pedagogia da Universidade de Berlim, fez em uma de suas obras uma exposição de tipos essenciais de individualidades. [...] Seu sistema assinala seis tipos principais de almas: o homem teórico, o imaginativo, o religioso, o social, o econômico e o autoritário.

No homem social é o amor da lei que rege sua vida; simplesmente o amor faz o homem. Seu instinto fundamental não é compreender, nem formar, nem estabelecer relações transcendentais, e sim o simples amor pelo homem vivo, com seus sentimentos de solidariedade, assistência e sacrifício pelos semelhantes.

Acabamos de advertir, pois, que o educador se deve à forma da vida social [...] Ainda mais, onde encontramos um grande educador na história da humanidade, veremos vivo nele, em qualquer forma, o princípio religioso. Sem dúvida todas essas formas não determinam exatamente a natureza da alma do educador, pois que esta natureza se manifesta somente no amor para com os homens. Quem não sabe viver no amor de seus semelhantes pode considerar-se fracassado de antemão como educador.

Quem sente em si uma força interior que lhe impulsiona sempre novos conhecimentos, que lhe permitem ordenar, transformar e aperfeiçoar seu próprio caudal de ideias, corre o grande perigo de sentir como uma carga, cada vez maior, o trabalho diário repetido que o obriga sua profissão de educador, perigo que somente pode ser vencido pelo amor todo poderoso.

Existem muitas profissões que, se têm de ser cumpridas à risca, exigem uma personalidade de um tipo social. Assinalo, entre todas, a dos sacerdotes (pastores, como são designados graficamente na religião protestante), a dos médicos, a das irmãs dos hospitais e maternidades, em resumo, todas aquelas profissões que se preocupam com o bem dos demais. Assinalo também, antes de tudo, a da mãe, contanto que ela não se refira ao aspecto sexual.

Onde existe, pois, a especial estrutura social que diferencia o educador de todos os outros tipos de profissão social? Sua profissão é, indubitavelmente, a que mais se aproxima da mãe.

Todo educador pode considerar-se um sacerdote: mas o sacerdote em seu sentido restrito, isto é, o simplesmente religioso se diferencia dele, pelo menos enquanto tende a desenvolver no educando valores religiosos por meio de determinados bens. Separa-o ainda do educador a circunstância de que quase sempre dirige, exclusivamente, a vida espiritual do aluno, mas não de igual modo ao portador orgânico dessa vida espiritual, isto é, ao corpo.

Caracteres essenciais da natureza do educador:

Primeiro: a simples tendência para a formação do homem como individualidade se destaca de todas as outras inclinações, de tal forma que na realização de dita tendência encontra o educador seu máximo prazer.

Segundo: a capacidade para perseguir dita inclinação de forma proveitosa, quer dizer, chegar a conseguir a formação da alma particular do educando na medida que é permitido por sua capacidade. (O tato pedagógico...)

Terceiro: a tendência específica dirigida precisamente para o homem futuro, isto é, à personalidade que desperta, ou melhor ainda, a alma infantil como portadora de valores.

Quarta: a decisão permanente da influência durante o desenvolvimento, ou o que é o mesmo, do desejo de estimular aquela formação de valores que em princípio já está determinada na alma do indivíduo.

A quinta condição que deve possuir todo educador quando está ao serviço espiritual de uma comunidade de valores à qual pertence [...] é conduzir o educando a uma determinada liberdade moral, sentindo-se obrigado a colaborar na moralização sempre imperfeita da coletividade, embora se corra o risco de ser sacrificado por ela mesma.

Mas a vida presente exige que também o mestre de escola seja educador, quero dizer, que irradie sua influência simultaneamente a um número considerável de educandos; atuando, graças ao seu poder educador, no seu desenvolvimento moral e intelectual.

Se perguntarmos, agora, quem deve ser mestre [...] Se existe alguma profissão que exija uma vocação profunda é a de mestre e educador [...]

Unicamente deverá ser mestre aquele a quem esta profissão supõe o cumprimento de seu desígnio. [...] Sentido do desígnio, não é outro do que a aceitação do mesmo, em seu supremo e último valor espiritual ao que o educador serve, de acordo com a petição sétima do Padre-nosso: a liberação do homem de todo o mal interior mais do que o externo. Esse é também o sentido diáfano do fim a que Pestalozzi consagrou sua existência. O órgão para este último e supremo sentido se desenvolve mais tarde, e dificilmente no momento em que se nos apresenta o problema de determinar a profissão. Desenvolve-se em troca tão mais segura quanto mais convencido está o educador e mestre da lei de amor espiritual. Que nós estejamos dominados por este amor – que sempre é um amor dadivoso – somente o experimentamos pela felicidade que nos leva o dedicarmo-nos à formação espiritual e intelectual dos demais. A condição fundamental para todas as organizações de preparação de mestres é dar a esta experiência a oportunidade maior para se desenvolver.

A salvação da escola primária não está em Kant nem em Goethe, e sim em Pestalozzi.

Em livro, Mario Casasanta traça o perfil de Dom Bosco educador, um mestre velho da escola nova, em 1934

O ensaio é deveras pequeno, mas os professores católicos nele encontrarão algum motivo para serem mais professores e, notavelmente, para serem mais católicos. Quanto aos professores que não forem católicos, também não lhes fará mal a leitura. Que o leiam, para ouvirem a outra parte e para enxergarem alguma coisa do outro lado.

Foi Dom Bosco um educador da família de Pestalozzi? Se o estudasse devidamente Kerschensteiner, atribuir-lhe-ia aquela alma pestaloziana que lhe parece marca dos máximos educadores?

[De acordo com Clapp] as qualidades apareceram da seguinte maneira e na seguinte ordem:
1. Acolhimento
2. Aparência Pessoal
3. Otimismo
4. Reserva ou dignidade
5. Entusiasmo
6. Imparcialidade
7. Sinceridade
8. Simpatia
9. Vitalidade
10. Cultura

Tomei, de propósito, o estudo de Clapp, pedagogo e norte-americano, para ajuizar de Dom Bosco com critérios objetivos tão do gosto do nosso tempo. Poderia estudá-lo de acordo com as marcas do bom educador que Kerschensteiner apurou na análise da alma de Pestalozzi, e teria feito melhor trabalho, porque uma dessas marcas é precisamente a base religiosa.

Dom Bosco mereceria ser estudado, sob outros aspectos, como educador: a sua compreensão da infância e da adolescência, a sua conceituação da formação moral, o gosto das ideias modernas, o desenvolvimento social com as atividades extracurriculares, como os seus clubes, a sua disciplina, o uso dos castigos, a ausência de castigos físicos, os exercícios físicos, os sentimentos de liberdade e responsabilidade, as diferenças individuais, o gosto da leitura, a organização de bibliotecas, a preparação das lições, a adoção dos clássicos católicos, o cuidado com os clássicos pagãos, os cursos noturnos, o ensino profissional, o ambiente de cordialidade e confiança, a preparação dos cidadãos, o sentimento da Pátria de lealdade à Igreja [...]

Que educador teve tantos ofícios e pode acumular tantas virtudes? Mas fiquemos apenas com as virtudes do educador: elas são de sobra para a nossa edificação e para o nosso aperfeiçoamento.

Na *Revista Brasileira de Estudos Pedagógicos*, Lourenço Filho discursa no Dia do Mestre, em 1934

Ensinamos, assim também como a boa pedagogia recomenda, pelo exemplo.

O que aprendemos com os nossos primeiros mestres não foi assim, para nenhum de nós, como para ninguém – apenas o decifrar da escrita e os rudimentos do cálculo. Mas foi também a compreensão do dever; a noção da existência da autoridade, pronta a encaminhar e a servir; as alegrias dos primeiros triunfos e as sombras do primeiro sofrer resignado, tudo para servir a uma obra que só muito mais tarde viríamos a compreender que é a obra da solidariedade e do aperfeiçoamento comum.

O Cônego Raimundo paraninfando na Escola Normal do Orfanato Santo Antônio em Curvelo, em 1934

Para vós, digníssimas normalistas, o integralismo puro e são!

Somente a mocidade poderá salvar o mundo, não temo afirmar com um dos mestres integralistas [...]

Mestras, isto é, seguidoras ou continuadoras do Mestre. Mestras, isto é, educadoras.

Pela infância reformaremos a juventude, as donzelas reformarão as famílias; estas, as províncias; as províncias o mundo.

[...] esta direção, esta confiança, esta dedicação, esta abnegação é o ministério do sacerdote. Este também é o vosso ministério essencial, porque ainda sois o que sois, daquela classe em cujos joelhos se forma a obra-prima da criação em cujo peito pulsa um coração de mãe divinamente feito para a religião.

Olhai para a Cruz, apoiai-vos nela, porque pela Cruz, a luz; luz para vós, luz para as almas que vos foram confiadas.

Thiers resumiu os dotes que devem ornar o mestre: humildade e abnegação de quem se consagra numa comunidade religiosa ao serviço de Deus e do próximo.

[São citadas ainda as seguintes qualidades, nesta ordem: acolhimento; aparência pessoal; otimismo; reserva ou dignidade; entusiasmo; imparcialidade; sinceridade; simpatia; vitalidade; cultura.]

Na *Revista do Ensino*, Alice Santiago escreve sobre a educação moral, em 1934

A missão principal do educador deve ser a formação moral do indivíduo [...]

A mãe, a braços com a indigência, mal tem tempo para preparar o alimento e a roupa dos seus filhinhos, que em geral vivem às soltas, na rua, aprendendo lições de malandragem [...]

O professor é que deve, pois, educar estas crianças, encaminhá-las na vida, ensinando-lhes o caminho do bem [...]

[...] força moral do educador: bondade, energia serena e tolerância.

A missão do educador é o aperfeiçoamento moral da humanidade. É a missão sublime do semeador lançando nas almas as sementes do bem, da perfeição moral, que diviniza o homem e que o aproxima de Deus – a suprema concentração do Bem e da Verdade.

No Editorial da *Revista do Ensino*, em 1934, o professor e a educação da criança

O professor – eis o problema do momento, o maior problema de renovação da escola.

[São acometidos de...] desânimo, incúria, indiferença, comodismo, aversão ao estudo, amor à rotina [...]

[Mas deveriam] trabalhar com abnegação, eficiência [...]

O principal dever do professor é estudar, aprimorar-se para melhor fazer o bem, concentrando, orientando e impulsionando todas as suas melhores tendências e energias, pondo-se em harmonia com sua função de "guia" da criança.

Que ele se aperfeiçoe para plasmar com perfeição a argila que está em suas mãos.

[...] o professor que se negou a acender no peito a centelha da fé e matou os impulsos de sua alma para o "melhor" – o que fechou seus olhos para a verdade e o dever – será o responsável pelo suicídio moral das gerações futuras, porque seu exemplo envenenou a alma das crianças, corrompendo-as e desmoralizando-as para incorporá-las – conscientemente, talvez, à coorte infeliz dos desfibrados e dos vencidos.

A mestra tem que ser mãe e, sendo mãe, será a mestra da vida. Ela tem que colocar a criança dentro da vida e viver com ela.

Na *Revista do Ensino*, Alice Santiago escreve sobre a personalidade e a responsabilidade do educador, em 1934

A mãe é a primeira educadora, a que exerce maior influência educativa. Depois da mãe, a mestra [...] A mãe defeituosa prejudica apenas a seus próprios filhos. A professora de caráter falho contamina os filhos de muitas outras mulheres.

A professora pode levar seus alunos ao bem como pode levá-los ao mal [...] por suas atitudes imponderadas, pelos seus atos, pelo seu exemplo [...] Feliz de quem não desmente fora da escola as lições que dita em aula [...]

O Sacerdote purifica-se para receber o Deus da perfeição. A professora, qual sacerdotisa, deveria purificar-se, cada dia, mas para se dar às almas inocentes, insuflando-lhes a sua própria alma.

Na *Revista do Ensino*, João Toledo escreve sobre a atitude do mestre, em 1934

Queira, pois, mestra, sinceramente, aos seus alunos, faça-se também deles querida e a sua vida e a vida deles correrão mais suaves, mais cheias de agrado nas horas de trabalho e o trabalho, mais leve e mais proveitoso.

Não há receita infalível para o caso, que está, mais que tudo, na dependência de atributos pessoais da professora. Muita coisa, porém, conseguirá ela, se observar, entre outros, os seguintes conselhos:

a) ser equânime, vir à escola sempre de ânimo igual [...];

b) não prometer castigos, e prometendo-os em caso extremo, aplicá-los com moderação mas com firmeza [...];

c) não usar o quadro-negro para registro de nomes de pior conduta [...];

d) nunca revelar aos alunos por palavras ou por gestos desagrado pela vida escolar [...] que a escola é como a igreja, numa e noutra a alma se abre à vontade [...];

e) não demonstrar predileção acentuada por alguns alunos e relativa má vontade com outros [...].

Na *Revista Brasileira de Pedagogia*, José Maria Coelho escreve Hino às Professoras, em 1934

Quem teve como eu tive a suprema ventura
Das letras aprender com uma criatura
Que sabia ensinar com zelo inexcedível,
Com carinhos de mãe que não acha impossível,
Que nunca distinguiu entre alunos e filhos,
A todos demarcando os verdadeiros trilhos
Que compete seguir para a felicidade
....

Encontra-se na mestra uma segunda mãe
Que tem sempre um carinho e que um consolo tem
Para o aluno rebelde e para o pouco atento.
....
E quem do ensino entende o encanto logo vê
Que somente a mulher poderá com proveito
Exercer a função de lhes mostrar o efeito
Da instrução, dessa grande e sublime alavanca
Com que o homem remove a mais tremenda tranca
....
Instruir, educar [...] Missão nobre e divina [...]
Professoras que andais pelo mundo ensinando
Bem mereceis a Deus [...]

Na *Revista Brasileira de Pedagogia*, a palavra de Roma reitera e divulga a *Divini Illius Magistri*, em 1934

"As boas escolas são frutos, não tanto dos bons regulamentos, como principalmente dos bons mestres..."

Everardo Backheuser paraninfando em maio de 1934, na Escola Normal de Ubá, sobre o papel do mestre na Escola Nova

[...] o ar está embalsamado de eflúvios de contentamento. Almas de joelho, corações ao alto!

Vossa profissão é nobre; vossa missão, apostólica; vossa responsabilidade, grande.

[...] sereis mais do que professor, porque sereis professora. Tendes com isto de desenvolver vossa atuação pedagógica em uma atmosfera verdadeiramente maternal.

Misto de dores e encantamento é como a vida dos pais, a vida do professor.

Se vos recordardes de que como mestras sois, a bem dizer, mães de vossos discípulos [...] a boa mestra exerce o seu magistério cingindo-se a atitudes maternais [...]

Tomai nesse caráter – mães – as criancinhas de vossas escolas. Sede professoras diligentes, mas carinhosas; enérgicas, mas bondosas.

Tudo que fizerdes será ouvido, visto, percebido [...] e reproduzido pelas crianças. A linguagem que empregardes, os vestuários que usardes, a ciência que ensinardes, as maneiras que tomardes, essas serão a dos vossos alunos e alunas.

[...] realçar o papel do professor porque eles são os filhos prediletos da Igreja. O Santo Padre vos proclama, assim, Filhas prediletas da Igreja.

Na *Resista Brasileira de Pedagogia*, uma página do Educador Apóstolo, em 1934

Para um mestre-escola, os combates são incessantes: cada um pode ser leve, mas, com a continuação, o total fatiga. [...] Fazer isto toda a vida e não esperar a recompensa senão a de além. Eis o que exige uma virtude heroica.

No *Estado de Minas*, as comemorações do Dia da Professora, em 1935

Do programa de festas organizado para comemorar o Dia da Professora ontem, constou a realização de uma significativa solenidade religiosa.

Na ocasião, alunos do Grupo Barão de Macaúbas receberam a comunhão. O celebrante exaltou o alto significado de que se revestia o empolgante espetáculo de catolicidade, enaltecendo a figura imperecível de Cristo Rei.

O Secretário paraninfando em Juiz de Fora, em 1935

O ensino Normal passaria a ser, no Brasil, a imponente fortaleza de cujos focos brotariam as franjas da nossa cultura e civilização [...]

Ao ensino Normal, na defesa dos nossos princípios democráticos e de educação, auxiliam as tradições da Pátria [...]

Na *Revista Brasileira de Pedagogia*, alocução do Santo Padre aos professores, em 1935

A missão de ensinar é a mais importante que Cristo confiou à Igreja [...]

Os professores são os verdadeiros e mais poderosos donos das almas [...] apóstolos cuja missão lhes era confiada diretamente por N. S. Jesus

Cristo [...] se for membro da Ação Católica então sua missão será ainda maior, prolixa e santa [...]

Na *Revista Brasileira de Pedagogia*, um tributo ao mestre desconhecido, em 1935

O que dizer do ensino? Eis a vocação a mais mal paga e mais bem recompensada. Não a abrace quem não a ama. [...] é o mestre desconhecido que liberta e guia a infância. Vive na obscuridade e luta com rigor. [...] Acende muitas luzes, que nos anos depois nele refletirão para alegrá-lo. É essa a sua recompensa.

Na *Revista do Ensino*, Christiano Muller, em 1935

Eis, senhores, o que significa o Mestre: e a inquebrantável linha de conduta, espelho vivíssimo onde a juventude se mira [...] o mestre que assim procede e que presta este nobre serviço à Pátria [...] passa à posteridade como um símbolo...

O mestre é o guia que não deixa o aluno tombar nos abismos do mal, infiltrando-lhe no espírito o gérmen da ciência, e fazendo-o sorver o néctar que produz os heróis...

Sua influência cada vez mais viva, sempre presente, perpétua e universal...

O aluno: eco de sua voz... sua sombra... seu sósia... Nos gestos, no modo de falar, nas maneiras de agir em tudo copia o mestre que por sua vez se envaidece de se perpetuar através do discípulo.

[São qualidades:] austeridade, firmeza, sinceridade, lealdade...

O professor digno desse nome não deve conhecer a hipocrisia, que gera a desconfiança e arruína o caráter... sendo um homem de bem: misturar a firmeza com a doçura, a força com a ternura [...] educar os povos nos princípios da justiça, aperfeiçoamento moral, respeito às leis, do amor à família, ao trabalho, à virtude.

Everardo Backheuser paraninfando no Instituto de Pedagogia *Sedes Sapientiae*, em 1935

[...] para que fabriqueis estátuas perfeitas o suficiente [...]

[...] com o escolherdes uma especialidade não vos deveis, em benefício de vossa função de professoras secundárias, querer vos entregar a pesquisa que, nas letras, nas artes e nas ciências se aprestam aos sábios.

Vosso quadro de atividade é outro. Como professoras secundárias, cabe-vos a obra de vulgarização.

O Prefeito paraninfando no Colégio Nazareth em Conselheiro Lafayette, em 1936

Senhoritas diplomandas: ides cuidar da educação do povo! [...] Com esta ligeira noção de finalidade do magistério e com os predicados morais que vos ornam a cabeça hoje aureolada, eu ouso dar-vos um conselho para que tenhais um futuro risonho e cheio de messes.

O anel simbólico que agora recebeis concretizará a simplicidade da anedota que vou contar, servindo esta de recordação futura do que jamais deveis perder – a fé [...] Sobre o outro atributo, o amor, eu vos exorto a terdes sempre convosco o amor de mãe, amor sublime que purifica, enobrece e encoraja o espírito nas horas de fraqueza, enfim amor que nos é legado pelo exemplo da Santíssima Virgem-Mãe.

A oradora da turma discursa no Colégio Nazareth, em Lafayette, em 1936

[...] E hoje a Escola Normal Nossa Senhora de Nazareth é toda um sorriso franco, santificado de justo orgulho ao entregar à luta pelo bem, sob todos os aspectos, junto de 39 energias ávidas de dedicação e de trabalho produtivo – três contas – polidas no perpassar mais longo e contínuo por entre os dedos de suas educadoras que lhe quebraram as arestas agrestes e as tornaram mais suaves e muito fortes. Estas, somos nós, as normalistas de 2º grau. Somos só três; no simbolismo do número está a trindade necessária: a fé – pois contamos vencer na vida, em toda a linha na canícula abrasadora da luta que é fria comparada ao ardor que espalha o sol do nosso coração. A esperança – [...] a caridade, que é amor [...]

Em livro, em 1936, Backheuser ensina a técnica da pedagogia moderna. Reeditado em 1958

O educador ideal, modelo talvez inacessível [...] precisa de fato possuir um conjunto de qualidades disseminadas em todas as camadas estruturais [...]

[...] estrutura social do professor: comunicabilidade, amor ao próximo, desprazer no isolamento [...]

O magistério é com justiça chamado de sacerdócio [...] atingirá ao mesmo tempo tanto o corpo quanto a alma e nesta, quer a face espiritual, quer a intelectual: dedicação, desprendimento, sacrifício [...]

O mestre é um artista [...] barro moldável às personalidades que lhes são confiadas [...] seres em carne e espírito [...]

[...] para essa tarefa quase divina, precisa o professor ir buscar na veneração a seu Criador as forças indispensáveis [...]

[...] quão difícil é fazer o perfeito [...]

[Qualidades:] paciente e humilde; lutador, mas honesto; corajoso mas sem vaidades [...]

O grande temor de que a escola nova possa extinguir nas crianças a noção de autoridade é, pois, um mito [...] Mais do que na escola antiga, guarda o seu prestígio na escola nova, pois é ele seu tribunal definitivo [...] sua autoridade é muito maior [...] é a autoridade do juiz e não do feitor [...]

[...] é o mestre quem faz a escola [...]

[...] lhes cumpre ter vida modelar [para isso devem possuir] uma formação moral perfeita [...]

No *Estado de Minas*, a Consagração da Professora, em 1936

Se a data dedicada ao professorado feminino das escolas primárias do país é grata ao povo em todos os Estados brasileiros, mais significação tem ela para nós, mineiros, unidade onde a situação da classe faz dessa doce e carinhosa figura que nos ensina as primeiras letras um elemento social admirável pelas condições de sacrifício em que vive e pelas qualidades de abnegação que apresenta.

Ninguém ignora hoje que, dentre os grandes Estados da Federação, Minas é o que piormente remunera o trabalho das preceptoras primárias. A recompensa que damos aqui ao desempenho de sua missão, missão importantíssima, pois que a elas incumbe plasmar os caracteres dos homens futuros da Nação alicerçando a felicidade da raça, é simplesmente irrisória em face das verbas que despendemos em obras materiais [...] que não têm para a nossa vida utilidades tão grandes e tão nobres como o gigantesco e silencioso labor moral das professoras.

As nossas escolas são fontes de civismo, de patriotismo, de boa e reta moral, impregnando a infância das ideias e dos sentimentos mais caros às nossas instituições e ao nosso povo.

Em cada educadora mineira há, a um tempo, a alfabetizadora e a preparadora dos homens que o Brasil há de precisar.

Na *Revista do Ensino*, a Irmã Olga discorre sobre a escola nova cristã, em 1936

[...] como professora católica entusiasta da escola nova [...] Reconheço não ter autoridade para dissertar sobre o assunto; parcos são os meus conhecimentos, curtos o meu tirocínio e experiência [...]

De Hovre clama: "é o mestre que faz a escola [...] E S. S. Pio XI escreve em sua encíclica sobre a educação da juventude: as boas escolas são frutos, não tanto dos bons regulamentos como principalmente dos bons mestres [...] e esses são os filhos prediletos da Igreja [...]

É o mestre portanto que faz a escola.

[...] É que, repito, a escola nova em mãos de qualquer um é um fracasso inevitável.

[...] O Curso de Aperfeiçoamento feito em Belo Horizonte veio confirmar essa minha concepção da Escola Nova. Esse curso, feito sob os olhos da autoridade eclesiástica, estimulado e aplaudido por ela, não pode senão ser muito bom e favorável ao desenvolvimento da criança que queremos educar para Deus e para a Pátria.

Na *Revista Brasileira de Pedagogia*, Laura J. Lacombe discorre sobre a cultura da mulher, em 1936

Não se podem separar as duas invocações: a mulher e a criança [...] para que este século seja na verdade o século da criança, o primeiro problema a resolver é o da cultura da mulher.

[...] Esposa e mãe, ou não, a mulher é essencialmente educadora no lar ou fora dele; a mulher tende naturalmente a se dedicar [...]

[...] impõe prepararmos as futuras educadoras procurando satisfazer-lhes os sentimentos naturais que são de uma finalidade tão elevada.

Não falemos na preparação dos futuros pais, preparação essa que em poucos países é feita, porém a educação da dona de casa e da mãe de família não entra nos objetivos da nossa escola oficial. Lamentamos esses programas puramente cerebrais que deformam a mentalidade feminina, desinteressando-a completamente da sua verdadeira finalidade.

[...] encontra a moça no cinema e no romance, a deturpação perigosa do seu verdadeiro papel na vida.

A mulher do século XX se instrui, não para brilhar nos salões, porém, para agir no lar e na sociedade, onde são necessários os seus serviços.

A mulher puramente cerebral é um tipo de exceção e não sabemos se de verdadeira utilidade. Não é justo que a educação continue a deformar a mentalidade feminina com prejuízo da sua felicidade.

Na *Revista Formação*, uma visita ao Colégio Sion de Petrópolis, em 1938

[...] formação integral de suas alunas, úteis a si, à família e à sociedade [...]

[...] ambiente de franca cordialidade e alegria espontânea [...] confiança filial com que as alunas correspondem à benevolência carinhosa e verdadeiramente maternal de que se vêm cercadas [...]

[...] distinção e simplicidade características da educação sionense [...]

[...] solicitude, carinho das mestras..., afeição, respeito, docilidade [...]

[...] aperfeiçoar os estudos, proporcionar às moças em geral uma cultura mais vasta [...] preparação aos exames vestibulares para a Faculdade de Letras anexa ao Colégio [...]

Na *Revista Brasileira de Pedagogia*, José Piragipe resume Mário Casasanta para dizer as qualidades de um Professor, em 1938

Acolhimento (aos pais e alunos)
Aparência social
Otimismo (alegria de viver – vê o lado cômico – faz comentários engraçados – não é mal-humorado, sorri...)
Dignidade (ou reserva – grandeza de sentimentos)
Entusiasmo (animação – interesse)
Imparcialidade
Sinceridade (amor à honestidade)
Vitalidade, saúde, energia
Simpatia. Ser amável, clemente e generoso.
Cultura. Qualidade importante, mas colocada em último lugar, como deve ser, porque o professor ensina muito mais com o que é e com o que faz do que com o que sabe e fala.
Modelo de educador: Dom Bosco.

Do jornalzinho *O Providência*, órgão das alunas do Colégio Providência de Mariana, as expectativas e as qualidades das futuras professoras, entre 1937 e 1939

Estamos preparando com o maior gosto e dedicação todo o nosso enxoval e dispostas a seguir todos os requisitos do nosso mui prezado Dr. Magistério. Numerosas são as regras que ele nos dá. Acreditem, caros leitores, que ele já se implicou com o andar melindroso [...] com os gestos exagerados [...] com o topete, cabelo e permanente [...] com a calma e a falta de atenção [...]

Acho inteligente é a Celuta, que, para se livrar um pouco das leis impostas pelo seu noivinho tão desejado, arranjou desde o ano passado uma companheira que a auxiliasse na confecção das ideias e preparativos do enxoval para o enlace com o Dr. Magistério.

Ela se elevou muito com o título de D. D. noivinha, não, noivona do Dr. Magistério [...]

Finalmente [...] ouvi dizer que as leis impostas pelo Dr. Magistério abrangem o mais alto cume da seriedade e eu sou tão brincalhona [...]

Saberei me arranjar, tomarei a firme resolução de doravante lançar pose quando estiver serpenteando no alvoroço da Metodologia [...]

Vocês sabem que a M. está bancando o título Sá Mestra? Não é de admirar, porque em todos os recreios a vejo dando explicações: mas tome atenção, M., não vá adotar os métodos da escola antiga.

....

Voam-se os meses e com eles o nosso último ano colegial!

Aproxima-se o dia da partida forçando-nos a dizer adeus às nossas queridas mestras que não só o título de educadora lhes cabe, mas sobretudo a expressão terna e doce de "Mães". Almas abnegadas e generosas, com nossa eterna gratidão, imorredouras saudades deste nosso convívio cheio de alegria, longe de tudo que pudesse perturbar a solidão harmoniosa que reina neste bendito educandário. Tudo passou e... a realidade se nos apresenta com toda a sua tirania. Adeus, portanto, mestras de minh'alma, adeus conselhos santos e meditações prodigiosas, que tão bem nos prepararam para a luta renhida da vida que d'ora em diante vamos empreender! Como bando de alegre passarada, que parte em busca de um novo abrigo, partiremos também em demanda de novos horizontes que se abrem radiantes à nossa vista. Não sejam estéreis os vossos trabalhos e esforços, no campo de nossas almas e que a semente benéfica de vossa palavra possa produzir em cada uma o cêntuplo!!! Partir! Talvez para sempre... Oxalá! Inesquecíveis mestras, possamos ainda nos encontrar!

[...] Apesar disso tudo, as figuras bondosas das nossas professoras surgem sempre em minha mente, como Anjos da Guarda.

São elas que com seus exemplos e sua bondade amenizam as saudades que sinto de casa.

ALFINETADAS
À turma de trinta e nove
Eu quero recomendar:
– Se não ficarem espertas
A bomba vai estourar...

O Magistério é bom noivo,
Mas também muito exigente:
Só com muito estudo agrada,
Esse velho impertinente.

À Furtado ele aconselha,
Que deixe o ar arrogante;
Não é com declamação
Que pesca noivo importante...

Pela Aracy da Costa
Ele está apaixonado;
Porque ela é noiva aplicada
E ela já o tem conquistado.

Para a piedosa Talia
Ele olha constantemente,
Porque gosta da Fé Católica,
Nas filas de sua gente.

A Elza Rosa Brandão
Carinhos quer conquistar,
Do bom noivo Magistério,
Logo após se diplomar.

Maria de Lourdes Rocha
Que gosta de criticar
De suas colegas de turma
O velho noivo está a chamar.

A Maria do Carmo Paiva,
Com toda sua humildade,
Já bordou seu enxoval
Crendo em sua lealdade.

Maria Lygia e Anete
Oradora e literata;
Roupa nupcial, ele quer,
Boa, bonita e barata.

Minhas boas coleguinhas
Perdoem minha ousadia
Vou pedir ao bom Jesus:
Que lhes dê o feliz dia.

....

[...] perguntou-me se tinha feito o vestido de formatura: respondi-lhe porém que o nosso noivo antes do vestido quer tanta coisa que nem pensei nisso ainda [...] temos que passar primeiramente pela apertura e depois pela formatura.

....

O Adeus do 3º Normal
Dentro em breves dias estaremos separadas para sempre.

Estou certa: o ambiente aprazível das nossas famílias não nos fará esquecer essa felicidade que desfrutamos neste foco de luz radiosa, neste [ilegível] do bem, que é o Colégio Providência para onde viemos a fim de aprendermos a transmitir a instrução baseada nos ensinamentos da Santa Igreja Católica.

Chegou portanto o momento da separação! [...] É o mundo que nos espera, é um novo horizonte que se abrirá à nossa passagem, ambos se mostram soturnamente negros pressagiando horrível tempestade, deixando-nos antever a descarga tremenda!

Por isso, agora mais do que nunca, é-me impossível calar, visto estarmos de posse de armas valorosas para lutarmos contra as ondas avassaladoras que tentam esmagar o mundo.

A vós, I. Superiora, a quem devemos muito, venho, agora, em nome das minhas colegas e no meu próprio trazer nossos corações transbordantes de eterno reconhecimento. A todas nossas mestras um adeus e votos de felicidades.

....

O 30 de Outubro
Salve professoras! É com intenso júbilo que hoje vos dirijo algumas palavras de saudação, de afeto e de gratidão. Vós, que elegestes a mais bela, talvez, e por certo a mais difícil carreira! Vós, que recebestes a sublime missão de educar a infância a fim de torná-la apta a viver na

sociedade! Vós, mestras, sois comparadas ao Divino Mestre acolhendo os rudes apóstolos e amoldando-os na moral evangélica. Jesus Cristo foi figura mais empolgante de educador, elevando os espíritos das tristes contingências da terra, para a paz que desce do Céu. De Deus, oh professoras, recebestes as prendas de espírito e de coração para esta excelsa missão de educadoras que vindes desempenhando há anos! Os Grandes homens tinham para com seus mestres profundo respeito e verdadeira gratidão, por isso é que o Grande Alexandre dizia: "Não devo menos a Aristóteles, meu mestre, do que a Filipe, meu pai; porque devo a este a existência, àquele devo o saber viver.

Termino testemunhando-vos nosso reconhecimento pela vossa dedicação; pelo vosso interesse em favor de nosso progresso intelectual; pelo vosso exemplo de amor ao trabalho o mais poderoso estimulante, que nos prepara uma vida de atividade desinteressada e perseverante!

....
Ad Multos Annos
A.M.D.G.

É o eco que o Providência faz repercutir nos corações vibrantes de júbilo, pelo glorioso dia 7 de novembro! O Colégio se agita, rejubila-se e cada qual se esmera em manifestações de gratidão, amor, veneração, carinho, e para homenagear dignamente "Ma Mère".

Gratidão, preceito divino reclamado pelo Mestre dos Mestres! Gratidão, oportunidade feliz, para testemunharmos aquela que nos dedica a maior e a melhor porção da sua atividade, incansável zelo e abnegação!

Cópia fiel de Divino Mestre, pela dignidade, pelo exemplo, pela retidão no cumprimento do dever, é Ma Mère!

Qual Anjo desvelado a nos conduzir, estimular e orientar na senda do dever e do progresso, vêmo-la a cada instante aqui e ali, a observar, a melhorar, a organizar, a aconselhar, numa palavra é o seu lema: "Prever para prover". Felizes somos nós em possuí-la e ainda mais, em tê-la como exemplo de virtudes raras, dotes sublimes de que a Providência a privilegiou.

Felizes somos nós mais ainda por levar conosco, ao lado da instrução e de um diploma, primorosa educação, aurida à sombra da benéfica influência de tão sábia e prudente direção, como garantia de um futuro abençoado e próspero.

Exulte pois, Colégio Providência, erga a Deus fervorosas súplicas, ardentes preces e votos de felicidades à Ma Mère.

E, num coro harmonioso e sublime, entoemos com os anjos, em dia tão feliz, o "Magnífica".

....

Concurso

Simpaticamente acolhida a proposta da mui distinta Diretoria de "O Providência" para organizarmos um Concurso a fim de elegermos as colegas que mais se distinguissem pelas qualidades abaixo citadas, damos aqui o resultado seguinte:

Obediente/Humilde/Piedosa/Silenciosa/Caridosa/Ordenada/Digna/ Aplicada/Literata/Desenhista/Caligrafia/Declamadora/Cantora/Oradora/ Habilidosa / "Sportsman" / Liberal / Sociável / Simpática / Expansiva / Graciosa/Espirituosa/Querida/Elegante/Tímida/Carinhosa/Dedicada.

O Providência, que as acompanha com grande interesse, entusiasmo e simpatia, congratula-se com as homenageadas, fazendo votos pelo crescente êxito de cada uma e maior número de candidatas.

....

[Depois de passar cinco anos no Colégio a aluna diplomou-se para ser professora. No Certificado:]

Observações sobre a vocação, aptidões magisteriais, qualidades de iniciativa e organização, trato pessoal, aproveitamento, aplicação, assiduidade e conduta do aluno durante o ano letivo: a aluna x manifestou-se esforçada para adquirir as qualidades acima exigidas e é de se esperar que na prática do magistério obtenha resultados satisfatórios.

Na *Revista do Ensino*, a homenagem feita ao Secretário, em 1940

Nossa primeira professora é sempre a nossa mãe [...] Mestra das mestras, a mãe é aquela que reúne em si a força das influências que outras tiveram esparsas e fugidias.

A festa dos homens é sempre a festa das mães [...] soube ser mestra porque soube ser mãe [...]

Aos professores e professoras: Vós fazeis do trabalho a suprema alegria da vida, a única das alegrias jamais desfalecida no espírito do homem. Só o trabalho resume toda uma poesia ardente de felicidade [...] amor, lealdade [...] nobre empreitada [...] grande obra de soerguimento nacional [...]

No *Estado de Minas*, a homenagem às servidoras da escola mineira, em 1940

Cabendo ao professorado a parte mais rude do trabalho educativo, qual o de modelar as almas, os corações infantis, em função das exigências e dos ideais brasileiros, tão nobres servidores da escola mineira procuram cumprir, com o mais lúcido e claro patriotismo.

Na revista *Educando*, Leonilda Montandon discorre sobre o educador na escola moderna, em 1941

[...] quatro caracteres essenciais [cita Kerchensteiner]:
a) reconhecida vocação – prazer no cumprimento da tarefa;
b) capacidade de exercer com eficiência seu trabalho;
c) capacidade de diagnosticar a personalidade habilidade para guiá-lo;
d) capacidade de possuir caráter firme e decidido.

...personalidade forte... vocação firme...
...a personalidade é feita: influência, ascendência sugestão... autoridade: amor e superioridade espiritual e moral.
...inteligente, meiga, enérgica...
...natureza espiritual e preparo e adaptação às reformas...
Em educação a única maneira de reformar é preparar professores novos, bem orientados no conhecimento dos princípios filosóficos.
Que cada um dos inúmeros obreiros... façam um exame de consciência... sobre o desempenho de sua missão...
[Qualidades de três tipos]: Compreensão, amor, simpatia, carinho, solidariedade; espiritualidade; conhecimento e civismo. Segundo *A alma do educador*, são três os tipos de professor: Tipo social; tipo religioso; tipo nacional.
Procure encontrar-se retratada em todos eles, pois somente assim você poderá dizer altiva e feliz: ...eficiência, dignidade, amor, patriotismo...

Na *Revista Educador*, uma transcrição de trecho de Kerchensteiner, em 1941

Podemos dizer que cada homem é educador de outros para o bem ou para o mal...
[sentido geral da vida do educador:] é um homem que, voluntária ou involuntariamente, inclui na vida espiritual de seu semelhante elevando-o a um estado mais perfeito...

Em livro, Alarcó fala da formação de seletos e explicita o que é o educador, em 1941

O poder da educação é decisivo.

Qualidades naturais (o educador, como todo artista, nasce [...]) [...]

A primeira qualidade do educador é amar sua vocação e a razão é que educar exige um grande sacrifício [...]

Educar bem pede sacrifício da vida [...]

Ainda que o educador seja um homem de qualidades congênitas, não pode deixar de aperfeiçoá-las com a experiência e o estudo [...]

Os educadores por experiência são os pais [...]

Quem sabe amar sabe educar [...]

Educar é fazer que o educando cumpra livre e habitualmente seu dever [...]

O educador deve viver estreitamente ligado ao educando. A verdadeira obra educadora é pessoal, porque depende das qualidades e condições do educando e do educador [...]

Todos temos de ser educadores [...] (para formar aos seletos que poderão fazer um bem ou um mal muito grande à sociedade [...])

Na educação moral, como na intelectual, poucas normas transcendentais, repetidas e praticadas [...]

O ideal do mestre católico é o sacerdote ou o religioso; porque antes de mais nada deve-se ser um modelador da vontade e do coração [...]

Do Papa Pio XII, em 1941

À mulher Deus reservou as dores do parto, as dores do aleitamento e da primeira educação das crianças...

Na *Revista do Ensino*, M. Luisa de Almeida Cunha fala à mulher que trabalha, em 1942

...misto de fragilidade e de força...

...fortaleza e decoro...

...a lei da clemência está em sua língua...

...não comeu o pão da ociosidade...

...a graça é enganadora e a formosura é vã; mas a mulher que teme o Senhor, essa é a que será louvada...

...trabalho honesto e generoso...

...trabalho fora do lar... sentido idêntico e cumpre não perdê-lo para que nunca se desvirtue a tua missão de mulher...

Mulher que trabalha, se lutares assim respeitando as leis da natureza de que Deus te dotou – serás para esta Pátria que tanto amamos um símbolo de coragem, de abnegação e fecundidade.

Em livro, Schmieder trata do espírito docente, em 1942

O bom espírito docente se manifesta...
Na entrega à criança: a paciência; sentir com as crianças as eventualidades de sua existência; um tato extraordinariamente delicado nas relações com as crianças e com o seu lar. Seja especialmente a linguagem do professor, seu tom docente, sempre carinhoso, infantil, festivo, nunca rude nem frio, barulhento ou triste, displicente, nem vulgar; espírito de sacrifício no trabalho pelo desenvolvimento da personalidade infantil.

O rigor para consigo mesmo se mostra também no aspecto exterior: seus trajes devem ser impecáveis [...] o movimento, a expressão de seu rosto, sua atitude devem ser sem mancha... Também na sua fala o professor deve ser, em todos os sentidos, modelo. Além disso o professor deve ser inflexível para consigo mesmo no que diz respeito à pontualidade e ao amor à ordem. Com especial energia deve trabalhar incansável em seu aperfeiçoamento e progresso intelectual ulteriores...

O Secretário saúda as professoras mineiras em seu dia, na *Revista Brasileira de Estudos Pedagógicos*, em 1944

Perspectivas de Reconstrução Nacional
Professoras mineiras:
Festejamos hoje o vosso dia. Nesta data todos os pensamentos se voltam agradecidos para a tarefa que executais com extremos de carinho. Nenhuma outra é mais importante, nenhum outro se assinala mais destacado no quadro das atividades humanas. É que sois as responsáveis pela educação das crianças, vale dizer, em vossas mãos se coloca o próprio alicerce da nacionalidade. Se falhásseis, toda uma grande construção estaria condenada à ruína. Em verdade, porém, sabeis executar vosso admirável trabalho com a sabedoria e a técnica

indispensáveis [...] estimar e proclamar vosso merecimento feito de bondade, abnegação, sacrifício, eficiência pedagógica, ornado de todo aquele conjunto de qualidades específicas, que cultivando a vocação, adquiristes para o exato desempenho do magistério. [...] não abandoneis jamais a trajetória luminosa que seguis com bravura exemplar e devotamento sem fronteiras [...]

Porque todos os dias são realmente vossos, na escola, no lar, no meio social, vasto campo em que, sem descanso, sem hesitações atuais com um rendimento que justifica as melhores esperanças [...]

Do Papa Pio XII, sobre a vocação do educador, em 1945

[...] pais e particularmente a mãe, sua obra tem necessidade de ser eficazmente secundada e completada pela colaboração dos professores e professoras aos quais confiam suas crianças. Completada? Não deveríamos dizer substituída?

[...] ser delegados e representantes dos pais para realizar tal missão em seu nome, que honra!

A obra do mestre é dura e difícil [...] Apesar de tudo, o bom educador deve seguir sua obra com fervor e ao mesmo tempo com calma, evitando todas as manifestações de depressão e de desencorajamento que poderiam em um momento comprometer os resultados [...]

Mas a obra do educador não é apenas dura. Ela é difícil. Ela requer, mesmo junto aos pequeninos, conhecimentos especiais de habilidade pedagógica [...]

Três motivos principais da vocação do mestre: inclinação, interesse, ideal.

[...] interesse material: o mestre é um homem; ele deve viver e por isso ele deve receber por seu trabalho uma justa e equivalente remuneração que lhe permita prover à sua subsistência e à de sua família; mas essa remuneração não representa para ele mais que uma compensação, pois ele não ensina por interesse, mas por amor.

O ideal é a força que o conduz e o guia: o ideal é a irresistível vocação de preservar as crianças do mal para entregá-las a Deus, de suportar todas as fadigas e todos os desagrados para fazer bons servidores de Cristo. Tal é vosso ideal, tal é igualmente o amor que conquistou vosso coração e ao qual devotaste vossa vida.

Em livro, Ruy A. Bello discorre sobre o conceito de educador, em 1946, reeditado em 1954

Mais do que no rigor da técnica e dos métodos pedagógicos, repousa a eficiência da educação na personalidade do educador. As notas características da vocação do educador são as seguintes: duradoura preocupação com os valores espirituais, simpatia pelas necessidades corporais e anímicas das crianças, natural capacidade de compreensão da alma infantil e da dignidade da pessoa humana do educando, maior capacidade de criação do que mesmo de raciocínio, inteligência mais sintética do que analítica, fortaleza de vontade, solidez de princípios, religiosidade, juventude espiritual e otimismo. O primordial fator da educação é a personalidade do educador, não o que ele diz ou sabe, mas o que é em si mesmo.

Em livro, E. Backheuser aponta qualidades e conceituação do Professor a partir de pesquisa realizada, em 1946

Qualidades físicas: boa dicção, físico normal, saúde, boa aparência, higiene (asseio).

Qualidades técnicas: preparo pedagógico, clareza de expressão, capacidade de tornar a aula agradável, concisão, boa dicção. E mais os seguintes que se refletem diretamente na técnica do magistério: cultura especializada, cultura geral, conhecimentos biopsicológicos e, ainda de certo modo, pontualidade.

Qualidades estruturais: nove estruturas de liderança – autoridade, autocontrole, espírito de solidariedade e adaptação à classe, justiça, senso de responsabilidade, personalidade, espírito de iniciativa, energia, condescendente e de certo modo, pontualidade. Seis de estrutura social propriamente dita: tato, energia condescendente, alegria, tornar a aula agradável, condescendência, simpatia. Seis de estrutura religiosa: retidão moral, justiça, ideal educativo elevado, modéstia, espírito religioso, senso de responsabilidade. Cinco de estrutura científica: amor ao estudo, método, inteligência, espírito de iniciativa, clareza de expressão. Dois de estrutura estética: personalidade e tornar a aula agradável. Um de estrutura econômica: método.

[...] há, sem dúvida, a contribuição muito importante, de qualidades inatas, tipicamente individuais, que caracterizam o chamamento do homem por Deus, isto, é a vocação. A vocação é o próprio da personalidade, é o sinal divino aposto a todo homem, e aposto diferencialmente, pois que cada qual como que recebe ao nascer um encargo especial preponderante.

Poucos escritores terão melhor tratado da vocação do professor, embora sem expressamente se utilizar dessa expressão, do que Georges Kerschensteiner em *A alma do educador*.

Notar-se-ão como primeiras qualidades vocacionais: a sociabilidade e o amor, ambas caracteristicamente peculiares à estrutura social de Spranger.

A sociabilidade conduz o professor a ser comunicativo, a se solidarizar com os alunos, a estimar e procurar sua convivência, a se tornar deles um amigo; a se alegrar com as suas vitórias, a sofrer como o que de mal lhes possa acontecer. Tudo isso se traduz em qualidades de sociabilidade, significa amor ao próximo, quer dizer, caridade que lhe é sinônimo.

Ao professor não basta, porém, possuir o sentimento vago e impreciso de amor ao seu semelhante, mas deve ter, em particular, à juventude, à mocidade, encontrar prazer nessa convivência, prezá-la, procurá-la, não se cansar desse convívio, sentir-se bem nesse ambiente de esfuziante alegria. Isto é, bem se vê, mais do que o simples amor ao próximo e, ao mesmo tempo, é diferente.

Parecem-nos também requisitos essenciais à carreira do magistério o amor ao trabalho e à investigação e, dada a maneira pela qual é ainda encarada no Brasil e alhures a retribuição ao professor, que ele não tenha acentuado amor à riqueza, isto é, que não ponha na retribuição o principal objetivo de seu trabalho. [...] As pessoas com real vocação para educadores suportam com galhardia essa situação, sorriem da miserável retribuição que lhes chega a troco de tão grandes dispêndios de forças.

Uma última palavra. Nem sempre deve ser tomado como índice de vocação o desejo, ainda que muito sincero, manifestado pelo candidato de querer se tornar professor... O preceito de que a vontade do postulante não é decisiva, postulado pela Igreja há dezenas de séculos, para as vocações sacerdotais, só em data recente a ciência a erigiu em regra para as demais profissões...

Do Papa Pio XII, a "Alegria de ensinar", em 1946

Ensinar! função sublime, graças à qual o homem na pobre medida de sua potência criada participa no papel do Verbo encarnado.

Depois das infinitas consolações que um católico encontra ao pé dos altares, após as alegrias da família, eu não conheço felicidade maior que a de falar aos jovens que tenham inteligência e coração.

Olhai sempre a vossa escola, grande e bonita ou feia e pequena, como um templo, onde penetram a dignidade e a pureza, onde a verdade e a correção ocupam primeiros lugares, onde resplandece a religião que eleva e enobrece o espírito em Deus...

Na *Revista Formação*, "A Oração da Mestra", de Afrânio Peixoto, em 1947

[...] meu lar [...] minha escola [...]
[...] ensinar é a maior das responsabilidades sobre a terra [...]
[...] criar a alma para a vida inteira [...]
[...] os mestres lhes [os filhos] ensinam o caminho
[...] alma tranquila [...]
[...] coração puro [...]
[...] buscar minha escola e encontram meus filhos de quem a noite inteira fui privada [...]
[...] um filho nunca é indiferente a dois braços maternos que se estendem sobre ele [...]
Faze que eu derrame igual maternidade sobre eles para que sejam irmãos ao menos na minha escola.
[...] paciente [...] insinuante [...] simples [...] alusiva [...] meiguice [...]
[...] dizer as palavras que contam, as definitivas para a vida inteira [...]
[...] educar é amar [...]
[...] faze-me a justiça branda e sem vivacidade, antes triste, para entristecer ao culpado, do que dura para revoltar ao insubmisso.
[...] que meus alunos sejam meus filhos, carne da minh'alma, tanto ou mais que a carne da carne.
[...] mãe de filhos dos outros.
[...] escola: lar igual, pacífico, decente, feliz ativo, estudioso, bom.

Em livro, paraninfando, Fernando de Azevedo sob o fogo do combate, em 1947

[...] haverá quem, em consciência e de boa fé, oponha embargos a essa instituição, ou deixe de reconciliar-se com ela, quando é por ela que o professor, aprendendo a transpor os seus conhecimentos do domínio dos estudos teóricos ao plano de aplicação profissional, recebe, com a investidura no magistério, a mais alta missão que se podia confiar ao filho de homem, a de educar os homens?

A *Revista Brasileira de Estudos Pedagógicos* transcreve conferência feita por Roger Bastide no Instituto de Educação de Florianópolis, em 1948

O Brasil de amanhã será o que forem suas crianças e dependerá em larga escala da educação que elas tenham recebido.

E é certo que pode haver no destino do pedagogo que se entrega à sua classe uma espécie de trágico emocionante. Como Orfeu devorado pelas bacantes que sua lira não pode acalmar, o educador, se não reagir, pode deixar-se devorar pela infância. Falei [...] desses professores adormecidos, amolecidos, ancilosados pelo trabalho cotidiano, mas ao lado deles há professores tornados ingênuos e atoleimados, eternamente logrados pelos acontecimentos [...]

O professor é algo como um sacerdote a serviço da ciência. Pratica profundamente o culto da verdade.

Os educadores sabem muito bem, como as mães, de modo intuitivo, que a educação moral não pode esperar o despertar do espírito crítico e do pensamento reflexivo, que ela deve começar desde o berço e ter, no seio do ensino primário, um lugar de primeira grandeza.

[Qualidades:] amor à justiça, calmo, paciente, alegre.

Do Papa Pio XII, em 1948

Mesmos os melhores programas servem pouco se o mestre não está à altura de sua tarefa e que, ao contrário, mesmo com um sistema escolar deficiente e imperfeito, um bom mestre pode obter notáveis resultados.

Nele a consciência ético-religiosa é o elemento primeiro e indispensável, mas sozinha ela não é suficiente. É preciso que ele tenha além: saber e capacidade.

[...] Esse ideal é muito elevado porque ele tem por objetivo supremo a formação sobrenatural e, por consequência, a Salvação eterna dos alunos confiados a seus cuidados: ele é de outra parte muito vasto, pois visa a formar homens perfeitos pela sua cultura integral, moral, científica, social, artística, segundo a posição, a condição, as legítimas aspirações de cada um de modo que nenhum deles se torne um desclassificado...

[...] magnífica e santa tarefa... requer: fineza, tato, devotamento, amor, santo entusiasmo...

Este Mestre incomparável vos ensinará sempre mais perfeitamente o que deveis saber e fazer e como vós deveis fazer, o que tendes a sofrer e como deveis imitar vossa magnanimidade no sofrimento; pois a educação é, antes de mais, uma obra de amor e a grande escola do amor é a cruz.

Do Papa Pio XII, em 1949

Os educadores são os reguladores e os responsáveis dessa perpétua e impetuosa corrente para a perfeição humana, dirigida e conduzida pela Divina Providência para realizar seus desígnios.

[...] fixai vosso olhar em direção ao futuro que modeleis com vossas próprias mãos nas almas de vossos discípulos e façai-os cristãos...

No exercício cotidiano de sua missão sereis sempre pais de almas, muito mais que propagadores de conhecimentos estéreis.

Sim, mas pais que possuindo a vida em seu pleno vigor sabem suscitar em torno deles outras vidas semelhantes à sua.

Daí o completo devotamento que vos exige a escola, que, junto com a família, da qual muitos de vocês são chefes, formará todo vosso mundo e absorverá, sem medo, toda a vossa energia.

Na *Revista Formação*, Ary da Matta festeja o Dia da Mestra, em 1949

É o dia da mestra que se comemora. Note-se que não se trata do dia do professor. A comemoração é muito mais restritiva e se dirige exclusivamente àquelas heroínas desconhecidas perdidas no anonimato de uma carreira de sacrifício e renúncias, encanecendo nas cátedras, vendo passar gerações e gerações que as não esquecem.

[...] dia da mestra colocado no mesmo plano do dia das mães, do dia das crianças...

Na *Revista Atualidades Pedagógicas*, Aroldo de Azevedo discorre sobre o áspero caminho do professor, em 1950

[Lembra artigo da revista *Seleções do Reader's Digest*, que fez um retrato do professor:] lamuriento, queixoso, vítima de um complexo de inferioridade, a reclamar dos vencimentos, revoltado contra o desprezo que lhe vota a sociedade.

[O retrato que faz do professor:] modelador de inteligências, responsável em grande parte pelo destino da própria nacionalidade...

Professores que não estão à altura dessa tarefa sublime... faltam-lhes cultura e educação...

[Lembra o professor no exercício de sua atividade] sofrendo... cansado... assaltado por mil e um problemas... ansioso... isolado... na solidão... ridicularizado... visto como um autômato que representa...

[...] herói anônimo... servidor desinteressado da cultura nacional plasmador de inteligências...

Na *Revista Atualidades Pedagógicas*, Silvia Bastos Tigre se pergunta, em 1950, Feminismo ou Masculinismo?

Visa o sistema decretado pela Reforma Capanema dar à mulher brasileira educação consentânea com os tributos peculiares ao sexo procurando harmonizar a sua situação de colaboradora do homem com a condição precípua de esposa e mãe. Pretende elevar-lhe o nível intelectual sem perda dos seus predicados de feminilidade. E é isso, evidentemente que lhe convém, não somente à mulher como à sociedade.

No *Diário de Minas*, Mauro Gomes saúda a professora, em outubro de 1950

É dia 30, caros leitores, dia dedicado à professora. É um dia de festa para todos nós. É ela quem recebe a criança de seus pais e, como uma segunda mãe, a encaminha pela vida, iluminando-lhe a estrada, com as letras do alfabeto. Ela dedica toda sua vida ao aluno e transmite-lhe o saber. É-nos muito grato festejar com pompas o Dia da Professora. Neste dia devem todos levar o abraço de reconhecimento e gratidão à sua professora.

Na *Revista Atualidades Pedagógicas*, Jairo D. Carvalho discorre sobre aspectos da formação docente, em 1952

Saúde, vocação e preparo específico são predicados indispensáveis ao domínio da função docente.

Saúde: seu organismo, física e espiritualmente deve ser equilibrado.

Vocação: complexo de qualidades inatas em que sobressaem personalidade, modéstia, solidariedade, ideal educativo, sentimento de justiça e espírito de liderança. [...] valores morais – fator integração: a maneira de ser, sua aparência, sua voz, seu entusiasmo...

Para quem não tem vocação, ensino é trabalho forçado...

Henrique F. Portugal discorre sobre a educação sanitária e a mulher, paraninfando no Instituto de Educação em 1952

[...] a execução desses programas cabe quase exclusivamente ao sexo feminino, ou seja, à professora, trabalhando na retaguarda, preparando a sanidade das novas gerações...

Sede patriotas em espírito e ação... Sede progressistas, abandonando a rotina, mas não renegueis a tradição que dá a cada povo uma alma, um caráter... Continuai vossos estudos e pesquisas... Cultivai vossa personalidade, sobretudo, nos princípios da civilização cristã para que não vos torture e aos circunstantes o vazio espiritual, para que não chegueis a um estado de indigência interior e não sintais nunca a "nostalgia dos bens eternos". (Pio XII)

Regozijai-vos sempre no Senhor. E a paz de Deus, que excede a todo entendimento, guarde os vossos corações. Amai a Deus acima de todas as coisas e sereis felizes.

Na *Revista do Ensino*, W. T. Paes discorre sobre o apostolado do professor, em 1952

[...] está lhes transmitindo o próprio sangue [...] o ensino é obra do coração porque só ele transfunde vida e vigor [...]

Para essa obra nobre e elevada que o próprio Cristo divinizou intitulando-se Mestre, é preciso vocação [...]

Ser professor é, pois, elevada tarefa a que só podem aspirar os que, tendo cultura, capacidade e inteligência, se revestem de um ideal nobre e cristão – servir ao seu semelhante.

[...] qualidade primordial, imprescindível, absoluta – a dedicação.
...a lei única que dirige a educação – a lei do sacrifício.

[...] a educação não é só ciência. É um apostolado.

O homem que crê e ama se sacrifica.

Mestre é sinônimo de apóstolo [...] firme em seus sacrifícios, abnegado [...] só espera recompensa de Deus e da Pátria.

Mister árduo exige antes de tudo vocação, que pressupõe um certo número de virtudes morais: renúncia, dedicação, espírito de sacrifício.

Em livro, Anísio Teixeira discorre sobre a preparação do professor primário, em 1952

[...] desde que se ensinem as técnicas, o professor pode educar os meninos, assim como o engenheiro pode construir suas pontes.

Por enquanto devemos ser, todos nós educadores, muito humildes e muito cautelosos...

O professor deve ser ainda mais Humilde. Por mais que lhe ensinem a psicologia, sempre terá o desconhecido e o imprevisível em suas mãos, nessa fugidia e complexa vida mental dos homens, que lhe encarregaram de criar...

[...] deve sempre prevalecer o espírito de humildade e reverência, propício ao despertar aos longos devotamentos de que precisa o colégio.

No *Estado de Minas*, Presciliana Duarte de Almeida e a sua Oração do Educador, em 1954

Jesus, educador da humanidade, que disseste: "Deixai que os pequeninos comigo venham ter", ensina-me a formar os paladinos da Justiça; do Bem e da Verdade! Ensina-me a ensinar bem viver!

Com palavras, exemplos e carinhos dá que eu conduza ao porto desejado esta alma em flor! Que cada coração por mim tocado tenha o perfume bom do rosmaninho onde erige teu divino amor!

Que eu nunca seja pedra de tropeço, que eu nunca escandalize uma criança. Que eu saiba respeitar seu coração! Dá-me essa força poderosa e mansa, esse dom de educar que não tem preço, talento, esforço, amor, inspiração!

Do Papa Pio XII, em 1954

[...] bons mestres com uma perfeita formação humana intelectual e moral, porque o ensino é uma das mais elevadas funções que exige tanto discrição quanto inteligência e bondade no coração; tanto capacidade de intuição quanto delicadeza de espírito; tanto de adaptação e de indulgência quanto de fundo humano capaz de tudo suportar por amor ao próximo.

Repetimos: sejam pais de almas muito mais que propagadores de conhecimentos estéreis; formem vossos alunos sobretudo pelo exemplo da vida.

Em livro, Lourenço Filho nos traz a pedagogia de Rui Barbosa, em 1954

[...] não é menor o preço do mestre que o do método, porque sem o mestre o método seria apenas uma concepção ideal; porque o método é inseparável do mestre; porque o mestre é o método animado, o método em ação, o método vivo...

O mestre, o verdadeiro mestre, é uma como encarnação pessoal do método... de resultados melhores é capaz, com um mau método, a índole afetuosa, dedicada e simpática do professor, do que o melhor dos métodos, se o professor é mau.

[...] a excelência dos métodos virá precisamente a ser a causa da esterilidade de instrução, se não assegurardes a competência técnica dos especialistas, a quem confiardes a escola; do mesmo modo como, em mãos inábeis, a perfeição do instrumento não opera senão defeituosos resultados.

No *Estado de Minas*, uma transcrição de poema do educador português João de Deus, em 1954

À querida professora
Que orienta nossa vida
Com tanta dedicação
Traze sempre meu filhinho
As rosas do teu carinho
Na benção da gratidão

Em livro, Antonio d'Ávila discorre sobre o papel do professor, em 1955, já em sétima edição

Cediça é a colocação do mestre entre os maiores obreiros do progresso social. Mas nunca é demais insistir na significação de sua a tarefa no grupo social, como arquiteto da grandeza de um povo. Necessitado de possuir qualidades excepcionais e mesmo superiores às exigidas pela maioria das profissões, é comum que ele se faça um tipo estranho aos demais homens dele diverso e a eles superior.

[Nessa ordem estão classificadas as qualidades dos professores:] acolhimento; aparência pessoal; reserva ou dignidade; otimismo; entusiasmo; imparcialidade; sinceridade; simpatia; vitalidade; cultura.

Do Papa Pio XII, em 1955

[...] já que se trata da primeira infância, é conveniente que a educação seja confiada principalmente às mulheres, que deve, em consequência, se empenhar em enriquecer seus próprios dons naturais de intuição e de sentimento, graças à aquisição de um conjunto de apropriado de conhecimentos e de experiências extraídas das ciências pedagógicas.

Eis aí a razão de ser de vossas Escolas Normais. Formar uma professora de crianças é como formar espiritualmente uma mãe com a diferença que esta torna-se uma educadora em virtude de sua sábia natureza [...] ao passo que a educadora de profissão deve desenvolver em si, por seu próprio esforço e sua boa vontade, a alma materna.

Formar em si uma alma materna, haverá objetivo mais elevado? Mais do que nunca o mundo precisa de mães e almas maternais que desviem os homens das violências, das opressões, das grosserias nas quais se debatem... A lei providencial da natureza determinou que toda geração passe pela amável escola da mãe...

Esclarecido pela fé, apenas ele estará em condições de plenamente compreender toda dignidade pessoal de seu aluno.

Em livro, Filocelina C. M. Almeida ensina a ciência e arte de educar, em 1955

Tipos de professor:
- Tipo interesseiro: trabalha envaidecido no seu cargo pretendendo mostrar antes o seu saber; trabalha por necessidade pecuniária sem amor à profissão; professor mercenário só visa à remuneração.
- Tipo passivo: sem nenhuma vocação, trabalha por imposição de alguém.
- Tipo apático: retraído, de poucas palavras, desânimo.
- Tipo retumbante ou sedutor: atrai os alunos, mais pela eloquência de suas palavras e por seus gestos e atitudes arrogantes.
- Tipo sugestivo: desperta o interesse dos alunos com palavras convincentes.

- Tipo ideal: é o que tem capacidade de educar e seguindo sua vocação faz do magistério um verdadeiro sacerdócio.

Além de ser idôneo, sob o ponto de vista profissional, o bom mestre, segundo W. Hart:

É paciente e compreensivo (acolhimento); tem o sentido do bom humor (acolhimento); gosta de ajudar e cooperar (simpatia ou sociabilidade); é amistoso e social (simpatia ou sociabilidade); é razoável e sincero ao marcar tarefas (sinceridade); tem uma boa disposição (vitalidade); mantém a disciplina sem violência (reserva, dignidade); não demonstra favoritismo (imparcialidade); explica tudo o que ensina (cultura); não grita nem perde o autodomínio (dignidade); tem uma personalidade atraente (aparência pessoal); é serviçal e ajuda a resolver os problemas pessoais dos alunos (simpatia); é cortês e bondoso (acolhimento); não se sente superior aos alunos, manifestando-se como realmente é (sinceridade); é jovial (acolhimento); torna interessante o trabalho (entusiasmo); não ridiculariza nem humilha os alunos em quem confia (otimismo); é indulgente ao dar as notas (otimismo); veste-se bem (aparência pessoal); estimula a discussão (entusiasmo); é bom camarada, franco e cavalheiresco (simpatia); sabe o que ensina (cultura).

Qualidades e práticas más: indiferença pela profissão; displicência; espírito mercenário; cultura deficiente; grosseria; falta de religião e de amor aos alunos; injustiça; perseguição ou proteção escandalosa a certos alunos; falta de vocação; castigos; maus exemplos; não cumpre os deveres; humilha os alunos; alimenta vícios; frequenta lugares duvidosos.

Qualidades e práticas boas: acolhimento; compreender aos alunos; interessar-se por eles; ser tolerante; paciente; jovial; ter consideração pelos alunos; fino senso psicológico. Aparência pessoal: desenvolvimento social e intelectual; boa apresentação; modéstia e boa disposição moral. Otimismo: confiança em si e nos alunos; vistas largas e força de vontade. Reserva ou dignidade: equanimidade; pontualidade; energia branda; atitude irrepreensível. Entusiasmo: ideias modernas; cooperação; amor ao estudo; bons estímulos à classe. Imparcialidade: igualdade no trato; justiça. Sinceridade: cumprir o que promete; não faltar à verdade. Simpatia ou sociabilidade: procurar sempre o convívio dos alunos, trabalhando alegremente com eles, mantendo a disciplina liberal. Vitalidade: ter saúde; bom tipo mental; boa compleição física. Cultura: conhecer bem os problemas do hétero aprendizado; ter conhecimentos gerais e pedagógicos.

No *Estado de Minas*, o prefeito fala da grande responsabilidade dos mestres, em 1955

No dia dedicado ao professor, apraz-nos a todos reconhecer de público que nenhuma atividade humana se reveste de conteúdo tão impressivo quanto o magistério.

Ensinar é, com efeito, transmitir o facho votivo do ideal às gerações que se sucedem. Em consequência, nenhuma responsabilidade será maior que a dos mestres que, num autêntico apostolado, se empenham em acrescentar, às grandes lições do passado, as fecundas experiências do presente.

Todos os superiores destinos da nacionalidade se concentram, em última análise, na função insubstituível de instruir e educar.

Em seu livro de leitura para a 4ª série, Rafael Grisi fala dos *Nossos Professores*, em 1956, já em 16ª edição

A quem devemos, além de nossos pais, a maior gratidão, o mais profundo respeito, o mais puro amor?

Que tesouro de ternura e de paciência havia no coração de nossa primeira professora! Como era boa e dedicada a nossa professora do segundo ano! Quanta solicitude, quanto carinho encontramos na professora do ano passado! E que santo e digno de veneração é o nosso professor deste ano!

No *Estado de Minas*, Maria Guiomar Orsini Tavares faz poesia para a Mestra querida, em 1956

Num altíssimo pedestal – o da glória
Vosso nome está escrito em letras d'ouro.
E num hino grandioso – o da vitória
Vossos alunos cantam em suavíssimo coro!

Dos vossos sábios ensinamentos
Estão guardados com calor
Os mais agradáveis momentos
De nossas vidas em flor!

Mais tarde quando formos embora
De vosso carinho e afeição
Levaremos, mestra, pela vida em fora

Uma eterna saudade no coração.

Por vossa mão bendita e forte
Passaram os nossos grandes heróis
No mar e no ar... sempre apontando o norte,
Eles foram os mais luminosos faróis!

"Mestra querida" – nossa mãe benfeitora
Sois a luz, a força, a nossa real obreira
Flores aos vossos pés – ó redentora
E a homenagem da imensa pátria brasileira.

Que ilumine vosso caminho
O Divino Mestre – Nosso senhor!
E que nunca vos falte muito carinho
Pão, agasalho, preces e amor!

Em livro, Theohaldo Miranda Santos fala dos métodos para selecionar as qualidades que um mestre modelar deve possuir, em 1956, já em 4ª edição

Qualidades do professor primário

a) qualidades físicas – o educador deve ser dotado, antes de tudo, de uma boa saúde, que lhe proporcione o equilíbrio orgânico e a resistência físicas indispensáveis para o exercício contínuo de suas funções [...] A normalidade dos sentidos é outra qualidade imprescindível [...] Outra qualidade física de grande importância é a voz [...] Mas, para que as qualidades produzam todo o seu efeito, é necessário que a elas corresponda uma certa dignidade exterior do mestre, manifestada pela correção e modéstia do vestuário, pela simplicidade e delicadeza das maneiras e pela serenidade e distinção das atitudes.

b) qualidades intelectuais – a primeira qualidade desta natureza que o educador deve possuir é, naturalmente, uma inteligência bem desenvolvida e organizada [...] Mas não basta ter uma inteligência aguda, ágil e flexível, é necessário ainda tê-la bem cultivada. Ninguém mais do que o mestre tem necessidade de uma cultura intelectual sólida e profunda [...] A cultura do professor primário deve abranger, tanto quanto possível, todo o campo do conhecimento humano.

c) qualidades morais – a educação é uma obra de amor, de modo que uma das primeiras qualidades do verdadeiro mestre deve ser a bondade [...] Procurai ser amado se quereis ser temido, dizia D. Bosco [...] ser bondoso, sem deixar de ser enérgico e sem sacrificar sua autoridade [...] O mestre deve ainda possuir o espírito de justiça e o amor à verdade [...] Para ser justo e veraz, precisa o mestre possuir ainda autodomínio e paciência [...] E como a educação é um trabalho em que se procura tornar a vida mais bela e mais feliz, é necessário que o educador tenha uma certa dose de alegria e de otimismo. Mas, acima de tudo, o mestre precisa ter uma vida de absoluta pureza moral e uma conduta de irrepreensível dignidade [...] Essas qualidades não passarão de simples ornamentos [...] se não forem estimuladas e vivificadas pela força poderosa e fecunda de um ideal. Somente um ideal superior poderá emprestar à personalidade do educador a energia, a tenacidade e o heroísmo de que ele necessita [...]

Em livro, Ruy de Ayres Bello fala do problema do professor, em 1956

[...] é o professor quem principalmente determina se a escola será ou não eficiente...

[...] é o espírito, não os tijolos ou o cimento que tornam eficiente a escola...

[...] a escola será o que for seu professor...

[...] a verdade é que não só do professor depende a escola mas ainda de muitos outros fatores...

[...] o professor é o elemento básico do sistema escolar, muito embora sua ação obscura desapareça, às vezes, no anonimato da sua vida humilde... É ele a sentinela, que na obscuridão vigia contra a ignorância e o vício. Ele desperta os espíritos dormentes, encoraja os fracos e disciplina os instáveis... Ninguém é mais digno de ser inscrito numa democracia aristocrática como o rei de si mesmo e o servo da humanidade.

[...] as causas de eficiência indicadas com maior frequência foram as seguintes: atitude democrática e de cooperação; bondade e consideração pessoal no trato com os alunos; paciência; largueza de interesses; aparência pessoal e maneiras agradáveis; franqueza e imparcialidade; senso de humor; boa disposição de ânimo e coerência de conduta; interesse pessoal pelos problemas dos alunos; tolerância; reconhecimento e louvor do mérito do estudante; excepcional habilidade pedagógica.

Em livro, Highet fala do professor e das vantagens e desvantagens do Magistério, prefaciado e traduzido por Lourenço Filho, em 1957

Qualidades do bom professor: a memória; a força de vontade; a bondade.

No *Minas Gerais*, o decreto n.º 5.328/57

O Governador do Estado de Minas Gerais [...] considerando que a homenagem ao magistério é prestada, em todo território nacional, no dia 15 de outubro de cada ano decreta:

Art. 1º Fica transferido para o dia 15 de outubro de cada ano a comemoração do Dia do Professor nos estabelecimentos de ensino do Estado. [...]

No *Estado de Minas*, o Prefeito envia mensagem aos educadores municipais destacando o voluntariado de nobreza e dedicação, em 1957

[...] um compromisso de aperfeiçoamento e dedicação assumido em face da coletividade e sobretudo das futuras gerações que irão formar a cidade de amanhã.

Tais responsabilidades exaltam e fazem honra aos atributos e disposições de cada professora ou professor no cumprimento da missão que a sociedade lhe atribui.

Motivado mais por inspirações vocacionais do que por outros fatores de solicitação, o Magistério [...] exprime um voluntariado de tal nobreza e de tal abnegação que todos temos que nos curvar ante a ele, prestando-lhe a homenagem de nosso respeito e admiração [...] exemplos de civismo e de fé nos destinos da pátria que oferece à infância e à juventude.

Em livro, Luis Alves de Mattos ensina a ser professor e as aptidões específicas para o magistério, a partir de 1957

O magistério é uma profissão de altas e complexas responsabilidades para com o indivíduo e para com a sociedade.

O professor é um técnico em engenharia humana, visto ser ele o principal responsável pela formação da inteligência e personalidade de seus alunos (Wheeler).

A influência do bom professor se estende por gerações prestando relevante serviço à humanidade além dos limites da vida material.

O professor é indiscutivelmente o fator mais decisivo em qualquer plano da educação secundária.

O professor é a chave de toda a problemática educacional [...]

A missão do professor e suas responsabilidades exigem preparo esmerado e formação conscienciosa.

Para o magistério, as aptidões mais imprescindíveis são as seguintes:
a) normalidade física e boa apresentação;
b) saúde e equilíbrio mental;
c) órgãos de fonação, visão e audição em boas condições;
d) boa voz: firme, agradável, convincente;
e) linguagem fluente, clara, simples;
f) confiança em si mesmo e presença de espírito, com perfeito controle emocional;
g) naturalidade e desembaraço;
h) firmeza e perseverança;
i) imaginação, iniciativa e liderança.

Em livro, *O tesouro da criança*, para a 2ª série primária, em 1957

A luz de minha vida

Eu era um pobre menino analfabeto. Não conhecia as letras, não sabia ler. Era ignorante de tudo. Quando entrei na escola, tive uma boa professora. Foi a minha primeira mestra, aquela que iluminou a minha inteligência, ensinando-me a ler. Com ela aprendi a conhecer palavras e sentenças, a contar e a resolver probleminhas. Devo-lhe muito.

[...] Mas o tempo não poderá apagar de minha lembrança a figura dessa mulher paciente e amiga, a minha boa professora. Ela foi a luz de minha vida, ao ensinar-me a ler.

Devemos agradecer a esse paciente guia tudo quanto fez por nós, ensinando-nos a ler e ajudando-nos assim a vencer na vida. O professor é como um segundo pai. A professora é como uma segunda mãe. Ambos merecem nosso respeito e nossa gratidão.

E no *Meu tesouro* para a 1ª série, em 1957

Sabe... é o retrato de D. Zélia, professora meiga e simpática.

Ela é muito amiguinha das crianças. Ensina a seus alunos com muita paciência. Com que carinho ela dá as suas aulas!

Que boa professora ela é! Nunca falta. Tanto nos dias de sol quente como nas manhãs frias de chuva forte, ela chega à escola sempre risonha, sempre com vontade de ensinar.

D. Zélia não se cansa de dar bons conselhos às crianças. Por isso seus alunos são muito educados. Eles não mentem, não brigam com os colegas e respeitam os mais velhos.

E para a 2ª série, sobre o dia do mestre, em 1958

Rio, 15 de outubro de 1950

Querida professora D. Paula

Hoje é o Dia do Mestre. E, como a senhora é a nossa mestra, temos a grande alegria de oferecer-lhe essas flores em sinal de agradecimento, pelo grande trabalho que a senhora tem tido conosco.

A senhora cuida de todos nós com muito carinho e nos ensina com muita paciência, por isso, pedimos a Deus que lhe dê muita saúde e que abençoe o seu trabalho.

Pelos seus alunos
Margarida

[...] Também vou escrever à minha professora porque ela é muito boazinha para todos os seus alunos.

Paraninfando, Fernando de Azevedo profere palavras de fé aos mestres de amanhã, em 1941, publicado em 1958

Mas essa alta concepção de vida, quase ascética, feita de generosidade, de disciplina e de espírito de sacrifício, é tanto mais necessária quanto é certo que, na carreira que abraçastes, do magistério e de atividades ligadas à educação, o trabalho é, pela sua natureza, frequentemente obscuro, quase anônimo, feito de grandes dedicações e de pequenas renúncias, e o heroísmo se desdobra, sem rumor e sem brilho, em esforços extraordinariamente fecundos para o indivíduo e para a nação.

A profissão de educador [...] se exerce, por uma ação contínua através das gerações, como a razão de ser e o sentido da própria vida, síntese de todos os ardores e de todas as ternuras de que pode pulsar, pela criança e pela pátria, o coração humano. Ela é insensível ao ruído, à popularidade e à glória. Mas se a chama viva de vosso apostolado for bastante forte para iluminar profundamente as gerações que vão subindo, nada suprimirá suas manifestações inesperadas nas existências mais tristes que sofreram a influência de vosso espírito.

Todos vós conheceis o esforço imenso que temos desenvolvido há cerca de 20, e mais intensamente há 15 anos, pela reconstrução educacional do Brasil, dominados pelo desejo ardente de trazer ao país uma força e uma beleza novas, pela ambição de encerrar, em formas robustas, os símbolos da grandeza nacional, fazendo marchar, como operários dessa grandeza, num ritmo acelerado, as gerações jovens animadas de um entusiasmo realizador e encaminhadas para horizontes novos. O despertar assim dado prolongou-se sem ruído, por todo país, em tentativas mais modestas e, às vezes por isso mesmo mais fecundas.

Na primavera que se anuncia, os jardineiros que nos sucederem, um dia, verão com surpresa romper flores que eles não haviam semeado e que nunca foram vistas: a graça e a beleza, a energia e o espírito criador, o gosto da disciplina e a capacidade de sacrifício, a espiritualidade e a fé e um sentimento profundamente nacional. Eles tomarão como um milagre e, com o vosso esforço e a vossa inteligência, continuarão a cultivá-las.

Do Papa João XXIII, sobre o valor profissional do professor, em 1959

Formai antes de tudo o pensamento dos seus pequenos alunos...; mas vossa missão é muito mais elevada: vós formais e modelais a alma dos vossos escolares...; ao educar o pensamento e formar a alma de vossos alunos vós vos preparais para o céu uma coroa das mais brilhantes [...]

Por isso nós os estimulamos a cumprir vosso dever com a fé mais viva, a esperança a mais firme; a caridade mais fervorosa, na esfera do céu, ao qual tendem o desejo e o ardor de vossas almas.

Na *Revista Escola Secundária*, Alaíde Lisboa de Oliveira discorre sobre as qualidades do professor com base em pesquisa realizada em 1960

Tiramos, entretanto, algumas conclusões interessantes. Grupamos as qualidades:

- qualidades em si mesmas, referentes ao físico, ao espírito, ao moral e ao profissional; exemplo: inteligência, simpatia, honestidade, pontualidade;
- qualidades em relação ao preparo; cultura geral, especial, pedagógica;
- qualidades em relação à atitude para com os alunos: não ter preferências pessoais.

[...] De qualquer forma, o resultado do nosso trabalho demonstra que, nos diversos cursos, os alunos não se contentam facilmente, e parece mesmo que têm um ideal de mestre, com certeza poucas vezes realizado na vida escolar. Está bem claro que juízes permanentes nos assistem – que nos julgam no presente e que formarão de nós um juízo definitivo através da vida.

A concepção de vida do educador vai influir na direção do aprendizado. Infelizmente muitos professores vivem sua vida tal como se lhes apresente, de acordo com as vicissitudes da hora ou dos fatos; em geral são deficientes quanto à formação filosófica. Católicos, nem sempre informam os atos dos princípios da doutrina de Cristo. A religião é uma espécie de "lado de lá" da vida. Dão, assim, tais professores, impressão de insegurança, prejudicial à formação do adolescente.

Tipos de professores:

- os brilhantes: quantas vezes se repetem aqui, ali, acolá, preocupados com o efeito que possam causar e não com o resultado que consigam;
- os estudiosos de última hora: vão aceitando facilmente as inovações; não são freados por um lastro de cultura, porque não a têm;
- os realmente cultos: vivem de sua cultura, fechados acima do nível geral, não se importam nem com os sucessos da cátedra, nem com a participação do grupo; ministram ensinamentos; se os alunos não os recebem, tanto faz, só lhes interessaria uma elite;
- os medianos: perdoe-se a opinião, dão às vezes bons resultados neste mundo de mediocridade em que vivemos;
- os escrupulosos: meticulosos, preocupando-se com miudezas, estreitam cada vez mais a vida;
- os meros profissionais: lecionam para viver e então as aulas são um reflexo de sua vida – hoje boa, amanhã má e por aí vão;

• os formais: quando pensamos que já se vão desaparecendo, surge mais um; para esses tudo é normativo, taxativo;

• os eufóricos: sempre achando que seus alunos progridem, que suas manifestações têm sabor novo, que as provas são excelentes;

• os depressivos: só veem o lado negativo dos alunos – ninguém tem inteligência, ninguém estuda, ninguém aprende;

• os displicentes: sempre atrasados em chegar escola, em corrigir exercícios;

• os poetas: em geral unilaterais – vida é poesia, só poesia – esses deixam, porém, alguma coisa diferente, na alma dos adolescentes.

Os de linguagem vulgar/Os que engolem as palavras e com as palavras, os pensamentos/Os que confiam demais em si mesmos/Os desconfiados/Apáticos/Absorventes/Sugestivos.

Quem já não teve um professor apático? Muitas vezes inteligente, ilustrado, consciencioso; mas sempre incapaz de entusiasmar os discípulos... É respeitado, mas dificilmente será amado. Em oposição aparece o mestre absorvente, a que Stern chama sedutor. Atraente, expansivo, cheio de vida, impressiona os discentes, convence-os e tem prazer em sentir-se guia; brilhante, às vezes cria admiradores fanáticos que já não raciocinam por si mesmos, mas apenas refletem o mestre; apegado às suas ideias, conquista adeptos apaixonados, de fala fácil e exuberante, ideias comezinhas tomam aspectos magistrais na sua expressão; cheio de graça pessoal, cativa; pode ser culto, pode ser lúcido, mas não sabe levar o aluno à possibilidade de raciocinar por si mesmo...

Tipo ideal é o mestre sugestivo, que ama além de ser amado; que instila ideais sem forçar a personalidade; que vibra mais diante das belas reações dos discípulos do que diante das situações que é capaz de criar para obter tais reações; é o mestre que se sente feliz quando pressente que o discípulo está no caminho de alcançá-lo; colocar o aluno em condições de apreender a beleza, a verdade e o bem é sua missão primeira; estudioso da alma do adolescente, pode melhor comungar com seus anelos.

O exemplo. Não se esqueça a força do exemplo do professor... Quem desejar ser educador sem cuidar do próprio aperfeiçoamento "deve contentar em adestrar canários ou cobaias".

O professor que cumpre os seus deveres, que ama sua língua, a sua terra, a sua religião; que luta pelo próprio aperfeiçoamento – traz como impregnação a força educadora capaz de mover os jovens e transformá-los em homens mais dignos da Redenção.

Do Papa João XXIII sobre a grandeza do papel dos professores, em 1960

Uma vocação que exige um aperfeiçoamento interior contínuo e uma aquisição incessante de todas as qualidades, tanto as pedagógicas quanto as científicas, sem as quais todo ensino, mesmo brilhante, é ineficaz e efêmero.

A vocação para ensinar, ao lado das alegrias as mais puras que ela garante àqueles que a ela se consagram, tem, de outro lado, severas exigências, que engajam todos os aspectos da personalidade do professor...

[...] aquisição de um profundo espírito de sacrifício que faça considerar a profissão como um dom de si àqueles com os quais Jesus quis se identificar [...] e como um serviço dos mais preciosos à imitação do Senhor, que veio não para ser servido, mas dar sua vida em resgate da de muitos...

Em livro, Leif e Rustin descrevem as qualidades do educador, citando muitas vezes Kerschensteiner, em tradução em 1960

[...] cada mestre educa segundo sua personalidade e seu temperamento. A influência que este obtém por certos meios, aquele obtém por outros. O importante é exercer influência benfazeja. E para isso, certas condições são necessárias.

Qualidades físicas: pensa-se primeiro, naturalmente, em condições físicas. O desgracioso do corpo, as imperfeições da vista, do ouvido, da voz e da pronúncia não são evidentemente favoráveis [...] O físico desajeitado lhes parece mais ou menos conscientemente, sinal de fraqueza; e comportam-se consequentemente [...] o estado dos nervos importa muito. Ensinar é bem mais exaustivo do que se supõe [...] uma saúde frágil deve, pois, afastar desse ofício, muito penoso, quando bem exercido. E todos devem, durante a carreira inteira, por meio de boa higiene e pela observação vigilante dos sinais de má saúde, tomar cuidado atento com seu estado fisiológico.

A apresentação, as maneiras [...] que não sejam nunca excêntricas, que não sejam manias. Sabe-se como as crianças observam e notam coisas dessa ordem. Mania verbal, mania do gesto ou da atitude; a classe nota tudo, impiedosamente, com espantosa exatidão.

O saber [...] as qualidades de espírito e de coração é que primam sobre todas. A personalidade. Inteligência aberta, saber seguro e extenso são, em verdade, a condição *sine qua non* da autoridade e da influência.

O equilíbrio do caráter. A justiça. Tanto quanto a solidez do saber, importam a firmeza e o equilíbrio do caráter. Para impor-se à classe, cumpre primeiro que o professor seja bem seguro de si mesmo. Os arrebatamentos, as cóleras, as ameaças a propósito de tudo, os berros e as batidas da vara na mesa nunca trouxeram ascendência sobre a classe [...] A profissão favorece o autoritarismo, deformação do caráter que não assegura, absolutamente, a verdadeira autoridade. [...] Cumpre que o mestre saiba conter-se e dominar-se, porque cumpre, absolutamente, que seja justo.

Senso psicológico [...] muita finura e habilidade indispensáveis para que a influência se exerça exatamente como convém [...] faculdade inata de penetração intuitiva [...] "tacto pedagógico" [...] esse precioso dom possibilita "encontrar e fazer rápida e seguramente o que convém, com os meios adequados nos casos concretos que a finura e acuidade de nosso senso psicológico nos permitiram apanhar corretamente [...]"

O idealismo. Todas essas qualidades físicas, morais e intelectuais não bastariam ainda, ao cabo, se o professor não fosse levado pelo amor ao ofício, pela afeição à criança e pelo interesse no progresso dela, pela fé em sua alta missão. [...]

Em livro, L. Luzuriaga discorre sobre o educador e suas qualidades, em 1961

[...] pessoa que possua vocação para sua missão, que se sinta chamado a ela por um interesse "desinteressado", se assim se pode dizer, que tenha simpatia pelas crianças, que se sinta atraído pela ação educativa. Além disso deve possuir condições especiais de caráter: paciência, persistência, capacidade de trabalho, tato, senso social, etc. Finalmente, deve receber preparo especial, o mais elevado possível, não somente nas matérias que vai ensinar, como no conhecimento da alma infantil e dos fins e dos meios da educação.

Se, depois de tudo o que dissemos quiséssemos sintetizar em uma tábua de valores as condições que deve reunir o educador, poderíamos dizer que são as seguintes:

1) Vocação, interesse, atração pela educação.
2) Amor, afeto, simpatia pela infância e pela juventude.
3) Sensibilidade e inteligência para compreendê-las.
4) Condições físicas de saúde, resistência, agilidade.
5) Atrativo pessoal, graça, tato, humor.
6) Caráter, personalidade, autoridade.

7) Cultura geral, interesse pela ciência.
8) Arte, capacidade, destreza técnica docente.
9) Moralidade pessoal e profissional.
10) Senso social, espírito humano.

É claro que não é possível reunir todas essas condições numa pessoa; mas deve-se aspirar a possuí-las no maior número possível.

No *Estado de Minas*, os dez mandamentos da professora, em 15/10/1961

1) Amar seus alunos como seus próprios filhos.
2) Dedicar-lhes paciência, tolerância e carinho.
3) Ministrar-lhes, além do a, b, c, o amor fraterno.
4) Ensinar-lhes não temer a Deus, mas amá-lo.
5) Ouvir-lhes os pontos de vista e conduzi-los para a melhor solução depois de analisá-los.
6) Captar-lhes, além da amizade, a própria confiança.
7) Ensinar-lhes a humildade e a bondade.
8) Orientar-lhes como honrar seus pais, sejam quem for.
9) Exemplificar-lhes, porque o exemplo é a lição mais fácil a ser aprendida por eles.
10) Fazer do coração de cada um o elo de uma corrente que jamais se desligará por toda a eternidade.

No *Estado de Minas*, um "Hino à Professora", pelo Professor Alberto Barbosa Silveira, em 1961

Na história da Pátria ressumbram grandezas
De eternas belezas para as gerações
São vultos candentes de intensas pelejas
Que a espada dardeja em prol de milhões.

Nas lutas dos lares, na faina do ensino
No seu dom divino, não há quem jamais
Se entranhe de zelo, de luz promissora
Do que as professoras de Minas Gerais.

Saídos ainda da verde inocência
Requerem clemência, carinho e calor
Os filhos encontram na mestra querida
Um sonho de vida e um mundo de amor.

Se é fruto a escoltarmos com grande euforia
Só virgem Maria tem tanta expressão
São fachos acesos que aclaram as brumas
São fortes colunas da nossa Nação.

Quando a Aurora toda em prece
E os alunos põem-se à altura
Outra estrela resplandece
Lá na escola, resoluta.

Surge a mestra amparando
Sob o manto cor-de-anil
Com seus braços enfeixando
Os alunos do Brasil.

No *Estado de Minas*, Ser Professora, segundo Maria da Conceição Pinto Ferreira, em 1961

Ser professora é sofrer sorrindo
E espargindo da instrução a luz
Fita Jesus o rei dos professores
E em flores se transforma a Cruz!

Ser professora é ter um sol na treva
Que a infância leva em luminosa estrada
Não tem parada, Mestra não descansa
Mas tudo alcança: é forte e abnegada!

Ser professora é ser mamãe também
Que todo bem ao filho ela deseja
Embora veja a humana ingratidão
Seu coração de mestra não fraqueja.

No *Estado de Minas*, a saudação de Ismael Ramos das Neves, no dia do professor, em 1961

Sê feliz, Professor

Professor,

Hoje é teu dia!

O mundo atormentado pela sede das conquistas transitórias não te compreende o heroísmo silencioso! Não te vê o devotamento santificado! Não te reconhece o sacrifício e a nobreza!

[...]
Que as tuas lições de amor e sabedoria resplandeçam em nosso caminho como flores de suave perfume, amenizando a secura dos corações que não te compreenderam o apostolado de luz!

Fizeste da Escola o santuário das mais sublimes virtudes e contigo aprendemos, cada dia, a soletrar o alfabeto, honrando o trabalho e bendizendo o nome de Deus!

[...]
Graças ao teu sacrifício e ao teu heroísmo podemos galgar os degraus do progresso e hoje contemplamos a Escola a lutar contra as sombras da degenerescência, do vício e do erro, imploramos ao Senhor da Imortalidade te sustente o ideal de educador para que a mensagem do teu coração devotado ao mistério do saber e da virtude continue se irradiando como um cântico de glorificação ao Eterno Bem!

[...]
Abnegado mestre, ergue por isso, bem alto, a flama do teu ideal! [...]

Em livro, Afro do Amaral Fontoura discorre sobre a importância do professor, seus atributos fundamentais, após percorrer outros trabalhos que tratam do mesmo tema e questão, em 1961, mas reeditado muitas vezes

Que é ser professor: é ser idealista, não ter grandes ambições materiais, trabalhar pelos outros, pela felicidade alheia. Só há ensino quando há aprendizagem. Se os alunos não aprenderam, o professor não é bom.

Educar é formar a personalidade. Formar é mais importante que informar. A conduta vale mais que os conhecimentos. O educador cuida da alma do aluno.

[...] uma ficha que pode servir de baremo pedagógico, ou se preferirem, termômetro pedagógico... Não pretendemos que nossos professores sejam perfeitos, nem santos, mas apenas bons mestres... para ser bom professor é necessário, em primeiro lugar, ser boa criatura humana.

Qualidades físicas:
Expressão de olhar significa a capacidade de chamar a atenção, elogiar, censurar o aluno com o olhar.

Porte correto: é a maneira de andar, de sentar-se, não fazer gestos feiosos.

Apresentação: vestuário correto, sem modas exageradas (vestidos escandalosos, pintura excessiva), sem muitas pulseiras e joias. A professora não deve ir para a aula nem "vestida de andar em casa", nem como se fosse a uma festa.

Qualidades intelectuais:

Capacidade didática é um conjunto de atributos: saber transmitir, saber interessar os alunos, saber explicar, saber manter a classe viva e atenta (sem constantes admoestações nem castigos, sem gritos), é ter bom método sem se escravizar ao programa.

Língua: não se admite que um professor escreva ou fale errado.

Tato psicológico é a capacidade de compreender a criança, de sentir as causas de sua atitude, de saber não ver. É conhecimento objetivo da Psicologia da Criança.

Bom senso é saber resolver os problemas pelo caminho mais fácil, é ser simples e lógico nas suas atitudes.

Espírito de liderança é a capacidade de atrair, dirigir, chefiar, reunir os outros em torno de si.

Clareza: o professor tem de falar de tal modo que todos entendam o seu pensamento, as suas ideias.

Cultura geral: o professor deve entender um pouquinho dos principais assuntos científicos, econômicos, políticos e sociais do seu meio e do seu tempo.

Qualidades morais:

Espírito religioso: não é possível educar sem Deus. Educar é espiritualizar, não é apenas treinar para fazer as coisas.

Conduta: o professor tem que se comportar bem, com dignidade, e tanto dentro como fora da escola. Em qualquer lugar todos o apontam: "aquele é o professor X".

Entusiasmo: saber manter a aula animada, falar com calor, convencer os outros com sua palavra vibrante.

Companheirismo: ser amigo de seus alunos, estar junto deles no recreio, conversar com eles, interessar-se pela vida de cada um, ser o confidente deles.

Alegria: se o professor está aborrecido, seus alunos não têm culpa disso e não devem servir de "saco de pancada" para o professor descarregar.

Autodomínio: não se exaltar facilmente com as atitudes erradas dos alunos. Ter paciência para ensinar de novo aquilo que já ensinou dez vezes.

Espírito renovador: inventar novos jogos, novas maneiras de dar aquele assunto. Fugir da rotina como quem foge do diabo.

Cortesia: tratar os alunos sempre bem, com atenção, sem chamar de "moleque", "mal-educado" e coisas piores que deprimam ou revoltem. O tratamento ideal é "meu filho".

Disciplina e obediência: como pode obter disciplina o professor que não é disciplinado? Essa disciplina inclui: a) obediência aos superiores, aos regulamentos. Não dizer "a diretora já está velha, coitada, está atrasada". Nem "o Departamento mandou fazer isso, mas eu acho errado e não faço"; b) respeito aos colegas – não dizer jamais aos alunos que "o outro professor errou".

Assiduidade e Pontualidade: a) Não faltar à escola "porque está ameaçando chuva" ou porque "mamãe faz anos hoje"; b) Não chegar atrasado constantemente. Não sair de casa "em cima da hora" porque a condução pode atrasar.

Em livro, Encontro de Professores realizado pelo Ministério da Educação e Cultura, em 1962

A Escola, nos dias de hoje, não cuida só de instruir, visa, sobretudo, educar. A educação, portanto, muito depende da personalidade do professor. Não basta que ele saiba muita coisa, é preciso, também, ter boas atitudes e bons hábitos. Nos tempos atuais o Professor é o guia, o orientador, um líder natural na sua comunidade.

Você é um bom professor?
Tem espírito de iniciativa e cooperação?
Zela pela sua saúde?
Cuida da sua aparência?
Procura ser simpático, agradável e atraente?
Mantém-se calmo e paciente?
Faz diariamente seu plano de aula?
É estudioso?
Você está sempre presente em sua Escola e na hora certa?
Acompanha os acontecimentos da vida brasileira?
É amigo dos seus alunos?
Procura fazer de seus alunos trabalhadores úteis ao seu país?

Conhece a família de seus alunos?
Participa dos problemas da comunidade?
Cuida de ajudar na solução desses problemas?

A Lei n.º 2.610 que regulamenta as condições de saúde explicitadas no capítulo referente aos concursos públicos, de 8 de janeiro de 1962

Art. 204 – Na inspeção médica a que se refere o item VII do art. 203 serão considerados inaptos para o exercício do magistério primário, definitiva ou temporariamente, circunstância que a junta médica definirá, os candidatos acometidos de algumas das moléstias ou anomalias abaixo especificadas:

I. estado geral: desenvolvimento físico insuficiente; deformidade evidente do esqueleto; falta de membro, anquilose de uma articulação importante; claudicação notável;

II. sistema orgânico: doenças crônicas do coração e dos vasos com perturbações de compensação: doenças crônicas dos órgãos respiratórios, principalmente a tuberculose pulmonar; doenças crônicas dos órgãos de digestão, exigindo regime e precauções especiais, ou podendo ocasionar complicações graves; doenças crônicas do aparelho genito-urinário, exigindo tratamento especial e precauções higiênicas; doenças do sistema nervoso central; paralisias importantes; crises graves de histeria; epilepsia, doenças mentais; alcoolismo; vícios entorpecentes;

III. doenças gerais e constitucionais: reumatismo com deformidade; anemias graves; tuberculose sob todas as suas formas; sífilis com manifestações contagiantes; bócio columoso e bócio exoftômico; hérnias volumosas;

IV. afecções do ouvido, nariz e garganta: surdez essencial ou sintomática dos dois ouvidos, supuração crônica do ouvido; ozena, laringite crônica, com diminuição do poder vocal; tumores no nariz, de faringe, das cordas vocais; vícios de articulação da palavra;

V. afecções dos olhos: acuidade visual – se o valor funcional dos olhos é pouco mais ou menos igual, a acuidade visual de cada olho, separadamente examinado, não deverá ser inferior a 0,5; depois de corrigidos os vícios de refração, se um dos olhos tem acuidade visual inferior a 0,5 ou não enxerga, o outro deverá ter uma visão corrigida de, ao menos, 0,7; nos casos que exijam o emprego de uma lente corretiva, o poder desta não deve ser superior a oito dioptrias; tumores (à exceção dos pequenos tumores benignos); afecções crônicas do aparelho lacrimal, da íris, do corpo ciliar, da coroide, da retina e do nervo ótico; glaucoma; catarata; estrabismo com diplopia;

VI. afecções da boca e dos dentes: tumores dos maxilares; lábios leporinos; cáries numerosas; bocas desdentadas, desprovidas de aparelhos de prótese;

VII. afecções de pele: de grandes dimensões ou repulsivas ou exigindo tratamentos especiais, prolongados e frequentes;

VIII. moléstias contagiosas: todas as moléstias contagiosas; conforme o caso, apenas durante o período de contágio.

No *Estado de Minas*, Maria da Conceição discursa à Nossa Mestra, em 1962

A nossa mestra adorada
Que aos seus alunos quer bem
Queremos manifestar
Nossa amizade também.

Acreditai boa mestra
Vossos alunos não mentem
Suas palavras refletem
O que no peito eles sentem.

E o que por vós nós sentimos
É amizade verdadeira
A qual sempre guardaremos
Pela nossa vida inteira.

Nesta data tão bonita
Consagrada aos professores,
Nosso afeto e gratidão
Resumidos nestas flores.

No *Estado de Minas*, a Oração da Mestra por Dulce Pimentel Silva, em 14/10/1962

Ajuda-me Senhor, neste momento
Em que me envolvem gestos e ternura,
Dando-me sempre um pouco mais de alento
Para amar tuas jovens criaturas.

Dá-me a força de dar constantemente
Tudo que tenha de elevado na alma;

E torna minha escola integralmente,
Um refúgio de amor, beleza e calma!

Dá-me o dom de esquecer, se nela estou
Que nada sei e também nada sou,
E que fale por mim a Tua voz...

Que cada aluno seja um filho amado
Que um dia partirá. E, abandonado,
Possa ter paz meu coração a sós.

No *Estado de Minas*, mensagem às professoras, feita por Elza de Moura, em 14/10/1962

Cara colega, hoje é o dia, assim ficou convencionado, mas na verdade todos os dias são nossos porque a nossa razão de ser é a criança e a ela pertence todas as horas, todos os dias [...]

Mestra primária que na escala de todo o magistério é a privilegiada; está na base e tem sentido de posse: meus alunos, meus meninos, minha classe! [...]

Nesses momentos penso na superioridade da condição da professora; tudo passa, tudo muda, tudo fica esquecido: os políticos, os gabinetes, os demagogos. Haja crise econômica, haja ambição desenfreada pelo poder, irresponsabilidade de dirigentes, nada, nada abala a escola primária, nada impede que ela funcione.

Aí está a nossa vantagem: nossa firmeza em qualquer situação. A escola permanece acima de tudo, intocável, pura.

Se os nossos políticos, os nossos dirigentes possuíssem a metade do ideal, da responsabilidade da professora primária, as coisas na nossa pátria estariam bem diferentes.

A Portaria n.º 100, de 22 de abril de 1963, prescreve as quarenta e uma atribuições e deveres do professor regente de classe

[Entre elas:]
- acatar as ordens da orientadora de ensino;
- usar de linguagem condigna no trato com os alunos;
- manter boas relações com os alunos, colegas, superiores e pais de alunos;
- fazer, com zelo...;

- manter-se pedagogicamente atualizada lendo novos livros, frequentando cursos, assistindo conferências, etc.;
- vestir-se com propriedade e manter atitude digna dentro da escola;
- cumprir ordens emanadas das autoridades do ensino.

Em livro, Rafael Grisi discorre sobre a didática mínima, em 1963, mas a primeira edição havia sido em 1950

As atitudes físicas do professor:

Não é aconselhável:
- dar aula sentado;
- permanecer longo tempo num mesmo lugar;
- demorar os olhos num aluno ou num setor;
- realizar a lição com o olhar absorto/perdido;
- aproximar-se do aluno chamado para ler;
- chegar atrasado à sala de aula;
- consultar frequentemente o relógio ou sair apressado;
- consultar fichas, apontamentos, apostilas ou lembretes;
- permanecer junto ao aluno que vai responder;
- rabiscar a mesa durante a lição ou pisar fragmentos de giz.

A linguagem do professor

Não é aconselhável:
- dar aula em voz demasiado alta ou demasiado baixa;
- discorrer durante toda a lição na mesma voz;
- falar rapidamente;
- impacientar-se, gritar, proferir palavras de duvidosa nobreza;
- servir-se de frases vulgares e termos de gíria;
- discorrer em estilo rebuscado ou empregar vocabulário inacessível;
- articular mal as palavras, falar com negligência e incorreção;
- deixar passar sem correção o erro gramatical;
- deixar de tomar conhecimento de defeitos e impropriedades.

A disciplina e a autoridade do professor

Não é aconselhável:
- Lançar mão de medidas punitivas: nota zero; censuras violentas; penalidades legais...

Mensagem de Marta Nair Monteiro – Presidente da Associação das Professoras Primárias de Minas Gerais (APPMG) – publicada no *Estado de Minas* de 15/10/1963

Ao professor

Ser professor é estar acima de uma simples profissão: é um eterno dar-se, um constante servir com amor, paciência, abnegação.

Alicerce da sociedade, insubstituível plasmador de caracteres, é no professor primário que repousa todo o futuro de uma nação.

[...]

exaltemos o professor primário, que, de cabeça erguida, continua sua gloriosa luta de arquiteto do futuro...

No *Estado de Minas*, a homenagem do Jaraguá Country Club, em 15/10/1963

Maçã para a professora

Hoje é o dia da minha professora.

Todos os anos, neste dia, levo um presente para a minha professora.

No ano passado foi uma rosa.

Uma rosa vermelha, pois vermelho é a cor predileta da minha professora.

Este ano vou levar para ela uma maçã. Bem vermelhinha. A maçã mais vermelhinha que consegui encontrar.

Os meus colegas também levam presentes para a professora.

Todos gostam dela, como eu gosto.

Ela é meiga, paciente e nos ensina a ler, a escrever, a ter bondade, para ser útil ao Brasil quando a gente for grande.

Por isso vou levar uma maçã para a minha professora. A mais bonita que encontrei.

No *Estado de Minas*, poema de Ismael Ramos das Neves, em 20/10/1963

No dia do professor

> A ti, mestre incansável, neste dia,
> Queremos devotar, de coração,
> Uma simples mensagem de alegria
> Em sinal de profunda gratidão!

O teu verbo tocado de energia
Qual programa de luz e retidão
Desdobra em nossas mentes, cada dia,
A benção luminosa da instrução

Oh! Porta voz austero da verdade
Que nos trazes a flama da esperança
Converte a escola em templo de bondade

De disciplina, fé, amor e luz
E, farás da jovem ou da criança
Um seguidor sincero de Jesus!

No *Estado de Minas*, mensagem da deputada Marta Nair Monteiro, presidente da APPMG, em 15/10/1964

Às Mestras

Na sua missão apostólica de realizar o preceito do MESTRE DIVINO – levar à criança e ao jovem amor, compreensão e ensinamento – encontra o Professor todas as compensações para as agruras, e frustrações da vida...

No *Estado de Minas*, mensagem da União Municipal de Estudantes Secundários em Belo Horizonte (Umes), em 16/10/1964

[...] tal homenagem expressaria a gratidão e a simpatia dos homenageantes, pois os professores merecem, plenamente, a manifestação do nosso apreço e carinho. A eles devemos tudo aquilo que conseguirmos ser no futuro, porque são os obreiros abnegados e vigilantes do edifício da civilização...

No *Estado de Minas*, poema de Maria da Conceição Pinto Ferreira, em 18/10/1964

Professora – Jardineira

Às professoras do Brasil

Escola, jardim florido
Todo cercado de luz
Jardineira, a professora
Inspirada por Jesus.

As florzinhas apresentam
Diversa coloração
E a jardineira lhes dá
A viva cor da instrução.

O extrafino perfume
Da mais fina educação
A jardineira o esparge
Com sua bendita mão.

Ao fim da nobre tarefa
A jardineira gentil
Recebe benção de Deus,
E a gratidão do Brasil.

No *Estado de Minas*, o menino Paulo Henrique M. Costa saúda o dia da professora, em 15/10/1966

Eu gosto muito dela. Ela não é alta e nem muito baixa. Usa óculos. Não é brava, mas um dia me deu 2 em aritmética e fiquei com muita raiva dela. Outro dia tirei 8 e fiz as pazes com ela. Então compreendi que se a gente estudar fica sempre de bem com ela. Ela é boa. Gosto muito dela: Viva a minha professora!

No *Estado de Minas*, mensagem da APPMG às professoras, em 15/10/1966

Professora

Nossa luta foi árdua. Vale o que conquistamos. Maior valorização da classe, reconhecimento do trabalho individual da mestra na formação de gerações e gerações de brasileiros.

Mas existe muito o que fazer ainda. Nesse dia em que se fala de excelência do trabalho da mestra, do carinho que ela devota aos seus alunos, queremos convocá-la a não dormir sobre os louros da vitória, a renovar a luta, participar dos ideais da classe cerrando fileiras em torno de sua Associação.

Foi somente à custa de lutas e unidade que conseguimos chegar até aqui. E a APPMG tem orgulho de ter sempre liderado a classe, representando seus ideais.

No dia da professora, estamos cheios de orgulho pelo que todas as professoras juntas puderam realizar. E deixar patente nossa certeza da consecução de novos feitos.

No *Estado de Minas*, Elza de Moura escreve na coluna Conversa com Crianças, em 16/10/1966

Dia do professor

Meus meninos:

Vocês já pensaram num mundo sem escolas e sem mestres?

É na escola que vocês aprendem a ler. Ler é pensar, e esse milagre se dá na escola. Em geral, e assim deve ser, vocês chegaram aos sete anos sem saber nada de leitura e, dentro de poucos meses, o milagre se deu e estão de livros nas mãos, penetrando na mensagem que os livros transmitem, participando da vida cultural, através da leitura.

Sem escola primária não haveria ensino médio e muito menos o superior. A base de tudo está no grupo escolar.

É um encantamento a escola primária. Nela há vida fervilhante, nela a criança aprende a ser gente, gente no sentido da cidadania, da comunidade.

Um dia estava eu no correio, quando vi uma grande turma de crianças pequenas, de 2ª série, pipilando como passarinhos. Cada criança tinha uma sobrecarta nas mãos, fizeram fila para comprar selos e voltaram para a colagem. Não pude apreciar o resto da cena deliciosa porque tinha pressa. Lá fui pensando: quantos adultos não sabem postar uma correspondência?

Aquelas crianças, guiadas pelas professoras, estavam aprendendo coisas importantes, estavam aprendendo a viver.

Outra turma vai à Prefeitura e fica sabendo a estória dos impostos, o porquê e o para quê da cobrança e já cresce com a atitude de que sonegação é falta de caráter.

Através da escola vocês penetram nos grandes problemas brasileiros como o da educação, de saúde pública, de produção, de transportes, o do reflorestamento e muitos outros. E algum dia, mais tarde, quem sabe?, serão ministros, secretários de Estado, prefeitos, etc. e com plena consciência dos problemas que procurarão revolver.

"Escola é vida" é frase repetida e, de tão repetida, vai perdendo o sentido. Mas é vida mesmo, embora tudo conspire contra ela.

Tudo passa, passam os governos, as gerações se sucedem, mas o mestre está sempre presente, em qualquer circunstância, dentro e fora da escola. Cansado, envelhecido, doente, mas, se fosse necessário, disposto a começar tudo de novo. Glória, pois, ao mestre!

No *Estado de Minas*, Ismael Ramos das Neves saúda as professoras, em 16/10/1966

Escuta-me, Professora!
Professora, Missionária do Bem!

Hoje é teu dia!
Em teu louvor, entoo um cântico de gratidão!
Fui ao jardim e colhi estas singelas rosas, que traduzem todo o respeito e toda a gratidão que te consagro! Recebe-as, portanto!
Ao lado dos meus queridos pais, és tu que plasmas a minha personalidade!
Cada vez que o mundo menospreza os meus ideais de criança cristã, encontro em ti a benção da renovação e da fé, e outra vez estou a sorrir!
Cada palavra tua é como se fosse um raio de sol trazendo o esplendor de um novo dia!
Permite, assim, que eu te enderece hoje esta mensagem simples, porém, tocada de pureza e sinceridade.
Sou ainda muito pequenino, para que te possa compreender todo o devotamento e todo o ideal.
Sei, porém, que sofres e lutas no silêncio, para que eu e meus coleguinhas do Educandário da Esperança recebamos assistência e instrução! Muitas vezes, te percebemos o cansaço, a preocupação íntima, a transparecerem de tua fisionomia. Contudo, o teu acendrado amor ao ideal da Escola sustenta-nos o passo vacilante, e então oramos ao Nosso Pai Celeste, para que nunca te faltem, professora devotada, a inspiração dos gênios tutelares da Humanidade e o vigor dos heróis, que converteram as sombras da ignorância e do vício na floração esplendorosa da Educação!
Sem ti, nosso Educandário não passaria de uma estrutura de cimento armado, sem vida, sem esplendor e sem ideal! És tu que lhe envolves as colunas, de claridade e de alegria!
Ao influxo do teu verbo primoroso e edificante, sentimo-nos tocados por uma luz diferente, e recordamo-nos de Jesus, o Nosso Divino Mestre, quando enunciou aquelas palavras repletas de carinho e de misericórdia: *"Deixai vir a Mim os pequeninos, porque deles é o reino dos Céus"*.
Recebe, por isso, nossa singela homenagem e, juntos, ergamos o pensamento a Deus, Nosso Criador e Pai, suplicando que Ele nos sustente no Ideal sublime da Educação, mas igualmente na glória da Caridade, a

fim de que possamos seguir a Jesus, Mestre dos Mestres, que transformou a Terra inteira na abençoada Escola da Redenção!

No *Estado de Minas*, em 16/10/1966

O dia da mestra

Quando D. Hilda passou pelo pátio, sentiu no ar um doce aroma de Cores e viu sorrisos brejeiros iluminando todas aquelas carinhas, por ali espalhadas, em silenciosas confabulações.

No pátio, já não existiam mais esconderijos para tantos ramos de flores, e as mãos para trás denunciavam tudo.

– Que cheirinho bom por aqui..., falou ela passando em direção à sala de aula.

Todos se entreolharam, em mútuo entendimento. Nunca esperaram tão ansiosamente o toque da sineta. Normalmente, faziam caretas de desagrado ao ouvi-la e retardavam no máximo a entrada na sala de aula.

Hoje, porém, era diferente. Estávamos a 15 de outubro, – era o dia da mestra... O preparo das homenagens havia consumido horas, no viver diário de cada criança que ali, naquele pátio cimentado, esperava, em cócegas, o momento de presentear a professora, de dar-lhe um abraço, um abraço que é ao mesmo tempo dádiva e instrumento de perdão pelos cuidados que sabe ter dado, sempre, à carinhosa mestra.

Afinal, tocou a sineta. Cada qual apanhou seu ramo e pôs-se em fila, em demanda da sala. D. Hilda já os esperava. Sentada à mesa, com o olhar pairando acima das pilhas de cadernos, os dedos trêmulos rolando a caneta na quilha do tinteiro.

As crianças entraram tão caladas e em tal ordem se sentaram que, se as carteiras sentissem, ficariam espantadas com a ausência daquele barulho costumeiro, daquele ritual diário – o bater de seus assentos de madeira.

Ao ver tantas flores, D. Hilda ficou ruborizada pela emoção. Levantou-se e abraçou com o olhar aqueles pequeninos amigos.

As crianças ergueram-se também, empunhando os ramos; alguns estavam sérios, outros pareciam sorrir; porém, se nos fosse dado ler em todos os corações, apenas isto poderia lá estar escrito: "Obrigado, D. Hilda, nós a amamos e lhe somos muito gratos".

Um menino, adiantando-se, pediu licença para falar, agradecendo, pelos companheiros, a dedicação de que eram devedores à estimada mestra, por toda a vida.

Um tanto pálido, retirou do bolso um papel e leu:

> D. Hilda, nós queremos agradecer à senhora a grande dedicação com que nos ensina; o carinho com que nos conduz pelos caminhos do saber. As nossas vidas seriam tristes e sombrias sem as boas mestras, que, anônimas e laboriosas, nos ensinam a encontrar o caminho de nossa inteligência e de nosso coração.
>
> Jamais poderemos esquecer a professora que há quatro anos nos transmite o saber, que será a alegria de toda nossa existência.
>
> D. Hilda, deixe que lhe façamos agora um pedido: se algum dia, ao longo de nossas vidas, nos for dada a satisfação de revê-la, permita que a abracemos, sem constrangimento, pois um abraço será pouco, para conter uma vida inteira de agradecimentos pelos cuidados que ora lhe damos.

D. Hilda abraçou comovida o aluno, e se dispunha a agradecer, proferindo algumas palavras, mas não teve tempo: todos saíram de seus lugares e vieram estreitá-la.

A mesa ficou forrada de flores.

Um suave aroma impregnava o ar, não vinha apenas das flores, mas também daquelas almas puras de crianças...

No *Estado de Minas*, um poema de Lúcia da Glória Marques publicado em 16/10/1966

O mestre e a rosa

> Rosa que desabrocha
> colorindo a natureza.
> Mestre que, educando,
> cobre o mundo de beleza.
> Vidas que não dão mais vida
> para não se ver tristeza.
>
> Nasce a rosa
> cresce o mestre.
>
> Seiva sempre alimentando
> a planta que dá botão.
> Mestre ensinando a ver

o mundo com o coração,
pois nunca negou auxílio
a quem lhe estende a mão.

O perfume é da rosa
a palavra é do mestre.

A flor que é tão bela
sabe ferir o agressor.
Espinhos? São numerosos
na estrada do professor.
Uma fere perfumando
e o outro devolve amor.

A rosa enfeita
a mestre ama.

Quem agora é majestade
das flores? E do jardim?
Se a mestre não tem coroa
como governa assim?
A rosa passa, vem outra.
o mestre nunca tem fim.

A rosa murchou
O mestre ficou.

No *Estado de Minas*, um poema de Onofre Mendes publicado em 16/10/1966

Professora

Qual a estrela que brilha no espaço,
Irradiando o poder de Jesus,
Tal a mestra a levar pelo braço
A criança das trevas à luz.

Quando a aurora sorri no oriente,
E sorrindo desperta a manhã,
Vai a mestra ensinar o inocente,
O valor da doutrina cristã.

Ou no grupo, ou na escola singela,
Ou no campo, no parque ou no lar,
Tem a mestra a expressão sempre bela,
Quando ensina a criança a rezar.

Professora que a todos ensina,
Sem aluno nenhum castigar,

Traz nos olhos a graça divina
E na mente o poder de educar.

E os alunos frequentes à escola,
Recebendo as carícias do bem,
Nunca, nunca andarão de sacola,
Mendigando uma esmola a ninguém.

Recebendo os conselhos amigos
De harmonia, de amor e de paz,
Poderão evitar os perigos
Que a ilusão desta vida nos traz.

Para a mestra que nos dá o ensino,
Enquadrado na prosa ou no verso,
Dentro d'alma entoemos um hino
De louvor ao Senhor do Universo.

E nesse hino de amor e de glória,
Nesse hino entoado a Jesus
Guardaremos da sua memória
Todo um poema de amor e de luz.

Em livro, Combetta discorre o que é ser professor, em 1967

Em resumo, será "maestro" quando:
- for dono de si mesmo;
- revele possuir uma firme personalidade docente;
- possua uma vontade firme;
- mostre ser simpático;
- desperte confiança;
- compreenda a seus alunos;
- expresse opiniões serenas com pureza de linguagem;
- crie recursos didáticos originais;
- transmita valores;
- engendre formas de vida.

Sua vida deve estar a serviço da educação.

Em livro organizado por Eunice Fagundes, as qualidades do professor, em 3ª ed., de 1968

Aparência
asseio / sobriedade / boa postura

Condições físicas
saúde / vitalidade / voz modulada e agradável

Equilíbrio emocional
serenidade / segurança / capacidade de julgamento / coerência de atitudes face a situações diversas / capacidade de aceitar críticas ou oposição

Interesse em educar
prazer no trabalho / bom contato com o aluno, inspirando confiança / interesse pela vida da criança fora da escola, interpretando seu comportamento em classe.

Responsabilidade em educar
• planejamento do seu trabalho em função dos objetivos educacionais;
• aproveitamento de oportunidades para a formação educativa do aluno;
• atendimento com presteza ao regimento.

Em livro, Oscar Marra Perez discorre sobre o ser professor(a) e suas qualidades, em 1968

[...] a mãe é a primeira educadora da criança ainda quando junto a ela atuem sobre a criança todos os demais elementos que a rodeiam...
1. Um sopro de genialidade (Spranger: sopro do espírito) "um sentir-se impelido para a formação de homens, um impulso que pode encher circunstancialmente uma alma com tal força que se converte na vida da vida".
2. A autoformação magisterial.
3. A vocação pedagógica (amor às crianças; inclinação a dar-se aos alunos; tendência a trabalhar para que os mais altos valores iluminem a humanidade a partir da escola...):
a) o eros pedagógico;
b) sentido dos valores;
c) consciência das responsabilidades.

A Pedagogia atual, ao estudar as condições que deve reunir um bom mestre, indica as seguintes:
a) amor à infância, vocação: atração pela educação;
b) inteligência e sensibilidade;

c) sociabilidade e relações humanas: compreensão;
d) saúde, integridade dos sentidos e condições de resistência física e intelectual;
e) estabilidade, equilíbrio emocional;
f) entusiasmo, tato pedagógico e bom humor;
g) probidade magisterial, ideais éticos;
h) conhecimentos culturais e profissionais.

Em livro, Alaíde Lisboa de Oliveira compara o professor de ontem e o professor de hoje, em 1968

O professor de ontem:
• autoritário, dominador, distanciado dos alunos, autoritário (coercitivo), usava mais do monólogo que do diálogo.

O professor de hoje:
• orientador, compreensivo, cordial, colaborador, utiliza da comunicação e do diálogo.

No *Estado de Minas*, homenagem do próprio jornal às professoras, em 15/10/1968

Hoje há mais flores nas escolas.

É ela quem ensina coisas novas, brinca nas horas de recreio, e sempre fala com o mesmo carinho da mamãe: a professora. Por isso as crianças levam flores às escolas.

É a sua maneira de prestar uma homenagem àquela que lhes dedica toda sua vida.

Mas, nas flores e na pureza das crianças, há também a nossa homenagem.

Reconhecimento por esse trabalho anônimo e constante.

Na *Amae Educando*, Prisciliana Duarte de Almeida profere a Oração do Mestre, em outubro de 1968

> Jesus, educador da Humanidade,
> que disseste: "Deixai que os pequeninos
> comigo venham ter".

Ensina-me a formar os paladinos
da Justiça, do bem e da verdade,
ensina-me a ensinar a bem viver.
Com palavras, exemplos e carinho,
dá que eu conduza ao porto desejado
as alminhas em flor!
Que cada coração por mim tocado
tenha o perfume bom do rosmaninho,
onde boceja teu divino amor!

Que eu nunca seja pedra de tropeço
que eu nunca escandalize uma criança,
que eu saiba respeitar seu coração!
Dá-me essa força poderosa e mansa,
esse dom de educar que não tem preço:
talento, esforço, amar, inspiração!

**Na *Amae Educando*, Francisca Camello
faz Canção de Louvor, em outubro de 1968**

Se redimes das trevas primitivas
um olhar de criança, se descobres
para os pés inocentes o caminho,

Se teus lábios sorriem com justiça
ao pequenino ser, e tua vida
é pura doação de quem se entrega

no amor transfigurando os sacrifícios
no mesmo amor que sabe num minuto
mudar homens em Deus e Deus em Homem,

então te sentirás apaziguado
com o mundo inteiro de teu espírito
e com o mundo de todas as crianças.

Orientas a criança e recolhes
para o bem destas Minas que envelhecem
a loura messe dos trigais em flor.
Mestre,
teus gestos já não são despiciendos
pois a luz que germina de teus dedos
é luz que sorrindo salva...

Dos longínquos rincões onde a semente
caiu despercebida, inesperada,
hão de subir vozes das crianças

para louvar gotas que caíram
de teu rosto de pai, de tua alma
onde Deus pôs a vocação de mestre.

E em tua face sentirás as lágrimas
das mães, das muitas mães que consolaste
iluminando os passos de seus filhos...

E então, perceberás que é grande glória
os louvores humildes das crianças
quando cantarem para agradecer-te
a ciranda de suas esperanças.

Na *Amae Educando*, Carta a uma Normalista, em outubro de 1968

Minha Querida

Pois é, Marisa, você foi passando pela vida solfejando modinhas, carregando Roberto Carlos na carteira... [...] Para ser franca com você, afinal somos amigas, eu direi o que a espera. Haverá um punhado de crianças de cores e modelos variados. Você verá os olhos delas, o dia inteiro, fixos em você, decorando os seus menores gestos. Elas lhe farão mil perguntas cada dia e você deve dar-lhes mil respostas – haverá choro se você se esquecer uma única vez. E há que tratar a todas de modo igual. E há que amar a todas com a mesma intensidade. E compreender e justificar e perdoar também. Cada aula que você preparar, não se esqueça, deve ser uma lição de amor. É urgente esta lição de amor fraterno. Ensine seus pequenos a descobrir o outro, o próximo, e a amá-lo e respeitá-lo. Ensine-lhes o diálogo antes do discurso, a poesia antes da prosa. Ensine-lhes a enxergar o mundo puro e simples, para que o mundo lhes seja puro e simples mais tarde.

Não é preciso ter medo: eles aprenderão sim, eles aprenderão tudo. Sabe, Marisa, é preciso lembrar: os livros também dão aulas – ao mestre só compete dar as lições do coração...

Em livro, Alberto del Pozo Pardo discorre sobre as qualidades do professor, em 1969

1. Qualidades pessoais naturais
A idade [...] a juventude oferece ao trabalho entusiasmo, energias e interesse, capacidade de adaptação, facilidade de comunicação com

o educando, apresenta como traços negativos falta de experiência em métodos e saberes, possíveis falhas na disciplina...

O sexo [...] Parece, não obstante, que as mulheres são preferíveis para os primeiros anos...

A boa presença física
Quanto aos traços psíquicos mentais... um nível mental normal ou superior, boa memória, vocação para a docência, amor à infância, entusiasmo pela profissão, controle emocional, aptidão para o desenho e habilidade motriz.
2. Qualidades pessoais: sociabilidade, plasticidade, paciência e perseverança.
3. Qualidades formais: preparação cultural, qualidades didáticas, qualidades de liderança.

Em livro, Lúcia Marques Pinheiro discorre sobre a prática na formação e no aperfeiçoamento do magistério primário, em 1969

1. Responsabilidade profissional: representa para a criança um exemplo vivo dos hábitos e atitudes que pretende desenvolver.
2. Reflexão constante.
3. Busca de aperfeiçoamento.
4. Objetividade.
5. Otimismo, atitude construtiva.
6. Atitude adequada para com a criança.

Em livro, García y García expõem a didática geral, em 1969

Ser professor é possuir uma vida enriquecida e ativa, para enriquecer aos demais, aperfeiçoar-se e tornar-se autônomo para conduzir autonomia.

O professor deve ser o condutor, ajudar aos seus discípulos e sentir-se unido a eles em uma recíproca aspiração aos valores supraindividuais e pelo objetivo comum de realizá-los.

[Qualidades:] Humanidade: compreensão e encarnação pessoal dos valores humanos de inteligência, vontade e simpatia; Justiça: deve animar e orientar... uma certa habilidade didática...

[...] sociabilidade, equilíbrio emocional, energia de caráter, interesses culturais, resistência à fadiga, autêntica vocação para o ensino, preparação especializada, habilitação profissional.

Em livro, Hernandez Ruiz organiza a metodologia geral do ensino, em 1969

[...] o professor, como elemento de toda a instrução, deve ser um observador perspicaz, homem compreensivo, amoroso e paternal: conhecedor, sábio estudioso, organizado e correto...

[...] o educador atuará com a emoção e carinho de quem se projeta em si mesmo e em sua obra, fundado em uma completa informação científica e pedagógica.

O professor é criador.

Apenas o amor corrige [...] expressão que é o nervo que funde o mestre e o aluno. O educador é a pessoa que ama.

[...] Pleno domínio de si mesmo, uma supremacia intelectual, uma estrutura moral imperativa e uma dedicação profissional constante. Amor, austeridade, talento, bem pode ser a trilogia em que descansam as tarefas encomendadas à escola.

O mestre entrega sua vida com reiterado afã e começa a viver no aluno com plenitude gozosa.

Em livro, Anísio Teixeira discorre sobre a educação e o mundo moderno, em 1969

O mestre seria algo como um operador dos recursos tecnológicos modernos... E como intelectual o mestre lembrará muito mais o bibliotecário apaixonado pela sua biblioteca, o conservador de museu apaixonado pelo seu museu, e no sentido mais moderno, o escritor de rádio, de cinema ou de televisão apaixonado pelos seus assuntos, o planejador de exposições científicas, do que o antigo mestre-escola a repetir nas classes um saber já superado.

Os mestres do futuro terão de ser familiares dos métodos e conquistas da ciência e desde a escola primária iniciar a criança e depois o adolescente na arte sempre difícil e hoje extremamente complexa de pensar objetiva e cientificamente, utilizar os conhecimentos que a pesquisa lhe está a trazer constantemente e de escolher e julgar os valores com que há de enriquecer a sua vida neste planeta e no espaço que está em véspera de conquistar.

Reunindo assim funções de preceptor e de sacerdote e profundamente integrado na cultura científica, o mestre do futuro será o sal da terra, capaz de ensinar-nos, a despeito da complexidade e confusão modernas, a arte da vida pessoal em uma sociedade extremamente impessoal.

Na *Amae Educando*, Uma Palavra ao Professor, de Maria Carabeth França, em outubro de 1970

Cara Professora,

Trago-lhe hoje minha mensagem. Uma mensagem que não nasceu da efusão de uma data, mas do nosso dia a dia.
Do muito que você representa em cada minuto do ano letivo.
Você, Professora,
– Estuda. Pesquisa. Cria. Torna-se sábia,
Para nosso aluno.
– Ama. Sofre. Renuncia. Dedica-se,
Ao nosso aluno.
Companheira e amiga,
– Compreende decisões. Critica.
Sugere. Aplaude. Releva falhas.
Você, Professora, esteio e alma das tarefas que empreendemos, escute e sinta: o que dissemos agora é o que gostaríamos de dizer todos os dias.

Na *Amae Educando*, a Missão Cumprida, de Hênio Tavares, em outubro de 1970

Senhor!

Eu, que sem vós, sou fraco e pequenino,
E tremo na incerteza do destino.
Convosco agigantei-me como um forte
E vivo confiante em minha sorte.

A minha estrada na humana lida
Vossa semente fecundou de vida,
Tornando brando todo o meu trabalho
Com as santas gotas do celeste orvalho.

Longe de vós eu divago sozinho
Como uma ave que anseia o ninho;
Se voos altos na existência der,
Ruflaram as asas sob vossa lei

Vós que me destes a nobre missão
De lançar luzes sobre a escuridão,
Seria um cego se, de Vós, o brilho
Faltasse um dia sobre vosso filho!

"Ide e ensinai!" ouvi no coração
O vosso verbo como inspiração,
Para guiar a incauta juventude
Nas sendas do Saber e da Virtude.

Na mocidade, pela vossa luz,
Meu ideal sem vacilar depus,
E o campo fértil florescer na veiga
Desabrochado na divina seiva.

Senhor!
Graças Vos dou com meu sincero ardor,
Se ao fim da marcha pelo vosso amor,
Eu posso, enfim, dizer que minha vida
Vingou na glória da Missão Cumprida!

Notas

(1) As Ursulinas: a educação é missão à domicílio

O século XVI vai assistir e engendrar a criação da Ordem das Ursulinas, na Itália. À frente dessa criação, uma mulher, Angela de Mérici, mas também a Companhia del Divino Amore, uma secreta associação de homens e mulheres, mais tarde santos e santas.

Segundo Teresa Ledóchowska, "as virtudes mais sublimes e mais heroicas floresciam à sombra misteriosa de um segredo jurado e ciumentamente guardado, sob a influência benévola e animadora de mulheres que assumiam uma espécie de maternidade espiritual, surpreendente e refinada". Angela de Mérici concebeu, à revelia da concepção de vida religiosa feminina do século XVI, a ideia de que, mais importante do que a clausura, é o apostolado, a modificação da mentalidade religiosa, um tanto deturpada, a ser feita por suas virgens consagradas. Aos poucos e segundo a disseminação geográfica da companhia, as Casas das Ursulinas foram se transformando em casas de educação.

> Foi sobretudo na França que todas as Ursulinas, de congregação ou enclausuradas, se propuseram desde o início, como fim particular e especifico, o ensino e a educação da juventude de seu sexo, assim como a formação de suas alunas para a vida cristã e devota; para atingirem este objetivo abriram escolas populares e se engajaram a ensinar gratuitamente às meninas a ler, escrever e se exercitar nos trabalhos próprios às mulheres [...]

Já no século XVII, são marco importante as Constituições das Religiosas de Santa Úrsula da Congregação de Paris, 1640, que vão influenciar inclusive as Filles de la Charité na sua orientação pedagógica inicial. As Ursulinas tiveram como uma de suas características os desdobramentos – em nomes, inclusive – de filiação geográfica e patronal. No século XVIII instalaram-se no Brasil as Ursulinas da União Romana (1735). Em Minas Gerais não chegaram a abrir estabelecimentos de ensino ou outros quaisquer.

(2) As filhas da caridade de São Vicente de Paulo: servas de pobres e doentes, mães espirituais: pobres, coitadas e boas

Século XVII. A França é palco privilegiado de questões que atravessam toda a Europa. A Reforma traz, com Lutero e Calvino, a palavra nova. Os protestantes pretendem um cristianismo mais interiorizado, mais pessoal e restaurador dos traços mais autênticos do cristianismo primitivo. Segundo Natalie Davis, na época que antecedeu a Reforma havia uma situação de distanciamento entre os praticantes e a própria religião. As mulheres urbanas estavam separadas dos padres ou mesmo em tensão com eles em virtude da sua curiosidade teológica "[...] o movimento protestante lhes ofereceu uma nova opção: as relações com a ordem clerical podiam ser rompidas, e as mulheres, como os seus maridos (de fato com seus maridos), podiam alinhar-se no trabalho puro e sério de ler e discutir as Escrituras".

A Igreja Católica teve, pois, de lutar para preservar seu lugar. O Concílio de Trento foi o ponto de onde foi emitida a possível e buscada convergência. Talvez em nenhum outro momento a ideia de que catolicismo significa etimologicamente universal tenha estado tão presente. O esforço para integrar o cristianismo na vida cotidiana ao vivido e, por outro lado, para submetê-lo à disciplina e autoridade da Igreja, foi grande e bem-sucedido. Nada disso, no entanto, impedia que se reavivassem antigas doutrinas dos Padres da Igreja (agostinianismo) e as confrontassem com as da recente Idade Média (tomismo) e aquelas que poderiam enfrentar a nova situação do homem no mundo, diante do desafio do Humanismo posto pela Renascença. Homens – e mulheres – exercem lideranças de trabalhos intelectuais de criação e recriação de doutrinas e interpretações. Mme. Acarie, La Belle Acarie, François de Sales, Bérulle, Pascal, Bossuet, Fénelon, Marillac, Vincent de Paul reúnem-se e discutem ideias e posições.

O jansenismo, enquanto doutrina, e as consequências que pode trazer para a prática da vida religiosa (ou não – como é o caso dos libertinos) ocupam o centro das discussões. A uma concepção mística do mundo e do catolicismo, que tem no amor a mola impulsionadora, opõe uma interpretação pessimista. Calvet assim resume:

> O homem é apenas uma doença; incapaz de todo bem sem a Graça, lhe é particularmente impossível viver o ideal cristão em um mundo descristianizado. A vocação essencial do cristão é sair do mundo e uma vez dele separado, atento unicamente à tarefa de sua salvação, em uma solidão em que os interesses temporais não o solicitem mais, ele poderá, no temor do Senhor, entregar toda sua alma ao trabalho da Graça.

A ideia de predestinação irreversível, contida nessa concepção, reforçou a ideia de prazer como móvel da vida humana.

> Os cortesãos e os mundanos estão transtornados desde estas proposições da graça dizendo a todo momento: Ora! Que importa como a gente faz; se tivermos a graça, seremos salvos, se não a tivermos estaremos perdidos. E depois concluem afirmando: Tudo isso não passa de ninharia... Anteriormente a essas questões, quando a Páscoa chegava, ficavam espantados como fundidores de sinos, não sabendo onde se esconder e tendo grandes escrúpulos; presentemente ficam alegres e não pensam mais em confessar-se, dizendo: O que está escrito está escrito. Eis o que os jansenistas realizaram com respeito aos mundanos. (Mme. de Choisy)

Vozes pós-tridentinas marcam também a criação das práticas de piedade coletiva. É preciso reformar o mundo. A assistência obrigatória à missa aos domingos e dias de festas caracteriza por excelência o pertencimento à Igreja Romana. Inicialmente a missa é uma solenidade individual, horas a serem preenchidas com o debulhar dos terços e orações individuais, mas que vai aos poucos se coletivizando. As orações, com as quais se inicia o ofício, são declamadas em comum por todas as pessoas presentes: pelos mortos, pelo papa, pelo rei, e o senhor do lugar, em seguida Padre-Nosso, Ave-Maria, Credo, os mandamentos de Deus e da Igreja e as instruções. Os catecismos preparavam os fiéis para uma crescente adesão à doutrina, à necessária reforma dos costumes e mentalidades e à liturgia, que aos poucos vai sendo modificada, e os missais, com texto em latim e em francês, facilitam a participação dos fiéis.

Catecismo, catequese, catequizar são palavras que se originam do latim eclesiástico e mais anteriormente do grego, e significam fazer espalhar a novidade, ensinar a Palavra. Muitas vezes o catecismo veio associado ao Abecedário, no mesmo livro, um se utilizando do outro. No século XV, no período precedente ao Concílio de Trento, é Jean de Gerson, o teólogo da Universidade de Paris, quem vai inaugurar o ABC ou o alfabeto como introdução à iniciação cristã. Sua influência vai ser enorme durante todo o século XVI. Mais de cinquenta Concílios Provinciais o citam: "Os curas explicarão ao povo, no domingo, os mandamentos de Deus e da Igreja ou darão uma instrução sobre os vícios e as virtudes, ou lerão a tradução em francês do *Livro Tripartite de Gerson*".

As reformas vão apontar outras necessidades e inauguram, com Lutero, a época dos catecismos modernos. O grande catecismo será composto de 140 pequenas páginas e o pequeno, na forma de perguntas-respostas, escrito para as crianças. A mais significativa resposta aos catecismos protestantes veio trazida por Canisius. Todo o sentido da catequese de Canisius será justamente a edificação, a educação do homem cristão, a educação de uma vida de homem sob olhar de Deus. Tal a solidez de suas doutrinas, que foi adotado pelos colégios jesuítas e a decisão de não adotá-lo como catecismo oficial pelo Concílio de Trento deveu-se, apenas, ao fato de que já havia uma decisão de se fazer um. Em 1566 é promulgado o catecismo para os pastores segundo os decretos do Concílio de Trento ou Catecismo Romano, para guiar os padres de uma maneira segura – no meio de tantas doutrinas e decretos – em suas prédicas, sua catequese, seu trabalho pastoral.

O chamado "bispo do Concílio de Trento", Carlos Borromeu, vai desempenhar decisivo papel, inclusive fora de sua diocese, na construção dessa maneira nova de praticar o catolicismo. Sua correspondência, suas Instruções aos Confessores e sobretudo as Atas da Igreja de Milão são difundidas, recopiadas e transpostas para todo lugar; todos os livros de catecismo do século XVII se referirão aos seus regulamentos. Mais do que um doutrinário, será o modelo para pastores, fundadores de congregações e ordens religiosas, criando mesmo uma linha de trabalho para outros bispos, entre os quais se distingue (São) Francisco de Sales.

Na França – seu momento de apogeu será entre 1620-1740 – todo um entusiasmo pela vida mística e profunda desembocará em inúmeras iniciativas apostólicas. É em meio a esse movimento que o catecismo toma corpo, e se organiza em sua forma clássica: instituição, manual, responsáveis, para todas as crianças e para os ignorantes – os que não sabem: "Os pobres se perdem porque não sabem o que é necessário à salvação". Esta convicção, este grito de alarme de Vincent de Paul está na origem de todas as suas realizações. É preciso ensinar: verdades necessárias à salvação; mistérios necessários à salvação. Nessa campanha irão se empenhar Adrien Bourdoise, Jean-Jacques Olier, Jean Eudes, Jules Maunoir, Charles Démia. É absolutamente necessário advertir os pastores de sua obrigação de ensinar o catecismo: é preciso também torná-los capazes, dando-lhes o exemplo, ensinando-os, colocando em suas mãos o manual que os guiará. O catecismo recomendado por Louise de Marillac, por indicação de Vincent de Paul, será o de Bellarmino: "Não há nenhum outro catecismo melhor, Mademoiselle, que este de Bellarmino, e quando nossas irmãs o souberem elas ensinarão o que deve ser ensinado. Catequizar, ensinar. Duas palavras que por muito tempo não se separarão".

Mais tarde, concluído o trabalho do Concílio de Trento, ficava posta a questão de como realizar na vida concreta, material, cotidiana, todos seus desígnios. Disso dependeria o sucesso ou o fracasso dessa Reforma. Uma outra obrigação essencial do católico será a confissão e a comunhão ao menos uma vez por ano, na época da Páscoa (daí a observação de Mme. de Choisy, citada acima). Nos catecismos é acentuada a importância e ensinada a realização do exame de consciência, para o que existem os diretores de consciência e conselheiros espirituais, que preparam para a confissão e para a comunhão, e que têm o direito de se imiscuir na vida dos católicos, mas sobretudo das católicas, dando conselhos e encorajando a busca da perfeição religiosa, que é a única forma possível de tornar-se Homem. A comunhão frequente, em uma missa da paróquia ou da comunidade religiosa, e a confissão, da qual ela é condição quase necessária, tendem assim a tornar-se as principais manifestações da devoção pessoal. A primeira comunhão só tomará importância como um rito de passagem no século XIX.

Com o sacramento, o casamento vai significar tanto o compromisso entre esposos diante de um sacerdote que os abençoa quanto um compromisso deles de não afastarem sua união do seu primeiro, e mais importante, objetivo, que é a procriação. Esse compromisso visa colocar crianças no mundo que serão os filhos de Deus, assim que batizadas. Os últimos sacramentos são, também eles, gestos de dupla significação, pois que de decisão individual se inserem em um contexto coletivo. O recebimento dos sacramentos de penitência, de eucaristia e da extremunção têm por objetivo ajudar o moribundo a ter uma boa morte. Ter um padre junto ao leito de morte é uma necessidade; não o ter pode significar a pior das desventuras.

Ao lado dessas práticas obrigatórias, existe um certo número de práticas de devoção como as congregações, as peregrinações, as missões e obras de caridade, que são coletivas, e de uma maneira geral o chamado à participação é muito forte. Das primeiras são exemplos as congregações marianas (de que nos fala Chatellier), criadas pelos jesuítas no interior de seus colégios. "Ao lado dos homens, os jovens; ao lado dos artesãos, os mercadores, burgueses e algumas vezes nobres e clérigos. Esses 'sodales', como por vezes os chamam, recebem instruções adaptadas ao seu estágio. São-lhes ensinados hábitos de piedade, mas também regras de vida que os marcam visivelmente e que eles transmitem aos que lhes estão próximos."

As missões têm por objetivo renovar o espírito do cristianismo entre os cristãos. Para conseguir isso, os missionários – capuchinhos, lazaristas, jesuítas, por exemplo – organizam cada missão como um drama, no qual eles garantem o *mise en scène* e os habitantes daquela paróquia e de outras vizinhanças serão, ao mesmo tempo, atores e espectadores. Uma missão dura oito dias, quinze ou mais, até que estejam todos bem instruídos e em estado de perfeição para a confissão. Os sermões feitos aos diferentes grupos da população (crianças, mulheres, moças, homens e meninos, trabalhadores, domésticos, etc.) se sucedem segundo horários mais convenientes e textos cuidadosamente preparados. O objetivo é menos convencer que impressionar e emocionar a fim de obter a conversão, além da confissão geral, comunhão, oferendas, ingressos em obras pias, etc. No século XVII o grande criador de novas regras e modos de fazer as missões foi Vincent de Paul. Sua criação, a Congregação das Missões, leva no nome seu principal objetivo e a garantia de homogeneidade no trabalho será garantida, mais uma vez, pela difusão e uso dos manuais que ensinam: "O bom catequista é aquele que não perde ocasião de falar familiarmente dos mistérios de Deus àqueles que os ignoram".

Entre esses bons devem figurar os professores e professoras das escolas já existentes e também de escolas de caridade, frequentemente criadas por ocasião de uma missão e às quais Vincent de Paul envia, ou sugere o envio, das Filhas da Caridade. É nesse ponto de origem, nesse tempo que se cruzam – talvez pela primeira vez, mas para durar – abnegação, amor, caridade, devoção, ensino, mães espirituais, maneiras de ensinar, missão, missionários. As obras piedosas são consideradas como um dos melhores testemunhos de doação e de amor ao próximo e eram praticadas, no século XVII, individualmente ou no seio de uma confraria ou congregação. Tradicionalmente as caridades são sete: dar de comer a quem tem fome e água a quem tem sede, abrigar os peregrinos, visitar os prisioneiros, visitar os doentes, vestir os que estão nus e preparar os mortos. Desde a Bíblia, desde os Evangelhos, desde a Idade Média, a caridade esteve no centro das reflexões, meditações e práticas da Igreja Católica. A caridade, *caritas, carus*, é um amor proveniente da vontade e acompanhado de uma grande estima e apreciação pelo objeto amado, como consta como noção geral e introdutória em Hélyot.

Vários dos "grandes" desse século – mais tarde Santos – tiveram concepções diferentes da caridade. Nas suas palestras às Filhas da Caridade e aos Padres da Missão, Vincent de Paul expõe os motivos de amar a Deus. Entre eles, por exemplo, a vocação do missionário é fazer amar a Deus. "O primeiro e o mais seguro meio de adquirir este amor é pedi-lo a Deus com grande desejo de consegui-lo." Para explicar como se deve amar a Deus, isto é, desejar a sua maior glória e honra, Vincent de Paul definia duas formas de amor: afetivo e efetivo, recorrendo para isso à inspiração de François de Sales em *Tratado do amor de Deus*. Em uma conferência que fez às Filhas da Caridade em 1653, assim se expressa:

"O espírito das Filhas da Caridade é o amor de Nosso Senhor... É preciso que saibam que ele opera de duas maneiras: uma afetiva e outra efetiva. Porque apenas o primeiro não basta, minhas irmãs, é preciso ter os dois. É preciso, do amor afetivo passar ao efetivo, que é o exercício das obras de caridade, o serviço dos pobres, levado com alegria, coragem, constância e amor."

Ainda em Hélyot estão os sentimentos considerados pecados opostos à caridade contra Deus e contra o próximo. O ódio pelo outro agrega inúmeros outros pecados; não menos contrários ao ato interior da caridade fraterna ou à sua manifestação exterior. A inveja, a discórdia, a disputa, a divisão, a querela e a sedição.

Praticar a caridade, lutar contra os pecados. Homens e mulheres se empenham na sua própria salvação, para maior glória e honra de Deus. Paris é uma cidade onde há enorme quantidade de pobres e doentes; há miséria em todos os lugares. Às calamidades naturais acrescentavam-se as políticas, guerras civis e religiosas. Durante a guerra da Fronde houve casos de atrocidades provocadas pela mais absoluta miséria e indigência, como o assassinato de crianças para que sua carne fosse comida. É "fácil" ser caridoso, é preciso ser caridoso. As damas da aristocracia se exercitam nisso. Por várias razões, que veremos adiante, a caridade é uma atividade sobretudo feminina, ainda que dirigida por homens. As mulheres reúnem-se, visitam doentes em suas casas, nos hospitais; fundam pequenas confrarias para melhor organizar esse trabalho e chamam jovens camponesas para ajudar nos trabalhos pesados.

Desse movimento vai surgir a Compagnie des Filles de la Charité de Saint Vincent de Paul, marcada em seu lado feminino por Louise de Marillac e em seu lado masculino por Vincent de Paul.

> [...] a bondade de Deus foi tão grande que ela vos chamou a uma profissão na qual vós não tendes outra coisa a fazer. Se bem que vós sejais moças muito pobres e que por vós mesmas não tendes nenhum meio de fazer o bem, contudo vós o fazeis e podeis fazê-lo incomparavelmente mais que as maiores damas do mundo, já que não é nada fazer o bem, ao preço de se dar a si mesmo e de empregar todos os momentos da sua vida, de expô-la mesmo ao perigo, pelo amor de Deus, servindo aos pobres.

Assim escreveu Louise de Marillac àquelas que eram suas irmãs na fraternidade da caridade.

É preciso fazer um certo percurso com a própria Louise, ao longo de sua vida, para entendermos e chegarmos à formação da companhia. Deixemos Vincent de Paul de lado; ela, a mulher que ela era, nos interessa mais. Louise foi um modelo de mulher? Parece que sim, pois três séculos depois, nos anos cinquenta, ouvi de uma ex-aluna de um colégio dirigido pelas Filhas da Caridade no Brasil: "aí... eu fui ser Luísa". Uma brasileira – quantas mais? –, trezentos anos depois, foi ser Louise de Marillac. Por essa razão, estão transcritos trechos dos muitos "Avis, Conseils, Maximes". Seus discursos. Quem era ela? O que pensava da vida, da maternidade, de paixões e sentimentos? Filha legalmente ilegítima de Louis de Marillac, Louise nasceu em 1591, em Ferrières, França. Essa fase inicial de sua vida é cheia de lacunas, algumas claramente propositais, deixadas por seus biógrafos, outras devidas ao incêndio que teria queimado documentos nos quais seus traços estariam mais claros. A maneira como a estou chamando, filha legalmente ilegítima, se deve à sua situação particular e ao lugar em que eram colocadas pessoas com essa situação na França do Antigo Regime. Situação de filha ilegítima: a sociedade fazia uma grande diferença entre a criança/ o filho/ a filha de pai desconhecido (sobretudo se a mãe a abandonou) e a criança nascida fora do casamento de uma mãe desconhecida e de um pai que a reconheceu e educou. O primeiro é um *enfant trouvé* e permanecerá à margem da sociedade. O segundo é um *fils de son père* privado dos direitos legais da família. Por ser ela vítima dessa condição, o pai de Louise atribui-lhe uma renda de *cent livres* (impossível saber o que isso representa, mesmo se é muito ou pouco) e lhe dá um campo no domínio de Ferrièrres. Quando se casa pela segunda vez toma novas precauções em favor de Louise. Sucintamente: o pai não se casou com sua mãe, que talvez fosse uma criada, casou-se com outra mulher – até com duas –, mas cuidou de alguma forma de sua educação. Louise estará para sempre – e isso fica claro nos seus textos – em busca dessa mãe. Por outro lado essa *servante*, serva, vai reaparecer na maneira como as Filles de la Charité se chamam: "servantes des pauvres et malades". Servas de pobres e doentes.

Aos quatro anos é colocada no Monastère Royal St. Louis em Poissy, ao lado de uma tia-avó, Marillac, como tantos outros que vão aparecendo ao longo de sua vida. Essa religiosa do convento das dominicanas, mulher de sabedoria e de grande devoção que amava as belas artes, sabia o latim e o grego, e podia traduzir em francês elegante ou em verso o ofício da Virgem, teve grande influência sobre a menina, não só sobre sua trajetória intelectual (incomum entre as mulheres dessa época), como também no seu desejo de se tornar religiosa. Ela aprende o latim ("Vós entendeis bem o latim, não vou traduzir", escreveu-lhe um dia Vincent de Paul), faz leituras de romances fortes e poesias com seu pai, e aprende a pintar.

Ela cita, ela mesma, Grenade, um moralista e teólogo espanhol que escreveu o Guia dos Pecadores, conheceu um sucesso durável. Um mestre da mediação implacável, que leva à consciência de si mesma, curva-a aos exames mais exaustivos e impõe as resoluções duras e sábias. Ele prega o amor, mas não o insinua. Outra é a linha de Imitação da Vida que convida docemente a amar e ensina mesmo o vocabulário do amor. Que Louise lê Grenade e a Imitação nós o sabemos por ela mesma. É provável que ela leia também, embora não diga nada, *A Pérola Evangélica* de La Moniale Flammande, que Dom Beaucousin traduziu e se difundia na sociedade devota.

Nessa fase de transição entre a infância e adolescência, pretextando a necessidade de que lidasse com os problemas próprios de sua classe social, seu pai a retira desse mosteiro e a coloca em um orfanato para meninas pobres, que deverão aprender a fazer todos os serviços domésticos, dirigido pela "Demoiselle Pauvre". Entre o conto de fada e a total obscuridade é essa fase – é como ler a história de Cinderela à espera de seu príncipe encantado. E não é mentira. Louise esperava, depois dessa fase, poder tomar votos, fazer-se religiosa, ser noiva de Jesus e havia feito sua opção pelas capuchinhas da rua St. Honoré. Ela escuta os pregadores jesuítas e capuchinhos. Ela reflete e medita. Ela confiará mais tarde à Marguerite Chétif que desde sua infância ela tinha o gosto e a facilidade para a meditação. Ela frequenta as casas religiosas que atraíam os fiéis pela novidade e por seu fervor. Os tempos são os da Contrarreforma: a Europa exala incenso... Mas Padre Honoré de Champigny considerou que ela não tinha saúde suficiente, por isso seu projeto de se tornar religiosa não poderia ser realizado. Essa razão vai ser desmentida ao longo de sua vida, como se verá.

A família, seu tutor e seu tio, o *garde de sceaux* (uma espécie de Ministro do Tesouro), Michel de Marillac, reservam-lhe outro futuro: casar-se. Michel de Marillac deve ter tido, embora não fosse seu tutor, uma grande influência em Louise. Homem fortemente ligado à Igreja e também ao Reino, as qualidades que julgava mais importantes eram: humildade, confiança, conformidade à vontade divina. Seu lema era: "Prever para prover", repetido depois por Louise na organização da companhia.

Assim, a ordem era não cumprir o desejo de se tornar religiosa, os votos prometidos, mas casar-se, com Antoine Le Gras, homem decente, crente a Deus, irrepreensível e caridoso, secretário de ordens de Marie de Médicis, a Rainha. Ela se casa. Não havia como fazer valer sua vontade. Igreja de Saint Gervais a 5 de fevereiro de 1613. Desse casamento, interessante título lhe advém: Mademoiselle Le Gras. Não sendo senhora bastante para ser Madame, fica para sempre Mademoiselle. Vários homens vão decidindo assim a vida de Louise: seu pai, seu tio, François de Sales, Honoré de Champigny, Vincent de Paul.

Marido, um filho, ela. A família Le Gras. Michel nasce, segundo minhas contas, com oito meses, em outubro de 1613. Será sempre um filho problemático e até no seu testamento Louise falará dos cuidados que ele ainda lhe causa. Tal como o ambiente à sua volta exigia, entra para o seminário de St. Nicholas du Chardonnet, com 15 anos. Aos seus 10 anos, Vincent de Paul fala nele sendo mole, preguiçoso, de vontade indecisa e inteligência medíocre. Não entro aqui em empatia com ele, embora valesse a pena. Fico com a mãe; já é bastante.

Mesmo com um marido de qualidades... ou fosse lá o que fosse, Louise não parece estar à vontade nesse casamento. Em 1622 Antoine foi acometido de um mal que parecia incurável. Louise toma isso como um castigo à sua traição aos votos que deveria ter feito. É mais um foco de culpabilização, de autopunição e de subestima.

> Muito santa virgem, mãe de meu Deus, prosternada humildemente a vossos pés, eu vos peço, muito humildemente, perdão pelo que eu deixei toda minha vida de vos prestar, e à humanidade sagrada de Jesus vosso caro filho, a honra e o amor que eu devia. Não me rejeiteis, por favor, como eu mereço; mas pela graça, por vossa caridade habitual, esquecendo minhas faltas recebei a declaração que eu faço, que vós sois o verdadeiro refúgio dos pecadores; e como tal, oh muito santa virgem, cheia de confusão como estou, permiti que eu me lance entre os braços de vossa proteção; suplicando-vos de todo meu coração, pelo amor que vós tendes a meu salvador e vosso, de querer tomar a conduta de minha vida e de me fazer empregar o resto de meus dias segundo sua vontade.

Em 1623 há indicações de que Monsenhor Camus, seu diretor espiritual, dá-lhe o consolo: é preciso "aceitar a muito amável vontade de Deus, que torna tudo amável, e ver na doença de seu marido uma cruz que devia levar com coragem". Mesmo assim, toma uma decisão importantíssima: faz votos de viuvez perpétua. Esses outros votos podem ser – por nós – considerados preventivos, pois só três anos depois o marido morre. Esse parece ter sido um momento crucial na sua vida. Seus escritos, quando se reportam a ele, são angustiados e deprimidos. Entra em crise religiosa e tem dúvidas sobre a imortalidade da alma, vida eterna e coisas que podem ser tomadas, em uma visão superficial, tanto como consequências dessa depressão, como sintomas de uma rebeldia que de alguma forma se manifestará na própria criação da companhia.

"No dia de Pentecostes, estando em Saint-Nicolas-des-Champs, durante a santa missa, em um instante, meu espírito foi esclarecido destas dúvidas: eu fui advertida que devia continuar com o meu marido e que viria um tempo no qual eu estaria em condições de fazer voto de pobreza, castidade e obediência e que eu estaria com pessoas das quais algumas fariam o mesmo [...]."

É nessa fase que entra em sua vida, como seu diretor espiritual, o padre Vincent de Paul.

E como era a vida da Santa, antes de ter-se entregado à Igreja, quando era apenas mãe, esposa, e dama de caridade? Cuidava da criança, se ocupava das domésticas, era ciosa da ordem e da limpeza, exigia que se honrasse a Deus e suas horas de lazer pertenciam aos infelizes aos quais dispensava todo cuidado. Sua caridade com os pobres contrastava com sua dureza com ela mesma. Seu corpo era seu único inimigo: ódios, cilícios, disciplina rigorosa, jejuns, vigílias noturnas – tudo era bom para domá-lo. Longe dela o pensamento de enfeitá-lo para embelezá-lo; ela se vestia sem aparatos, com modéstia e simplicidade. Dizia NÃO às distrações do mundo – esse mundo tão perigoso, do qual a Igreja afasta os religiosos, as religiosas e os jovens internos em colégios que dirige –, preferia as orações e os retiros e nutria avidez por coisas espirituais. "M. Vincent, que se tornou seu diretor espiritual, desempenhava o papel de moderador para acalmar um ardor excessivo, muito excitado; ele impunha as pausas." Essa relação é, como outras entre homens e mulheres que foram tornados santos e santas (ninguém é santo ou santa: é-se tornado santo, tornada santa), de muito erotismo. Sem funcionar no plano propriamente sexual (até onde se sabe, pelo menos), os jogos de excitação e pausas, as correspondências e as formas de tratamento entre eles se tecem de maneira inconfundivelmente erótica.

O que seria mais importante que se dissesse da criação dessa companhia? Talvez repetindo o dicionário:

"A congregação das Filhas de Caridade nasceu em Paris, dia 2 de novembro de 1633, na paróquia de St. Nicholas du Chardonnet, na casa de Louise de Marillac, no atual endereçamento do número 21 da rua Monge. St. Vincente de Paul declara que a humildade, a caridade e a simplicidade são as três virtudes da pequena congregação."

Mas não seria fácil, nessa conjuntura de fatores e de situações sociais, criar uma congregação que bem se desincumbisse de seus propósitos e passasse ao largo das vaidades e vida mundana ou do enclausuramento que caracterizavam os conventos femininos de então, e que efetivamente nada tinham em comum, até mesmo com as características pessoais e de prática religiosa dos dois (amigos?), que já trocavam correspondência sobre como poderia ser uma obra que fugisse a essas características acima descritas. Houve uma saída: as irmãs manteriam suas roupas, simples como as das camponesas, touca em forma de *cornette* – característica das vicentinas, nesse tempo muito mais sóbria, presente como marca da herança camponesa da congregação – e não fariam votos perpétuos; nem véu, nem grade. De seu vocabulário seriam excluídas as palavras em uso entre as religiosas: as superioras não seriam chamadas mães – isso mais tarde mudou –; se diria casa ao invés de convento; os meses de formação seriam como os do seminário e não os do noviciado. E nada de missa especial, elas iriam como os paroquianos, nas igrejas ou capelas dos bairros ou cidades onde trabalhavam.

Para consolidar – nesse momento, formar – vocações, atitudes, hábitos, comportamentos, pensamentos e discursos, o fundador fazia conferências semanais para elas a partir de julho de 1634, sobre suas funções: pobres, doentes e *enfants trouvés*. (Em português seria criança abandonada? Ou criança achada? A língua explicita nesse momento um sentimento e uma política da sociedade em relação a elas, cá e lá?) Sobre os exercícios do dia, sobre as regras comuns e particulares, sobre as virtudes cristãs e as que constituem o espírito da congregação: simplicidade, caridade, humildade e amor ao trabalho; sobre a prática dos sacramentos: confissão e comunhão. Os escândalos, as tentações do desejo. As conferências eram assistidas por muitas, pois os avisos de que elas aconteceriam, dia e hora e o tema eram distribuídos até nos arredores de Paris. O primeiro método adotado foi: uma oração, o início da conferência; as irmãs faziam perguntas, observações e se humilhavam diante de seus pecados.

Para evitar que as tímidas e menos preparadas repetissem sempre o que as outras diziam, Saint Vincent as aconselhou a escrever suas ideias e fazer a leitura depois, mas as irmãs mais embaraçadas eram justamente aquelas que não sabiam escrever. Era preciso ensinar.

A primeira mulher a se preocupar com questões de educação e que depois viria a entrar para a companhia foi Marguerite Naseau. Primeiro com a dela mesmo, depois com a de muitos outros. Faz parte da história fundante da congregação que essa modesta vaqueira saiu a perguntar aos padres e às pessoas com quem se encontrava, nos caminhos do campo, como ler... o que foi aprendendo foi ensinando a outras mulheres. "Uma pobre vaqueira sem instrução, uma boa moça da vila, uma boa moça da roça, uma pobre filha de Suresnes."

Em 1642, nove anos depois de sua morte, uma das conferências foi a ela dedicada. Esses dados estão em P. Coste, que trabalhou e retrabalhou em extensa obra (14 volumes) a correspondência, as conferências, os sermões, etc. de Vincent de Paul.

Pobre, coitada e boa: as qualidades destacadas da primeira professora da companhia. Outras – qualidades e professoras – viriam. Ao lado de "servas de pobres e de doentes", elas iriam, daí para frente, "cuidar das crianças abandonadas". Vários textos do Fundador e outros da Fundadora mostram essa dupla tarefa.

"Ensinar às jovens é um dos dois desígnios pelos quais as senhoras se entregam a Deus: o cuidado dos pobre e doentes e a instrução da juventude principalmente nos campos."

Louise de Marillac pedia às autoridades autorização para abrir escolas: "Ao Senhor des Roches, Chantre de Notre Dame de Paris, suplica muito humildemente Louise de Marillac, viúva de Senhor Le Gras, secretário da Rainha, Mãe do Rei, dizendo que o grande número de pobres que está no Faubourg de Saint-Denis a fez desejar ocupar-se de sua instrução [...]"

Permissão concedida, segundo os usos da época, era afixado um aviso com a seguinte inscrição:

"Aqui temos escolas primárias. Louise de Marillac. Professora que ensina a jovens o serviço (divino), a ler, a escrever e formar as letras e a gramática."

Em várias paróquias, dentro e fora de Paris, elas foram se instalando. Y. Guellier fez bastante bem esse levantamento. Fora da França, na Polônia, a pedido da rainha; em Madagascar – projeto não realizado –, 1650, a pedido dos padres da missão.

Em 1819 um grupo de senhoras devotas portuguesas vão pedir autorização e conseguir a instalação delas em Lisboa para cuidar dos pobres e dar instrução às meninas. Esperando exatamente 200 anos, ouviremos outro lazarista, Dom Viçoso, dizer quase as mesmas palavras ao chamar as Filhas da Caridade para Mariana, Minas Gerais, Brasil, em 1848.

Ao lado desse caráter propriamente religioso e pedagógico, duas características chamam atenção, sobretudo se comparadas ao funcionamento de outras ordens ou congregações femininas no século XVII. Na verdade, duas questões, que requereram habilidade na sua resolução. Uma delas, a da unidade da congregação, que deveria ser mantida onde quer que seus membros estivessem, e a outra, a liberdade para exercer a caridade, que implicava a possibilidade de ir e vir.

A primeira questão foi resolvida em seus estatutos definindo a subordinação das Filhas de Caridade ao Superior dos Padres da Missão e não ao bispo da localidade onde a casa fosse erigida. Essa foi uma das razões da forte contenda, passada a fase mais antirreligiosa da Revolução Francesa, quando foi extinta, entre Napoleão I – que desejava que essa vinculação fosse feita – e a congregação. Tal medida permitiu e garantiu que, por exemplo, a pedagogia criada e implementada no grande centro também o fosse nas periferias.

A segunda questão é interessante. Abstenho-me de fazer aqui uma digressão sobre a situação da mulher e da religiosa no Grand Siècle – sobre esses pontos especificamente C. Dulog e G. Reynes, por exemplo, o fazem – mas é impossível deixar de destacar o quanto essa solução, entre o laicato e a vida religiosa canônica, para a formação de uma congregação, foi uma solução inovadora.

É certo que a fé e a caridade seriam fortes bastante para justificar a participação predominantemente feminina nas obras de caridade, no entanto, embora fossem condição necessária, não eram suficientes para explicar. Na verdade, o campo da caridade era o único no qual as mulheres puderam, força de expressão, reinar. Nele elas achavam "uma saída para suas energias e suas qualidades mal empregadas".

Natalie Davis transcreve o ditado largamente difundido no início da época moderna: "Une beste imparfaicte, sans foi, sans loy, sans crainte, sans constance", que revela todo o desregramento de que se revestiam as mulheres aos olhos do mundo, isto é, dos homens. Esse desregramento estaria fundado na fisiologia, na sua constituição anatômica e fisiológica.

> [...] o sexo feminino era formado por humores frios e úmidos (o masculino era seco e quente), e frialdade e umidade indicavam um temperamento instável, enganoso e falso. Seu ventre, como um animal faminto, quando não era muito bem alimentado pelas relações sexuais ou pela prole, podia sair a vagar pelo corpo, dominando sua fala e sua razão. Se a Virgem Maria estava livre de tal fraqueza, é porque era o vaso sagrado do Senhor. [...] Quais eram os remédios propostos para as desordens femininas? Treinamento religioso para emparelhar as rédeas da modéstia e da humildade; educação seletiva para mostrar à mulher sua obrigação moral sem inflamar sua imaginação indisciplinada ou soltar sua língua em público; trabalho honesto para ocupar suas mãos – e leis e normas que a sujeitassem a seu marido.

Vale a pena recordar aqui o Abecedário Moral do Mestre Trancoso, para as mulheres de Portugal, transcrito por Luiz Alves de Mattos, no seu *Primórdios da Educação no Brasil*:

A – *quer dizer que seja amiga da sua casa*
B – *benquista da vizinhança*
C – *caridosa com os pobres*
D – *devota da Virgem*
E – *entendida no seu oficio*
F – *firme na fé*
G – *guardadeira de sua fazenda*
H – *humilde a seu marido*
I – *inimiga de mexericos*
L – *lial*
M – *mansa*
N – *nobre*
O – *onesta*
P – *prudente*
Q – *quieta*
R – *regrada*
S – *sizuda*
T – *trabalhadeira*
V – *virtuosa*
X – *xã*
Z – *zelosa da honra*

De poucas maneiras eram consideradas as mulheres. Por essa razão também, o protestantismo teve tanta acolhida entre elas. A ele aderindo, teriam acesso a um tipo de cultura e de saber, e mesmo de fala, até então reservado aos homens, apesar do que Lutero dizia:

Ainda que não houvesse alma, ou céu, nem inferno, seria necessário haver escolas para a segurança dos negócios deste mundo, como a história dos gregos e romanos claramente nos ensina. O mundo tem necessidade de homens e mulheres educados, para que os homens possam governar o mais acertadamente e para que as mulheres possam criar convenientemente seus filhos, dirigir os seus criados e os negócios domésticos.

No trabalho da caridade elas achariam "uma saída para suas energias e suas qualidades mal empregadas", pois para ele era preciso senso prático, inteligência, perseverança, seriedade, além de honestidade e probidade. O próprio Vincent de Paul se expressa com confiança à capacidade de lidar com o dinheiro: "Eu posso testemunhar o quanto elas têm de cuidado e fidelidade".

A congregação tinha como superior um homem, que coordenava os trabalhos espirituais e de religião, mas o cotidiano era levado e sustentado pelas mulheres. Além disso – coisa insólita nesses tempos –, essas mulheres tinham toda liberdade de ir e vir. Não é menor isso, em uma sociedade que identificava a mulher a uma criança que deveria ser tutelada pelo pai ou pelo marido, tamanho o grau de imbecilidade considerada inerente à sua natureza. Na própria vida de Louise isso acontece em pelo menos dois momentos. Não está claro que os fundadores considerassem essas mulheres diferentes das outras e inúmeras vezes nos deparamos nos textos de Vincent de Paul, e sobretudo nos de Louise, com expressões tais como: vós sois inseguras ou nós somos incapazes, fracas, débeis, etc. Entre eles, a ideia de debilidade feminina era a mesma da sociedade em geral. Mas é inegável o quanto houve de ousadia. Essa liberdade era exercida não só dentro da cidade, indo aos bairros mais distantes, atendendo a chamados e informações de que havia gente doente entrando na casa das pessoas, circulando onde fosse preciso, mas também fora de Paris, indo para fora da França e fazendo longas viagens dentro do país. É admirável o relato que Louise faz de uma viagem a Nantes, que dura dez dias e exige contatos para pernoites e alimentação junto a pessoas completamente estranhas.

Esses relatos são também manuais de comportamento para aquelas outras que depois deveriam fazer viagens semelhantes. Isso choca e muitas vezes causa reação nas autoridades civis e eclesiásticas das localidades que não querem interferência no seu trabalho e muito estranham aquelas religiosas sem hábitos – apenas com a *cornette*, que ao longo do tempo iria crescer cada vez mais –, sem silêncios excessivos, e sobretudo, sem clausura, andando de cá pra lá com toda a desenvoltura... de um homem. Nesse espírito missionário é que também partem para a Polônia, ainda no século XVII, e depois para a Turquia, Espanha e outros países da Europa. Para a aventura que ainda representa a América do Sul, o Brasil, no século XIX. E aí faz-se necessário darmos um salto sobre o século XVIII, salto que não omite o que então se deu, pois que, ao pousar pés no XIX, pretende-se estar incorporando-o – ainda que enquanto processado histórico e não mais enquanto processo.

PARTI, MINHAS IRMÃS, PARTI...
LEVAI NUMA DAS MÃOS O ARCHOTE DA FÉ
E NA OUTRA, AS CHAMAS DA CARIDADE! PARTI!...

Sem dúvida nenhuma, a forma que teve a companhia desde a sua criação garantiu a sua resistência à destruição que a Revolução Francesa promoveu às abadias, aos conventos, aos mosteiros. No século XIX, o Império vai discreta mas eficazmente, refazendo o quadro. A Igreja considera inquietante a situação religiosa no campo e entre o proletariado operário. Entre a alta burguesia pratica-se a religião por uma espécie de imitação à nobreza que fez isso em algum momento e ainda para reforçar a própria Igreja naquilo que ela poderia representar de salvaguarda social (o fracasso de Duruy na sua tentativa de implantação do ensino leigo para meninas é prova disso). Mas, será uma sociedade mais clerical que crente, em que a religião será mais apreciada e praticada como forma de controle dos "outros" que de si mesma.

O papel desempenhado particularmente pelas Filhas da Caridade no tratamento de pobres e doentes e também a acolhida aos *enfants trouvés* e às meninas do povo fizeram com que saíssem quase fortalecidas desse embate. Já o Recenseamento de 1808 – citado por Claude Langlois – mostra as Filhas da Caridade com 274 casas, 1.532 irmãs, 121 noviças. Mas, de uma maneira geral, o número de congregações femininas cresce de maneira fantástica entre 1808 e 1880: serão 450 casas no fim desse período.

Uma certa feminização da devoção deve muito ao crescimento do culto mariano. E este se popularizou largamente devido às aparições da Virgem a mulheres, mas também à gente do povo, pastores e crianças. Entre as mulheres, Catherine Labouré – que instaura o culto e propicia a difusão da medalha milagrosa, mas permanece escondida até sua morte sob o hábito anônimo de uma Filha da Caridade – e Bernardette Soubirous, mensageira pública da Imaculada Conceição, logo protegida, dela mesma e dos outros, pelo hábito religioso das *Soeurs de Nevers*.

A figura de Maria, mulher, virgem e mãe, mediadora entre o Céu e os homens, metáfora da Igreja, domina a história da devoção desse século; as práticas de devoção, a proclamação de um novo dogma, o da Imaculada Conceição, pelo Papa Pio IX a 8 de dezembro de 1854, esse conjunto de manifestações e aparições (são mais de 21 na segunda metade do século) vão estar no centro da vida espiritual dos católicos. Para além do fenômeno espetacular das aparições, o culto mariano tem outros desdobramentos, apesar das contestações ou das exaltações. Um deles é o lugar que Maria – enquanto mulher – ocupará no imaginário de homens e mulheres, em meio ao feminismo que se expressa de maneira mais forte e combativa. O século XIX vai ver os homens se afastando da Igreja (ou trocando-a pelos negócios), mas as mulheres, no seu conjunto, pelo menos, permanecem fiéis. A Igreja oferece a todos, a partir de agora, Maria, modelo de mulher, virgem pura, mãe devotada. O culto vai desenvolver uma imaginária da "sagrada família" católica, centrada na infância e na maternidade, em que a sexualidade permanece sempre suspeita de pecado.

É o culto mariano que vai contribuir para fixar uma imagem da mulher, em larga margem criada e difundida pela burguesia, para a qual ela só existe no interior da família. A decorrência disso para a educação é clara: desde o século XVII, mães espirituais, amor, caridade, ensino, devoção, abnegação, missão estão ligados. Já então a própria Companhia das Filhas da Caridade elegera a Santa Virgem sua grande mãe e protetora, como mostram os textos de Louise. O movimento religioso do século XIX, ao lado do movimento econômico e político, e os novos rearranjos sociais deles decorrentes, reafirmam o lugar da mulher na educação. Professora, sim, mas sem deixar de fazer da profissão uma extensão dos seus deveres maternais e até matrimoniais. Assim, ser mulher é ser a mulher que repete o modelo de mulher imaculada proposto pela Igreja e que, ao ser modelo ela mesma – o mais próximo do original –, cria as possibilidades de novos modelos serem criados. É uma teia complicada, mas de quase perfeita tessitura... até as *traviattas*, as das óperas ou as da vida real, ajudam a compô-la.

São então vários aspectos os que devem ser considerados ao se falar da vinda das Filhas da Caridade para Minas Gerais em 1849. Já disse que o convite (apelo? chamada? convocação?) para que viessem para Minas foi feito por Dom Viçoso. Sobre ele é indispensável ler-se a tese de Maurilio Camello, da qual reproduzo a apresentação:

> [...] o bispo lazarista já não tinha os interesses especulativos e científicos de seus antecessores no sólio episcopal, homens como Dom Frei Cipriano de São José, que assimilaram a ilustração do século XVIII, trazendo para Minas a demonstração de seu interesse não apenas pelo saber eclesiástico, através dos clássicos da Patrística e da Idade Média, mas também pelo que a Modernidade produzia em termos de ciências físico-biológicas e políticas. É o que se pode constatar ainda hoje na biblioteca episcopal de Mariana, felizmente conservada. A livraria que Dom Viçoso leva para Mariana é bem a de um pastor tridentino, inspirado por condutores de almas como S. Francisco de Sales, S. Vicente de Paulo, Santo Afonso de Ligório e pouco interessado pelos cânones da botânica e da química.

Sobre a situação dos padres e da religião, contraditórias e partidaristas são as versões. Aubert, descrevendo a situação da Igreja Católica na América entre 1846 e 1878, conta:

> [...] a quase totalidade da população aí é nominalmente católica e muitas das constituições até reconhecem o catolicismo como religião do Estado. Mas a realidade é profundamente desconcertante. A grande massa de mestiços e de descendentes dos colonizadores parece mais supersticiosa que cristã [...] A responsabilidade pode ser atribuída às más condições de vida, mas também ao insuficiente quadro do clero. Primeiramente uma insuficiência numérica [...] Grandes contingentes de cristãos se encontram assim impossibilitados de receber os ensinamentos da doutrina cristã, de frequentar o culto e de receber os sacramentos. Essa escassez de recursos espirituais regulares é particularmente nefasta numa sociedade em constante renovação, que não sustenta as sólidas tradições morais ou sociais [...] Esses padres, já pouco numerosos, carecem de devoção, fervor, e de uma maneira geral levam uma vida bastante relaxada.

Sobre esse ponto Waldemar de A. Barbosa, historiador da velha escola mineira, faz um resumo das posições, uma que reafirma esse aspecto da vida dissoluta e aventureira, quase clandestina, porque delituosa, dos padres no século XVIII em Minas Gerais, e outra que busca "fazer justiça" a esses "verdadeiros heróis capazes de todos os sacrifícios". Em João Camilo de Oliveira Torres, também há uma referência à "mundanização do clero", em virtude do regime de Padroado que permitia ao Estado brasileiro nomear para cargos eclesiásticos e da situação de "turbulência" nas Minas do século XVIII: "tudo ajudava a fazer do clero mineiro naqueles tempos um corpo terrivelmente doente". O Bispo Dom Silvério, o biógrafo de Dom Viçoso, tempos depois, diz claramente: *sic populus sic sacerdos* (de tal povo, tais sacerdotes), lembrando Pio IX. Dom Viçoso insere-se, por suas qualidades já citadas, num movimento que pretendia exatamente a reforma dessa situação. Hugo Fragoso bem descreve a situação:

> Da atuação do episcopado brasileiro nesse período, merece destaque especial o que se poderia chamar de movimento de "reforma". Aliás, o esforço para fazer valer na Igreja do Brasil os princípios do Concílio de Trento é mesmo a característica principal da atuação do nosso episcopado no Segundo Império.

> O movimento de Reforma teve como principais promotores uma série de figuras de grandes bispos. Mas estes bispos encontraram, é bem verdade, colaboração valiosíssima nos lazaristas e capuchinhos, de modo especial, juntamente com novos institutos religiosos femininos então advindos ao Brasil. (1980, p. 184)

A primeira carta pastoral de Dom Viçoso, escrita no dia de sua sagração no Rio de Janeiro, em 1844, revela a perspectiva de sua política tridentina e mostra a grande importância que será dada à modificação de hábitos e comportamentos. Estava em jogo a moralização do clero e da sociedade.

Que resta senão que nós outros que estamos constituídos luzes do mundo e sal da terra cooperemos com o Divino Pastor, e sirvamos a todos de modelo...

A luta era política e também religiosa. Não vou entrar nisso aqui; mas ressalto, concordando com Maurílio Camello, que o caráter pedagógico dessa reforma – seja ele expresso em sermões e na forma de fazê-los, seja na reforma do Seminário de Mariana ou na fundação de colégios femininos – e o distanciamento do mundo são pontos de grande destaque da ação de Dom Viçoso em Minas. ...o distanciamento do mundo era a mensagem mais essencial da reforma, traços integrantes do novo perfil do padre, numa forte acentuação do projeto tridentino". E o jansenismo e o concílio já tinham dois séculos... lá na Europa...

Foi assim que o bispo lazarista pretendeu atender ao caráter pedagógico dessa reforma, chamando, como tantas vezes já havia acontecido em outros lugares, as Filhas da Caridade de São Vicente de Paulo. Já se sabia do papel restaurador da ordem que as mulheres podiam desempenhar. Era preciso educar as de aqui, que se prestavam a ser mulheres de padres e que se expunham à prostituição. Na Casa Mãe, nos regulamentos, a ordem era a missão. Ir onde se fazia necessário. Vieram. "Parti, minhas Irmãs, parti. Levai numa das mãos o archote da Fé e na outra as chamas da Caridade". Assim se inicia o "poema-histórico sobre a companhia", publicado na *Revista do Centenário*. Quem as pronunciou, segundo a fonte, foi o mesmo Superior Geral que fez publicar o *Manuel à l'usage...*, reverendo Padre Etienne. Repito o que foi dito a elas nesse manual:

> Colocando em suas mãos este novo manual, que deverá ser, daqui para frente, a regra de vossa conduta na educação das moças, eu vos recomendo de, particularmente, bem estudar e de reler frequentemente a Terceira Parte da obra, que trata das virtudes e qualidades que devem ser encontradas em toda professora (*maîtresse d'école*). As duas primeiras partes são como o corpo da obra; a Terceira é a sua alma. É nela, caras filhas, que extrairão a seiva que fecundará vosso ensino e assegurará os frutos dos cuidados dispensados à juventude. Aí encontrareis o segredo de vossa missão e compreendereis como podereis e devereis ser entre as crianças como focos de luz e de calor divinos, para desenvolver, de uma maneira salutar, suas inteligências e ampliar seus jovens corações iniciando-os na prática das virtudes cristãs. É assim que exercereis, a seu favor, a maternidade espiritual, que é patrimônio de vossa santa vocação e que o Céu vos confia para assegurar sua felicidade no tempo e na eternidade.

Foi-me contado por algumas pessoas a quem entrevistei, e tomo isso então como histórias que se incorporam a todo o imaginário sobre a companhia e sobre a educação, já que não houve "documentos que pudessem me provar", que logo à sua chegada experimentaram muitas dificuldades. Além de uma, naturalmente difícil, travessia de oceano, houve ainda a travessia da Serra do Mar e da Serra da Mantiqueira em lombo de burro (isto é largamente relatado em todas anotações ou Revistas da Companhia ou da Cúria) e a dificuldade de se comunicar por causa da língua. Mais forte do que tudo isso foi a ausência de alunas. Segundo se conta, os pais não queriam colocar suas filhas em escolas, para que não aprendessem a ler e a escrever e pudessem assim mantê-las afastadas de um dos maiores perigos do mundo que era o namoro, ou mesmo o casamento, sem prévia escolha ou consentimento "...para que não escrevessem aos namorados..."

Ciosas de sua responsabilidade para com a sociedade local e afinadas com a política contrarreformista de D. Viçoso, as vicentinas, durante muitos anos, manteriam o regime de internato do colégio, coadjuvante importante nesse distanciamento do mundo imposto às moças e meninas que aí eram "colocadas". Dom Viçoso deu-lhes a sua casa para servir de recolhimento de órfãs e outra vizinha para enfermos e velhas... "No princípio as religiosas francesas não foram aceitas por parte das famílias brasileiras e quase não tinham onde exercer a caridade, conforme o seu instituto. Nem as pobres queriam entregar-lhes suas filhas – escreve Dom Silvério – nem as doentes utilizar-se de seus maternais cuidados..." Em outros lugares, como na Bahia, para onde foram chamadas em 1853, as dificuldades foram ainda maiores. É ainda Riolando Azzi quem conta: "A 28 de fevereiro de 1858 houve uma revolta contra as atividades das irmãs e suas casas foram invadidas... acusadas de jesuitismo..."

Motivo de orgulho, para elas e para a cidade, foi a visita que o Imperador Pedro II e a Imperatriz fizeram ao colégio em 1881, conforme relato de 1882 dos *Anais da Missão*. "Enfim a hora da visita imperial é anunciada às Filhas da Caridade. Elas desejavam e temiam essa honrosa visita. Reconheciam-se tão impróprias para receber um imperador e uma imperatriz." Elas continuavam a se dizer frágeis e impróprias. Pela descrição dessa festa, já que nos faltam documentos, pode-se imaginar o espaço físico em que estão instaladas: capela, sala de visitas, salas de aula, dormitórios, hospital, sala das órfãs, sala da comunidade. As festas promovidas pelo colégio sempre atraíram a cidade e tiveram um papel importante na formação de uma imagem que dele fizeram. Até hoje, em agosto, a cidade para para receber os muitos ônibus que chegam com ex-alunas vindas de diferentes, e às vezes distantes, pontos do país.

É interessante se escutar o que mais tarde, 100 anos, vai dizer a cidade que as acolheu inicialmente com tanta desconfiança. O texto é extraído de *O Germinal*, de 31 de outubro de 1949, jornal de Mariana, fundado em 1905. Na primeira página duas manchetes: "Grandiosas Comemorações do Centenário da Casa da Providência" e "Mensagem Episcopal do Centenário da chegada das Irmãs de Caridade no Brasil".

> Com efeito, do estabelecimento das Irmãs de Caridade neste burgo decorreu o se abrir, na imensidade da então inculta terra mineira, o ciclo luminoso que como chama viva e avassaladora se alastrou a todo Brasil, obra extraordinária, do trabalho fecundo das altruístas missionárias Francesas e de suas não menos operosas sucessoras, sempre dedicadas ao culto do Bem, pela religião e pela Pátria. Sobram, por isso mesmo, motivos para que a veneranda Mariana se tenha orgulhado com a primazia de em seu regaço se haverem plasmado os primeiros laivos de cultura e formação cristã. De fato aí está a benemérita Casa da Providência, que é um atestado eloquente do que podem a tenacidade, o desprendimento, o espírito de sacrifício

educando e instruindo no Colégio, assistindo à miséria e à dor no Hospital, amparando e alimentando os que mal se iniciam na vida no Lactário, agasalhando a velhice desamparada no Asilo e na Vila dos Pobres, enfim tudo socorrendo onde clama o infortúnio. E a vetusta cidade, que com razão se ufana de haver sido a primeira a acolher, na vasta amplidão do Brasil, as Irmãs de Caridade, oriundas da França imortal e guarda avaramente as cinzas do Santo D. Viçoso, soube com felicidade honrar as suas tradições, na grandeza das manifestações espontâneas de reconhecimento e imperecível gratidão [...] São insuficientes as expressões de que é capaz a linguagem humana para descrever o que houve de deslumbramento ao ensejo da comemoração centenária, pois, mais do que as palavras, falaram os sentimentos, brotados do coração da gente marianense, frequente a todos os atos cívico-religiosos, presididos por S. Excia Revma. D. Helvécio Gomes de Oliveira, com justiça cognominado o nome tutelar das comemorações grandiosas e um dos marcos imperecíveis do luminoso itinerário das denodadas Vicentinas, de que foi o primeiro luzeiro o pio Lazarista D. Viçoso.

Assim tudo começou, assim tudo se cruzou. Assim vieram, assim ficaram. Foram formadas, formaram... Preciso dizer? Digo: esta história continua. Esta, essa, aquela, aqueloutra. Aquelas. Aqueloutras.

CAPÍTULO 2
Entre Eros, Narciso e Eco, quem dá a última palavra?

> *[...] com o escolherdes uma especialidade não vos deveis, em benefício de vossa função de professoras secundárias, querer vos entregar à pesquisa que, nas letras, nas artes e nas ciências se aprestam os sábios. Vosso quadro de atividade é outro. Como professoras secundárias, cabe-vos a obra de vulgarização.*
> *[...] para que fabriqueis estátuas perfeitas o suficiente [...]*
> (EVERARDO BACKHEUSER, 1935)

"Eros, mediador, tem a função de interpretar, de transmitir: é como a linguagem". Se na transmissão está Eros, quem é Eros, de que Eros falo?

Conta-se pelo menos de três maneiras a origem de Eros. A primeira inscreve-se na história dos grandes mitos teogônicos e foi contada por Hesíodo:

> [...] no começo, havia a noite (Nyx) e a seu lado Érebo, seu irmão. São as duas faces das Trevas do Mundo; Noite do alto e obscuridade dos Infernos, que coexistem no seio do Caos que é o vazio (Vazio: potência e matriz do mundo). Nyx e Érebo separam-se nesse vazio. Érebo desce e liberta a noite que por sua vez se encurva, torna-se uma imensa esfera, cujas duas metades se separam como um ovo que se quebra: é o nascimento de Eros.[1]

De outra maneira é contada a origens de Eros, em "O Banquete", por Aristófanes. No começo, havia três sexos: o masculino, o feminino e um terceiro feito dos dois, o andrógino. Os andróginos possuíam formas redondas, quatro mãos, quatro pernas, quatro orelhas e uma cabeça. Por tudo isso eram muito fortes e resolveram atacar os deuses, que os castigaram partindo-os em duas partes. É daí que se origina a busca do outro, da outra metade, sempre buscando fazer de dois, um só.

---

[1] Cf. GRIMAL, 1982, p. 25.

A terceira versão está também em "O banquete"² e é Sócrates quem conta. Quando nasceu Afrodite, banqueteavam-se os deuses e lá estava Poros,³ que, após ter-se embriagado com néctar, deitou-se no jardim. Para esmolar as sobras do festim apareceu Penia,⁴ que desejou ter um filho de Poros. Assim deitou-se ao seu lado e concebeu Eros. Para sempre Eros fica sendo servo e companheiro de Afrodite, amante do belo, pois que nasceu no seu aniversário, e por ser filho de Poros e de Penia, esta foi a condição em que ficou. É pobre e está longe de ser delicado e belo como todos pensam; é rude, sujo, descalço, não tem lar, nem abrigo. Mas é também atencioso com tudo que é belo e bom; é corajoso, decidido, audaz; ávido de sabedoria e cheio de recursos, sempre a urdir maquinações, a desejar e adquirir conhecimentos, e a filosofar durante toda sua vida:

> [...] nem imortal é a sua natureza, nem mortal, e, no mesmo dia, ora ele germina e vive, quando enriquece; ora morre e de novo ressuscita, graças à natureza do pai e o que consegue sempre lhe escapa, de modo que nem empobrece, o Amor, nem enriquece, assim como também está no meio da sabedoria e da ignorância. Eis com efeito o que se dá. Nenhum deus filosofa ou deseja ser sábio – pois já é – assim como se alguém mais é sábio, não filosofa. Nem também os ignorantes filosofam ou desejam ser sábios; pois é nisso mesmo que está o difícil da ignorância, no pensar, que não é um homem distinto e gentil e que lhe basta assim (PLATÃO, 1979, p. 35).

Dessa maneira filosofam aqueles que estão entre uns e outros e desses faz parte Eros. A sabedoria é bela e Eros, desde a sua origem, por ser e não ser, por ter e não ter, não é deus (imortal), mas também não é mortal. Seres assim eram os gênios, a quem cabia interpretar e transmitir aos deuses o que vem dos homens e aos homens o que vem dos deuses. Seres assim também eram os heróis – híbridos de mortalidade e imortalidade – que na Grécia antiga inscreviam-se entre os oradores, sábios e dialetas. "A etimologia 'inspirada' de Sócrates permite, assim, estabelecer uma subterrânea ligação entre amor e fala" (PESSANHA. In: NOVAES, 1988, p. 86). Seres assim são aqueles que criam, pois

---

² Utilizo a edição de Os Pensadores (PLATÃO, 1979, p. 7-53), mas preferi continuar chamando os pais de Eros de Poros e Penia ao invés de Recurso e Pobreza, que é o que faz Jorge Paleikat na edição da Editora Globo.

³ Simboliza a riqueza, a abundância, o Recurso ou ainda a atividade.

⁴ Simboliza a pobreza, a falta, precisão.

> [...] "poesia" é algo de múltiplo; pois toda causa de qualquer coisa passar do não-ser ao ser é "poesia", de modo que as confecções de todas as artes são "poesias", e todos os seus artesãos poetas.

[...] apesar de se chamar poesia apenas àquela produção dedicada aos versos e à música:

> E não é só no corpo, mas também na alma os modos, os costumes, as opiniões, desejos, prazeres, aflições, temores, cada um desses afetos jamais permanece o mesmo em cada um de nós, mas uns nascem, outros morrem. Mas ainda mais estranho do que isso é que até as ciências não é só que umas nascem e outras morrem para nós, e jamais somos os mesmos nas ciências, mas ainda cada uma delas sofre a mesma contingência. O que, com efeito, se chama exercitar é como se de nós estivesse saindo a ciência; esquecimento é escape de ciência, e o exercício, introduzindo uma nova lembrança em lugar da que está saindo, salva a ciência, de modo a parecer ser ela mesma. É desse modo que tudo o que mortal se conserva e não pelo fato de absolutamente ser sempre o mesmo, como o que é divino, mas pelo fato de deixar o que parte e envelhece um outro ser novo, tal qual ele mesmo era.[5]

Os que estão fecundados no corpo procuram as mulheres e procriam filhos que levam de si a marca da imortalidade; aqueles que estão fecundados no espírito, chegando o momento de dar à luz e gerar procuram o belo. "Entre estes estão todos os poetas criadores e todos aqueles artesãos que se diz serem inventivos..."

Menos inspirada que a história de Eros, embora também seja uma história de linguagem e de amor, é a de Narciso e Eco.[6]

Liríope, ninfa cujo nome talvez significasse voz macia como um lírio, foi engravidada por Cefiso, rio de insaciável energia sexual, o que banha, o que inunda. A gravidez indesejada deu-lhe um filho assombroso. Sua beleza assustou Liríope, que logo temeu por sua vida, por sua saúde, pois o excesso da beleza poderia arrastar seu menino para a *hybris*, o descomedimento, fazendo-o talvez ultrapassar o *métron*. Némesia, a justiça, sempre

---

[5] "O Banquete" (Platão, 1979, p. 39). (na tradução acima referida ciência é conhecimento e exercício é reflexão).

[6] Basear-me-ei para contar essas histórias em:
BRANDÃO, 1989, v. 11. p. 173 e seg.
GRIMAL, 1986.
CHEVALIER; GHEEBRANT, 1989. MÉNARD, 1985. Todos eles se reportam à *Metamorfoses*, 3, de Ovídio.

estava atenta para punir os infratores. Competir com os deuses em beleza era uma afronta inexoravelmente punida. E Narciso era mais belo que os imortais, que carregavam o peso da eternidade, embriagados de néctar e fartos de ambrosia...

Tentando se prevenir e ao filho amado, Liríope procurou aquele que tem capacidade e visão, Tirésias. Porque era cego, possuía o dom da *mantéia*, da adivinhação. Era um vates, um profeta, dotado de *uaticinium*, do poder de predição. Narciso viveria muitos anos? – *si non se uiderit*, "se ele não se vir"...

As ninfas, que habitavam os campos, os bosques e as águas logo se apaixonaram por Narciso, e ele as desprezava, ele desprezava o amor... Entre elas estava Eco.

Eco é o nome da Ninfa dos bosques e das fontes, e nela a característica principal era uma tagarelice incansável.[7] Ela era a amada de Pan, a quem não amava.

Certa vez, Eco envolveu-se em uma briga de amor entre os deuses. Hera, a mais importante das deusas do Olimpo, filha de Cronos e Réa, esposa de Zeus, andava desconfiada de tantas viagens que este fazia ao mundo dos mortais e, ciumenta, resolveu prendê-lo em casa. Desesperado, Zeus lembrou-se de que Eco podia ajudá-lo. Eco deveria conversar, falar com Hera e distraí-la de sua ausência. A princípio, tudo correu bem, mas a ciumenta Hera, a defensora dos amores legítimos, por fim desconfiou e castigou-a naquilo com que ela estava enganando-a: sua voz, sua falação. A fim de obrigá-la a só contar o que realmente tivesse ouvido, condenou-a a só repetir o que lhe chegasse aos ouvidos. E repetir, não tudo, mas apenas o fragmento final. Falar sim, mas repetindo.

Estando um dia a ninfa ocupada em caçar, viu aquele jovem de grande beleza, Narciso, filho do rio Cefiso. Narciso estava sozinho, pois havia se desgarrado dos amigos com quem também caçava. Mal o viu, Eco apaixonou-se e quis unir-se a ele. Mas a punição que Hera lhe infligira não lhe permitia ser a primeira a falar e, tudo quanto podia

---

[7] É muito bonito o texto de Ruth Silviano Brandão, *Passageiras da Voz Alheia*, "[...] Eco, a ressonante ninfa, é mesmo eco da voz alheia, aí onde ela se perde, estrangeira de seu desejo. Eco é eu alienado, personagem de ilusão, que se engendra no enunciado, onde ela inverte a fala narcísica tornando-a sua. Aí ela se oferece como objeto alheio, sem nunca poder sair desse espelho, que se reflete na superfície do discurso. Eco não sabe o que diz, porque o sujeito da enunciação é um outro a que ela não tem acesso, pois está para sempre perdida nos abismos de seu desejo desconhecido. Consumida de amor, Eco definha, perde seu corpo e torna-se pura voz condenada à maldição de só repetir."

fazer, era falar-lhe se ele lhe falasse. Sequer era uma resposta, pois que repetição do final. É pungente esse diálogo:

> Dos sócios seus na caça extraviado
> Narciso brada: Olá Ninguém me escuta?
> Escuta, lhe responde amante Ninfa.
> Ele pasma: em redor estira os olhos;
> E, não vendo ninguém: Vem cá, lhe grita;
> Convite igual ao seu parte dela.
> Volta-se, nada vê: Por que me foges?
> Clama; Por que me foges, lhe respondem.
> Da mútua voz deluso, insiste ainda:
> Juntemo-nos aqui. Frase mais doce,
> Nem lha espera nem quer; delira, e logo,
> Juntemo-nos aqui, vozeia em ânsias
> De o pôr por obra; da espessura rompe,
> Vem de braços abertos, anelando,
> Tão suspirado objeto, ao fim colhê-lo.
> Ele foge; fugindo, ilude o abraço.
> E antes, diz, morrerei, que amor nos una.
> Ela, imóvel, co'a vista o vai seguindo,
> E, ao que ouviu, só responde: Amor nos una.[8]

Os castigos foram terríveis. A justiça que foi pedida a Nêmesis condenou Narciso a amar um amor impossível. Tirésias profetizara: *si non se uiderit*. Viu-se, e não pôde mais sair de onde se viu: a maldição de Nêmesis foi cumprida.[9] Eco tinha suas próprias ideias e falava muito. Foi castigada tornando-se aquela que não pode falar em primeiro lugar, mas que também não pode calar-se, quando alguém fala com ela, repetindo sempre os últimos sons da voz que lhe chega. Eco definhou de tristeza, até tornar-se aquele rochedo capaz apenas de repetir o que ouvia. O que repetia – Amor nos una – era uma ilusão.

"Serás sempre tu a dizer a última palavra, mas nunca poderás ser a primeira a falar."

---

[8] OVÍDIO (43 a.C.-17 d.C.). *Metamorfoses*, 3, 368-384. Tradução de Antonio Feliciano de Castilho. Rio de Janeiro, Organizações Simões, 1959 (*apud* BRANDÃO, 1989, p. 178).

[9] Não me deterei em Narciso, fartamente estudado por filósofos e por psicanalistas. Lembro o livro de Júlia Kristeva, Histórias de Amor. Em especial, a Parte III: Narciso: a nova demência. E também muito interessante, e relacionado à educação, o cap. 11 de *Freud Anti-Pedagogo*, de Catherine Millot, Narcisismo.

Posfácio

> [...] *eu que sou tudo isso, devo por sina e trágico destino só conhecer e experimentar os ecos de mim, porque não capto o mim propriamente dito.*
> (CLARICE LISPECTOR. *Água Viva*)

E tendo seguido os meios apropriados à consecução de um fim, sinto-me um pouco como o andarilho de Nietzsche (1978, p. 118):

> *Quem chegou, ainda que apenas em certa medida, à liberdade da razão, não pode sentir-se sobre a Terra senão como andarilho – embora não como viajante em direção a um alvo último: pois este não há.*

Tentei, com uma humildade técnica (Humildade como técnica é o seguinte: só se aproximando com humildade da coisa é que ela não escapa totalmente" [LISPECTOR, 1978, p. 21]), capturar as ideias que ao longo da minha prática docente e da minha formação para a docência foram-se esboçando. Para isso, preferi escrever; mas, ao mesmo tempo em que realizava esta escritura, esta capturação, realizava um enorme distanciamento da coisa e da coisa em si, o que me impossibilitava, impossibilitou, concluir. Por isso é que faço um posfácio – "advertência posta no fim de um livro" para o qual não há conclusão possível. Pelo menos para mim mesma, esta obra não significa um ponto de chegada, mas, um novo ponto de partida.

Para as perguntas feitas, para a escritura feita, não há conclusão possível. O que é que nos formou? Eu me perguntava, por que somos assim? Por que dizemos certas coisas, sempre? Por que lutamos para que as coisas sejam assim e não de outra maneira e tem sido tão difícil permitir que sejam de outra maneira? Ou que sejam de maneira diferente da que pensamos determinar que sejam? Somos assim, mas temos que ser assim? O que é que nos formou? Informou; conformou; reformou; deformou; o quê?

Dando aula, eu perguntava, não isso, ou isso e outras coisas de conteúdo, e não só a mim, mas também a elas e a eles, e perguntando eu ficava sabendo. Pesquisando, mas, sobretudo escrevendo, eu ficava sabendo e quando sabia, me perguntava: agora que sei, faço o que do que sei? Escrevo o que em conclusão?

Não concluí, mas me disse como um outro se disse, rejeitando conselhos:

> JOCASTA
> Esquece isso!
> Para que dar ouvido
> a tanto palavrório sem sentido?
> Esquece isso!
>
> ÉDIPO
> Não posso. Eu tenho que saber toda verdade!
> [...]
>
> ÉDIPO
> [...] a mão que golpeou meus olhos
> Não foi a de ninguém, senão a minha:
> que mais pudera eu ver,
> se a vista só me dava desprazer?
> [...]
> Não! E se ainda soubesse de algum meio
> de fazer silêncio nos ouvidos,
> eu vedaria ainda mais por completo
> esta triste carcaça – e me, faria,
> além de cego, inteiramente surdo.
> [...]
> (SÓFOCLES, *Édipo Rei*)

Várias vezes, ao longo desse desvelamento,[1] fui me sentindo assim. Tinha vontade de não ver o que vejo na educação, tinha vontade de não mais ouvir o que os discursos repetem, ainda. Os discursos e sua circulação contínua parecem manter a certeza de que a repetição pode garantir o sucesso do que se repete. Tinha vontade de me manter iludida...

Outras vezes me sentia como a rã da história de Akira Kurosawa (1990, p. 19): [...] uma rã com quatro patas dianteiras e seis traseiras era

---

[1] Desvelar: provocar vigília em; não deixar dormir. Encher-se de zelo; ter muito cuidado; diligenciar [...] Desvelar: tirar o véu a; descobrir; revelar; dar a conhecer [...]

colocada numa caixa revestida de espelhos em suas quatro paredes. O animal, assombrado com a própria aparição a cada ângulo, desfazia-se em suor gordurento. O horror, a repulsa de si.

Sem ilusão, sei que essa história continua. Quisera que continuasse como continua o Andarilho de Nietzsche que...

> [...] quer ver e ter os olhos abertos para tudo o que propriamente se passa no mundo; por isso não pode prender seu coração com demasiada firmeza a nada singular; tem de haver nele próprio algo de errante, que encontra sua alegria na mudança e na transitoriedade. Sem dúvida sobrevêm a um tal homem noites más, em que ele está cansado e encontra fechada a porta da cidade que deveria oferecer-lhe pousada [...] Bem pode ser que isso aconteça às vezes ao andarilho; mas então vêm, como recompensa, as deliciosas manhãs de outras regiões e dias, em que já no alvorecer da luz ele vê, na névoa da montanha, os enxames de musas passarem dançando perto de si [...]

Nota preliminar à bibliografia

Um trabalho não contém apenas aquilo que diz que tem em termos de bibliografia. Toda a trajetória de uma escritura é marcada, indelevelmente, por uma interlocução sem trégua com textos que, aparentemente, nem existem. Não se sabe de quem nem de onde vem tal ideia, mas ela vem e, na nossa pretensão, atribuímos-lhe uma originalidade, certamente, indevida. A Bibliografia que se segue foi, contrariamente ao que se faz, ao que tenho feito, montada *a priori*, isto é, antes de o trabalho ter sido feito. Posteriormente, fui-lhe acrescentando pedaços. Assim, ela não é apenas uma Bibliografia *deste* trabalho, embora o seja também. Sei bastante bem que uma das primeiras coisas que se faz, ao se pegar um texto é conferir suas Referências Bibliográficas, sua Bibliografia, buscando nela apreender o autor e o "espírito" do texto. Seguindo o preceito de E. Carr, que nesta Bibliografia não está citado, "diz-me com quem andas e te direi quem és". Sem o intuito de fazer disso um despiste – de resto totalmente inútil – quis trazer de forma organizada aquilo que, de alguma forma, norteou até aqui, não este trabalho, mas a trajetória de sua autora. Para alguém que diz que prefere ser uma "metamorfose ambulante do que ter uma velha opinião formada sobre tudo", é uma Bibliografia grande e variada. E já, vinte e cinco anos depois, bastante limitada.

É variada e está dividida em quatro partes. A primeira refere-se aos textos que considero terem atuado na minha formação do ponto de vista metodológico e teórico, não importa se ainda praticados ou não mais. A segunda refere-se a textos de educação e aí estão compreendidos os textos de jornais, revistas e livros de didática e outros que compuseram o Texto-criado. A terceira refere-se ao cruzamento do campo do religioso e da educação e aí estão contidos os títulos que me ajudaram a compor o cenário "onde tudo começou": Filhas da Caridade, Contrarreforma, etc. (nota 2 do Capítulo 1). Por último, ainda um quarto agrupamento, por meio do qual pretendi dar uma contribuição àqueles e àquelas que querem seguir o caminho da pesquisa e dos estudos sobre história da educação da mulher.

Bibliografia

PRIMEIRA PARTE: METODOLOGIA

ARIÈS, Philippe. *O tempo da História*. Rio de Janeiro: Francisco Alves, 1989.

BARTHES, Roland. *Aula*. São Paulo: Cultrix, [s.d.].

BARTHES, Roland. *Michelet par lui-même*. Paris: Seuil, 1954.

BARTHES, Roland. *Fragmentos de um discurso amoroso*. Rio de Janeiro: Francisco Alves, 1981.

BARTHES, Roland. *O prazer do texto*. Lisboa: Edições 70, 1983.

BARTHES, Roland. *Mitologias*. São Paulo: Dife1, 1985.

BARTHES, Roland. *O rumor da língua*. São Paulo: Brasiliense, 1988.

BARTHES, Roland; BOUTTES, Jean-Louis. Lugar comum. In: *Enciclopédia Einaudi*. (v. 11: Oral/Escrito. Argumentação.). Lisboa: Imprensa Nacional; Casa da Moeda, 1987.

BARTHES, Roland. *O Sistema da Moda*. Lisboa: Edições 70, 1981.

BAUDELAIRE, Charles. *Meu coração desnudado*. Rio de Janeiro: Nova Fronteira, 1981.

BENJAMIN, Walter. A doutrina das semelhanças. In: _____. *Magia e técnica, arte e política*. Ensaios sobre literatura e história da cultura. São Paulo: Brasiliense, 1985. (Obras Escolhidas, 1).

BENJAMIN, Walter. *Rua de mão única*. São Paulo: Brasiliense, 1987. (Obras Escolhidas, 2).

BERGER, John. *Modos de ver*. São Paulo: Martins Fontes, 1982.

BIRMAN, Joel. *Percursos na história da psicanálise*. Rio de Janeiro: Taurus, 1988.

BERMAN, Marshall. *Tudo que é sólido desmancha no ar*. A aventura da modernidade. São Paulo: Companhia das Letras, 1986.

BISHOP, Elizabeth. *Poemas – Bishop*. São Paulo: Companhia das Letras, 1990.

BOONS, Marie Claire. A instituição como lugares. *Reverso*, Publicação do Círculo Psicanalítico de Minas Gerais, n. 26, mar. 1987.

BORGES, Fábio. A Peste. Perverso. Transmissão: uma questão? Ano XII, n. 28, p. 11.

BOURDIEU, Pierre. Esboço de uma teoria prática. In: ORTIZ, Renato (Org.). *Sociologia*. São Paulo: Ática, 1983.

BOURDIEU, Pierre. *Coisas ditas*. São Paulo: Brasiliense, 1990.

BRANCO, Lúcia Castello; BRANDÃO, Ruth Silviano. *A mulher escrita*. Rio de Janeiro: Casa Maria; LTC, 1989.

BRANDÃO, Junito de Souza. *Mitologia grega*. Petrópolis: Vozes, 1989. v. II.

BRAUDEL, Fernand. *Escritos sobre a história*. São Paulo: Perspectiva, 1978.

BRAUDEL, Fernand. *História e Ciências Sociais*. Lisboa: Presença, 1982.

BRAUDEL, Fernand. *A dinâmica do capitalismo*. Lisboa: Teorema, 1985.

CALDEIRA, Teresa Pires do Rio. A presença do autor e a pós-modernidade em Antropologia. *Novos Estudos*, n. 21, p. 133-157, jul. 1988.

CAMPOS, Augusto de. *Linguaviagem*. São Paulo: Companhia das Letras, 1987.

CARDOSO, Ciro Flamarion. *Ensaios racionalistas*. Rio de Janeiro: Campus, 1988.

CARVALHO, José Murilo de. *A formação das almas*. São Paulo: Companhia das Letras, 1990.

CERTEAU, Michel de. *A escrita da história*. Rio de Janeiro: Forense Universitária, 1982.

CERTEAU, Michel de. *Histoire et psycanalyse entre science et fiction*. Paris: Gallimard, 1987.

CHARTIER, Roger. *A história cultural entre práticas e representações*. Lisboa: Difel, 1988.

CHESNEAUX, Jean. *Hacemos tabla rasa del pasado? A propósito de la historia y de los historiadores*. México: Siglo Veintiuno, 1976.

CRUBELLIER, Maurice. O acontecimento em História Social. A História Social: problemas, fontes e métodos. In: Colóquio da Escola Normal Superior de Saint-Cloud, 1965, Saint-Cloud. Lisboa: Edições Cosmos. 1973.

DARNTON, Robert. *O beijo de Lamourette: mídia, cultura e revolução*. São Paulo: Companhia das Letras, 1990.

DAVIS, Natalie Z. *O retorno de Martin Guerre*. Rio de Janeiro: Paz e Terra, 1987.

DUBY, Georges. *As três ordens ou o imaginário do feudalismo*. Lisboa: Estampa, 1982.

DUBY, Georges (Org.). *Histoire de la vie privée*. Paris: Seuil, 1987.

ELIAS, Norbert. *La civilisation des moeurs*. Paris: Calmann-Lévy, 1973.

ELIAS, Norbert. *La dynamique de l'Occident*. Paris: Calmann-Lévy, 1975.

ELIAS, Norbert. *La société de tour*. Paris: Flammarion, 1985.

ERIBON, Didier. *Michel Foucault*. Paris: Flammarion, 1989.

ESCOBAR, Carlos Henrique de. *Michel Foucault. O dossier*. Rio de Janeiro: Taurus, 1984.

FAZENDA, Ivani. *Metodologia da pesquisa educacional*. São Paulo: Cortez, 1989.

FEBVRE, Lucien. *Combates pela História*. Lisboa: Presença, 1977.

FELMAN, Shoshana. *La folie et la chose littéraire*. Paris: Seuil, 1978.

FERNANDES, Heloisa Rodrigues. *Tempo do desejo*. São Paulo: Brasiliense, 1988.

FOUCAULT, Michel. *História da sexualidade*. Rio de Janeiro: Graal, 1984a. 3 v.

FOUCAULT, Michel. *Microfísica do poder*. 4. ed. Rio de Janeiro: Graal, 1984b.

FOUCAULT, Michel. *Vigiar e punir*. Nascimento da prisão. 3. ed. Petrópolis: Vozes, 1984c.

FOUCAULT, Michel. *A arqueologia do saber*. Rio de Janeiro: Forense Universitária, 1988.

FOUCAULT, Michel. *As palavras e as coisas*. Uma arqueologia das ciências humanas. 4. ed. São Paulo: Martins Fontes, 1987.

FREUD, Sigmund. *Obras completas*. Madrid: Editorial Biblioteca Nueva, 1973. Tomo III (1916-1938).

FREUD, Sigmund. *O futuro de uma ilusão*. Tradução de Renato Zwick. Porto Alegre: L&PM, 2015.

FURET, François. *A oficina da história*. Lisboa: Gradiva, [s.d.].

GADAMER, H.-G. et al. *História e historicidade*. Lisboa: Gradiva, 1988.

GAY, Peter. *Freud para historiadores*. Rio de Janeiro: Paz e Terra, 1989.

GAY, Peter. *O estilo na história*. São Paulo: Companhia das Letras, 1990.

GIDE, André. *Os frutos da terra*. Rio de Janeiro: Nova Fronteira, 1982.

GINZBURG, Carlo. *Mitos, emblemas, sinais*: morfologia e história. São Paulo: Companhia das Letras, 1989.

GOFFMAN, Erving. *Manicômios, prisões e conventos*. São Paulo: Perspectiva, 1961.

GOFFMAN, Erving. *A representação do Eu na vida cotidiana*. Petrópolis: Vozes, 1984.

GRAMSCI, Antonio. *Concepção dialética da história*. 2. ed. Rio de Janeiro: Civilização Brasileira, 1978.

GRIMAL, Pierre. *A mitologia grega*. São Paulo: Brasiliense, 1982.

GRIMAL, Pierre. *Dictionnaire de mythologie grecque et romaine*. 8. ed. Paris: PUF, 1986.

GUATTARI, Félix; ROLNIK, Suely. *Micropolítica: cartografias do desejo*. Petrópolis: Vozes, 1986.

GUIMARÃES, Eduardo (Org.). *História e sentido na linguagem*. São Paulo: Pontes, 1989.

HANSEN, João Adolfo. Alegoria. *Construção e interpretação da metáfora*. 2. ed. São Paulo: Atual, 1987.

HARTOG, François. *Le miroir d'Hérodote*. Essai sur la représentation de l'autre. Paris: Gallimard, 1980.

KOTHE, Flávio R. (Org.). *Walter Benjamin*. São Paulo: Ática, 1985.

KRANTZ, Frederick (Org.). *A outra história: ideologia e protesto popular nos séculos XVII a XIX*. Rio de Janeiro: Jorge Zahar, 1990.

KRISTEVA, Julia. *Histórias de amor*. Rio de Janeiro: Paz e Terra, 1988.

LE GOFF, Jacques. *Reflexões sobre a história*. Lisboa: Setenta, [s.d.].

LE GOFF, Jacques. *Para um novo conceito de Idade Média*. Lisboa: Estampa, 1980.

LE GOFF, Jacques. *Os intelectuais na Idade Média*. 2. ed. Lisboa: Gradiva, 1984.

LE GOFF, Jacques. *O maravilhoso e o quotidiano no ocidente medieval*. Lisboa: Setenta, 1985.

LE GOFF, Jacques. *A história nova*. São Paulo: Martins Fontes, 1990.

LE GOFF, Jacques et al. *História e nova história*. Lisboa: Teorema, 1986.

LISPECTOR, Clarice. *Água viva*. São Paulo: Círculo do Livro, [s. d.].

LISPECTOR, Clarice. Escrever, humildade, técnica. In: _____. *Para não esquecer*. São Paulo: Ática, 1978a.

LISPECTOR, Clarice. *Uma aprendizagem ou o livro dos prazeres*. 6. ed. Rio de Janeiro: J. Olympio, 1978b.

LOPES, Eliane Marta Teixeira. *Colonizador-Colonizado: uma relação educativa no movimento da história*. Belo Horizonte: UFMG, 1985.

MACHADO, Roberto. *Ciência e saber: a trajetória da arqueologia de Michel Foucault*. Rio de Janeiro: Graal, 1981.

MAINGUENEAU, Dominique. *Novas tendências em análise do discurso*. São Paulo: Pontes, 1989.

MANDROU, Robert. *Magistrados e feiticeiros na França do século XVII*. São Paulo: Perspectiva, 1979.

MARX, Karl. *A ideologia alemã*. São Paulo: Martins Fontes, [s.d.].

MÉNARD, René. *Mitologia greco-romana*. São Paulo: Fittipaldi, 1985. v. 1.

NIETZSCHE, Friedrich. Humano, demasiado humano. In: *Obras incompletas*. Seleção de textos de Gerard Lebrun. 2. ed. São Paulo: Abril Cultural, 1978. (Os Pensadores).

NIETZSCHE, Friedrich. *Ecce Homo – como alguém se torna o que é*. São Paulo: Max Limonad, 1985.

NIETZSCHE, Friedrich. *Seconde considération intempestive. De l'utilité et de l' inconvenient des études historiques pour la vie*. Paris: Flammarion, 1988.

NORA, Pierre. *Les lieux de mémoire*. La République. Paris: Gallimard, 1984.

ORLANDI, Eni P. *A linguagem e seu funcionamento: as formas do discurso*. São Paulo: Brasiliense, 1983.

ORLANDI, Eni P. (Org.). *Palavra, fé, poder*. São Paulo: Pontes, 1987.

PESSOA, Fernando. *Obra poética*. Rio de Janeiro: GB; Companhia Aguilar, 1965.

PLATÃO. *Diálogos*. 2. ed. São Paulo: Abril Cultural, 1979. (Os Pensadores).

POE, Edgar Allan. *Poemas e ensaios*. Rio de Janeiro: Globo, 1985.

PIMENTA, Arlindo. Trans(missão) e Trans(formação) em Psicanálise. *Reverso*, Publicação do Círculo Psicanalítico de Minas Gerais, ano XII, n. 28, 1988.

RAGO, Margareth. *Do cabaré ao lar*. Rio de Janeiro: Paz e Terra, 1986.

RICOEUR, Paul. *Temps et récit*. Paris: Seuil, 1986.

RICOEUR, Paul. *Interpretação e ideologias*. Rio de Janeiro: Francisco Alves, 1988.

RIEDEL, Dirce Cortês. *Narrativa – Ficção & História*. Rio de Janeiro: Imago, 1988.

ROLNIK, Suely. *Cartografia sentimental: transformações contemporâneas do desejo*. São Paulo: Estação Liberdade, 1989.

ROMANO, Ruggiero (Org.). *Memória – História*. In: Enciclopédia Einaudi. Lisboa: Imprensa Nacional; Casa da Moeda, 1984.

ROMANO, Ruggiero (Org.). *Oral/escrito*. Argumentação. In: Enciclopédia Einaudi. Lisboa: Imprensa Nacional; Casa da Moeda, 1987.

ROSA, João Guimarães. *Grande sertão: veredas*. Rio de Janeiro: J. Olympio, 1965.

SAHLINS, Marshall. *Ilhas de história*. Rio de Janeiro: Jorge Zahar, 1990.

SANTIAGO, Silviano. *Nas malhas da letra*. São Paulo: Companhia das Letras, 1989.

SCHAFF, Adam. *História e verdade*. São Paulo: Martins Fontes, 1978.

SCHNEIDER, Michel. *Ladrões de palavras*: ensaio sobre plágio, a psicanálise e o pensamento. Campinas: Unicamp, 1990.

SCHORSKE, Carl. *Viena fin-de-siècle – Política e cultura*. São Paulo: Companhia das Letras; Unicamp, 1988.

SENNETT, Richard. *O declínio do homem público*: as tiranias da intimidade. São Paulo: Companhia das Letras, 1988. Partes 3 e 4.

SILVA, Marcos A. da. *República em migalhas – História regional e local*. São Paulo: Marco Zero, 1990.

SILVA, Maria Beatriz Nizza da. *Cultura no Brasil Colônia*. São Paulo: Vozes, 1981.

SÓFOCLES. *Édipo Rei*. São Paulo: Abril Cultural, 1976.

STEVENSON, Robert Louis. *Essais sur l'art de la fiction*. Paris: La Table Ronde, 1988.

VALÉRY, Paul. Carta a Mallarmé. In: CAMPOS, Augusto. *Linguaviagem*. São Paulo: Companhia das Letras, 1987.

VEYNE, Paul. *Como se escribe la historia – Ensayo de Epistemología*. Madrid: Fragua, 1972.

VEYNE, Paul. *O inventário das diferenças – história e sociologia*. São Paulo: Brasiliense, 1983.

VOVELLE, Michel. *La mentalité révolutionnaire*. Société et mentalités sous la Révolution Française. Paris: Messidor, 1985.

VOVELLE, Michel. *Ideologias e mentalidades*. São Paulo: Brasiliense, 1987.

WILSON, Edmund. *Rumo à estação Finlândia: escritores e atores da história*. São Paulo: Companhia das Letras, 1986.

Revistas

Annales de Histoire, Sciences Sociales (EHESS)

Estudos Históricos (Associação de Pesquisa e Documentação Histórica – FGV – RJ)

Le Débat

Le Magazine Littéraire

Revista Brasileira de História (Anpuh)
Revista do Departamento de História (UFMG)
RH – Revista de História (Unicamp)

Dicionários

ACADEMIA BRASILEIRA DE LETRAS. *Vocabulário Ortográfico da Língua Portuguesa*. Rio de Janeiro: Bloch, 1981.

AUGÉ, Claude; AUGÉ, Paul. *Nouveau Petit Larousse Illustré*. Paris: Librairie Larousse, 1952.

BRUGGER, Walter. *Dicionário de Filosofia*. São Paulo: EPU, 1977.

CHEVALIER, Jean; GHEERBRANT, Alain. *Dicionário de símbolos: mitos, sonhos, costumes, gestos, formas, figuras, cores, números*. Rio de Janeiro: J. Olympio, 1988.

CRYSTAL, D. *Dicionário de Linguística e Fonética*. São Paulo: Jorge Zahar, 1988.

CUNHA, Antônio Geraldo da. *Dicionário Etimológico Nova Fronteira da Língua Portuguesa*. Rio de Janeiro: Nova Fronteira, 1982.

BUARQUE DE HOLANDA, Aurélio Ferreira. *Novo Dicionário da Língua Portuguesa*. 1. ed. 2. imp. Rio de Janeiro: Nova Fronteira, [s.d.].

MINISTÉRIO DA EDUCAÇÃO E CULTURA. *Dicionário Escolar Latino-português*. São Paulo, 1956.

NASCENTES, Antenor. *Dicionário de Sinônimos*. Rio de Janeiro: Nova Fronteira, 1981.

ROBERT, Paul. *Le Petit Robert – Dictionnaire alphabétique et analogique de la langue française*. Paris: Le Robert, 1986.

SPITZER, Carlos S. J. Diccionario Analogico da Lingua Portugueza. Porto Alegre: Globo, 1936.

SEGUNDA PARTE: OS DISCURSOS DA E SOBRE A EDUCAÇÃO

ABRAMOVICH, Fanny. *O professor não duvida! Duvida?* São Paulo: Summus, 1990.

ABRANCHES, Helena L.; SALGADO, Esther P. *Meu tesouro: 1ª série primária*. 23. ed. Rio de Janeiro: Ferreira de Mattos, 1957. 155 p.

ABRANCHES, Helena L.; SALGADO, Esther P. *Meu tesouro: 2ª série primária*. 25. ed. Rio de Janeiro: Companhia Brasileira de Artes Gráficas, 1958. 222 p.

ADÃO, Áurea. *O estatuto sócio-profissional do professor primário em Portugal (1901-1951)*. Oeiras: Calouste Gulbenkian, 1984.

ALMEIDA, Filocelina da Costa Matos. *Ciência e arte de educar*. Belo Horizonte: UPC, 1955. 311 p.

ALMEIDA, Guido de. *O professor que não ensina*. São Paulo: Summus, 1986. 158 p.

ALMEIDA, José Ricardo Pires de. *História da instrução pública no Brasil, 1500- 1889*. São Paulo: Educ; Brasília: Inep/MEC, 1989. 365 p.

ALMEIDA JÚNIOR, A. *A escola pitoresca*. 2. ed. São Paulo: Nacional, 1951. 514 p.

APPLE, Michael W. *Ideologia e currículo*. São Paulo: Brasiliense, 1982.

AZEVEDO, Fernando de. *As universidades no mundo de amanhã*. São Paulo: Nacional, 1947. 284 p.

AZEVEDO, Fernando de. *A educação e seus problemas*. São Paulo: Nacional, 1958.

AYALA ALARCÓ, R. Ángel. *Formación de selectos*. Buenos Aires: Poblet, 1941. 450 p.

BACKHEUSER, Everardo. *Técnica da pedagogia moderna: teoria e prática da Escola Nova*. 2. ed. Rio de Janeiro: Civilização Brasileira, [s.d.]. 311 p.

BACKHEUSER, Everardo. *O Professor* (ensinar é um prazer). Rio de Janeiro: Agir, 1946.

BACKHEUSER, Everardo. *Manual de pedagogia moderna*. 2. ed. Porto Alegre: Globo, 1958. 409 p.

BATISTA, Antônio Augusto Gomes. *Aula de português: discurso, conhecimento e escola*. Belo Horizonte: UFMG, 1990. Dissertação (Mestrado em Educação) – Faculdade de Educação, Universidade Federal de Minas Gerais, Belo Horizonte, 1990.

BAUNARD, Mgr. *Le collège chrétien, instructions dominicales: Dieu dans l'école*. 10. ed. Paris: Poussielgue, 1896.

BELLO, Ruy de Ayres. *Filosofia pedagógica*. 2. ed. Porto Alegre: Globo, 1954. 216 p.

BELLO, Ruy de Ayres. *Princípios e normas de administração escolar*. Porto Alegre: Globo, 1956. 283 p.

BRASIL. Ministério da Educação e Cultura. *A escola*. São Paulo: MEC/Melhoramentos, 1962. 48 p.

BREJON, Moysés. *Estágios: licenciatura, pedagogia, magistério de 1° e 2° graus, cursos normais*. São Paulo: Pioneira, 1974. 157 p.

CAMELLO, Maurílio José de O. *Dom Antonio Ferreira Viçoso e a Reforma do Clero em Minas Gerais no século XIX*. São Paulo: USP, 1986. Tese (Doutorado em História Social) – Departamento de História da Faculdade de Filosofia, Letras e Ciências Humanas, Universidade de São Paulo, São Paulo, 1986.

CAMPOS, Maria dos Reis. *Escola moderna – conceitos e práticas*. Rio de Janeiro: Fernandes & Rohe, 1932. 284 p.

CANDAU, Vera Maria (Org.). *A didática em questão*. 5. ed. Petrópolis: Vozes, 1986. 114 p.

CASASANTA, Mario. *Dom Bosco educador; um mestre velho da escola nova*. Niterói: Escolas Profissionais Salesianas, 1934. 139 p.

CHARMOT, F. *La pédagogie des jésuites: ses principes, son actualité*. Paris: Spes, 1951. 574 p.

CODE Soleil. [S.I.: s. n.], 1936, 1975.

COMBETTA, Oscar Carlos. *Prática de la enseñanza en la didáctica moderna*. 3. ed. Buenos Aires: Losada, 1973. 294 p.

COMÉNIO, João Amós. *Didáctica magna. Tratado da arte universal de ensinar tudo a todos*. 3. ed. Lisboa: Calouste Gulbenkian, 1957.

CONFERÊNCIA GERAL DO EPISCOPADO LATINO-AMERICANO, 3., 1980, São Paulo. *A evangelização no presente e no futuro da América Latina.* São Paulo: Loyola, 1980. 363 p.

COSTA, Firmino. *A educação popular.* Conferência realizada no festival que se fez no Theatro Municipal de Bello Horizonte, em benefício da Caixa Escolar "Dr. Estevam Pinto", do Grupo "Barão do Rio Branco". Belo Horizonte: Imprensa Oficial, 1918.

COSTA, Jurandir Freire. *Ordem médica e norma familiar.* 2. ed. Rio de Janeiro: Graal, 1983.

CRONKHITE, Bernice Brown. *A Handbook for College Teachers: an Informal Guide.* 2. ed. Cambridge: Harward University, 1951. 272 p.

CUNHA, Maria Isabel da. A relação professor-aluno. In: VEIGA, Ilma Passos Alencastro (Coord.). *Repensando a didática.* Campinas: Papirus, 1988. v. 9, p. 145-157.

CUNHA, Maria Isabel da. *O bom professor e sua prática.* Campinas: Papirus, 1989.

D'ÁVILA, Antônio. *Práticas escolares, de acordo com o programa de prática do ensino do curso normal e com a orientação do ensino primário.* 7. ed. São Paulo: Saraiva, 1955. 3 v.

D'ÁVILA, Antônio. *O tesouro da criança: 2ª série.* São Paulo: Nacional, 1957. 111 p.

DELHOME, D.; GAULT, N.; GONTHIER, J. *Les premières institutrices laïques.* Paris: Mercure de France, 1980.

DOTTRENS, Robert. *Hay que cambiar de educación.* Buenos Aires: Kapelusz, 1947. 248 p.

DOTTRENS, Robert *et al. Eduquer et instruire.* Paris: Nathan, Unesco, 1966. 367 p.

DUBY, Georges. *As três ordens ou o imaginário do feudalismo.* Lisboa: Estampa, 1982.

DUPANLOUP, Mgr. *De l'education.* 18. ed. Paris: Pierre Téqui, 1928. 3 v.

DURKHEIM, Émile. *Educação e sociologia.* 6. ed. São Paulo: Melhoramentos, 1965.

ENGUITA, Mariano Fernandez. *A face oculta da escola, educação e trabalho no capitalismo.* Porto Alegre: Artes Médicas, 1989.

FAGUNDES, Eunice Mendes (Coord.). *Organização e funcionamento da escola primária, introdução a prática de ensino.* 3. ed. Rio de Janeiro: Ao Livro Técnico, 1968.

FAZENDA, Ivani C. A. *et al. Um desafio para a didática; experiências, vivências, pesquisas.* São Paulo: Loyola, 1988.

FERACINE, Luiz. *O professor como agente de mudança social.* São Paulo: EPU, 1990.

FERRE, André. *Morale professionnelle de l'instiluleur, programme des écoles normales.* Paris: Sudel, [s.d.].

FONTOURA, Afro do Amaral. *Didática geral.* 2. ed. Rio de Janeiro: Aurora, 1963. 527 p.

FRANCA, Leonel. *O método pedagógico dos jesuítas; o "Ratio Studiorum":* introdução e tradução. Rio de Janeiro: Agir, 1952. 236 p.

FREINET, Célestin. *Técnicas Freinet de la escuela moderna.* 6. ed. México: Vox, 1975. 145 p.

GALINO, Angeles (Org.). *Textos pedagógicos hispanoamericanos*. Madrid: Saez, 1968. 1872 p.

GARCÍA Y GARCÍA, Matilde. *Didáctica general*. Madrid: Torroba, 1969. 255 p.

GHIRALDELLI, Paulo. *História da Educação*. São Paulo: Cortez, 1990. (Coleção Magistério 2º Grau. Série Formação do Professor).

GOEBEL, Edmund. *A Study of Catholic Secondary Education During the Colonial Period Up to the First Plenary Council of Baltimore*, 1852. Nova York: Benziger Brothers, 1937. 269 p.

GONÇALVES, Romanda. *Didática geral*. 7. ed. Rio de Janeiro: Freitas Bastos, 1970. 301 p.

GÖETLER, Josef. *Pedagogia sistemática*. 4. ed. Barcelona: Herder, 1967. 450 p.

GRISI, Rafael. *Uma história e depois... outras*: 4º grau. 16. ed. São Paulo: Ed. do Brasil. 1956. 238 p.

GRISI, Rafael. *Didática mínima*. 5. ed. São Paulo: Nacional, 1963. 117 p.

GUERRERO, Eustáquio. *Fundamentos de pedagogía cristiana*. Buenos Aires: Poblet, 1947. 399 p.

HERNÁNDEZ RUIZ, Santiago (Org.). *Metodología general de la ensenãnza*. México: Hispano Americana, 1989. 340 p.

HIGHET, Gilbert. *A arte de ensinar*. São Paulo: Melhoramentos, 1957. 275 p.

HOORNAERT, Eduardo. *Formação do catolicismo brasileiro*: 1550–1800. Petrópolis: Vozes, 1974. 140 p.

HOORNAERT, Eduardo et al. *História da Igreja no Brasil*. Petrópolis: Vozes, 1977. 2 v.

HOVRE, F. de *Pedagogos y pedagogía del catolicismo*. Buenos Aires: Poblet, 1948. 542 p.

HUBERT, René. *Traité de pédagogie génerale*. 3. ed. Paris: PUF, 1952. 687 p.

HUBERT, René. *História da Pedagogia*. 2. ed. São Paulo: Nacional, 1967.

HUBERT, René; GOURNIER II. *Manuel élementaire de pédagogie génerale*. Paris: Delalain, [s.d.]. 344 p.

IBARRA PÉREZ, Oscar. *Didáctica moderna*. 2. ed. Madrid: Aguilar, 1968. 309 p.

JOÃO XXIII (Papa). *As encíclicas sociais de João XXIII*. Rio de Janeiro: J. Olympio, 1963. 2 v.

KERGOMARD, Pauline; BRÈS, Henriette-Suzanne. *Guia prático de pedagogia experimental*. Rio de Janeiro: F. Briguiet, 1930. 421 p.

KERSCHENSTEINER, Georg. *A alma do educador e o problema da formação do professor*. Tradução da 3ª edição alemã de Zoran Ninitch. Rio de Janeiro: Atlântida, 1934. 143 p.

KLAUSMEIER, Herbert et al. *Ensinando na escola primária*. São Paulo: Fundo de Cultura, [s.d.]. 366 p.

KUROSAWA, Akira. *Relato autobiográfico*. São Paulo: Estação Liberdade, 1990.

LEIF, J.; RUSTIN, G. *Pedagogia geral, pelo estudo das doutrinas pedagógicas*. São Paulo: Nacional, 1960. 439 p.

LEMBO, John M. *Por que falham os professores*. São Paulo: EPU/Edusp, 1975. 123 p.

LEMUS, Luis Arturo. *Pedagogía: temas fundamentales*. Buenos Aires: Kapelusz, 1969. 348 p.

LES ENSEIGNEMENTS PONTIFICAUX. *L'Éducation. Présentation et Tables par les Moines de Solesmes*. Bélgica: Desclée & Cie., 1960.

LIMA, Noraldino. *O momento pedagógico*. Belo Horizonte: Imprensa Oficial, 1934. 253 p.

LOPES, Eliane Marta Teixeira. *Origens da educação pública*. São Paulo: Loyola, 1981.

LUZURIAGA, Lorenzo. *Pedagogia*. 3. ed. São Paulo: Nacional, 1961. 351 p.

MANUEL a l'usage des Filles de la Charité employées aux écoles, ouvroirs, etc. Paris: Adrien Le Clere, 1866.

MARCOZZI, A. M.; DORNELLES, L. W.; REGO, M. B. *Ensinando à criança; guia para o professor primário*. 2. ed. Rio de Janeiro: Ao Livro Técnico, 1970. 320 p.

MARIQUE, Pierre J. *History of Christian Education*. Nova York: Fordham University Press, 1924. 3 v.

MARTINS, José do Prado. *Didática geral: fundamentos, planejamento, metodologia, avaliação*. São Paulo: Atlas, 1985. 238 p.

MATTOS, Luiz Alves de. *Primórdios da educação no Brasil: o período heroico 1549 a 1570*. Rio de Janeiro: Aurora, 1958. 306 p.

MATTOS, Luiz Alves de. *Sumário de didática geral*. 3. ed. Rio de Janeiro: Aurora, 1960. 505 p.

MELBY, Ernest D. *El maestro y la educación*. México: Hispano Americana, 1966. 171 p.

MILLOT, Catherine. *Freud antipedagogo*. Rio de Janeiro: Zahar, 1987.

MINAS GERAIS. Leis, decretos e portarias. *Atribuições e deveres do pessoal lotado nas unidades escolares do Estado*. Belo Horizonte: [s.n.], [s.d.]. 59 p.

MINAS GERAIS. Secretaria de Educação do Estado. *Anteprojeto de estatuto do magistério público do Estado de Minas Gerais*. Belo Horizonte: SEE/MG, 1976. 61 p.

MOACYR, Primitivo. *A instrução e o Império (Subsídios para a História da Educação no Brasil), 1823-1853*. São Paulo: Companhia Editora Nacional, 1936. 1 v.

MORRISON, A.; McINTYRE, D. *Os professores e o ensino*. Rio de Janeiro: Imago, 1975. 156 p.

MOSQUERA, Juan José Mouriño. *O professor como pessoa*. Porto Alegre: Sulina, 1976. 294 p.

MOUSTAKAS, C. *Autorrealización del profesor a través de la enzeñanza*. Madrid: Narcea, 1978. 150 p.

NÉRICI, Imídeo Giuseppe. *Introdução à didática geral*. 13. ed. Rio de Janeiro: Científica, [s.d.]. 2 v.

NÉRICI, Imídeo Giuseppe. *Educação e metodologia*. São Paulo: Pioneira, 1970. 276 p.

NOVAES, Adauto et al. *O olhar*. São Paulo: Cia. das Letras, 1987.

NOVAES, Adauto. *Os sentidos da paixão*. São Paulo: Funarte; Companhia das Letras, 1988.

NOVAES, Maria Eliana. *Professora primária, mestra ou tia*. 3. ed. São Paulo: Cortez; Autores Associados, 1987.

OLIVEIRA, Alaíde Lisboa de. *Nova didática*. Belo Horizonte: Bernardo Álvares, 1968. 150 p.

OLIVEIRA, Ivonne S. J. J.; LAMAS, Ivone V. M. *Introdução à educação e didática teórica e prática*. Belo Horizonte: São Vicente, 1970. 236 p.

OLIVEIRA, J. Lourenço de. *Ensaios, discursos e palestras*. Belo Horizonte: 1990.

OLIVEIRA, Maria de Lourdes F. *A didática... num enfoque dinâmico*. Niterói: Universidade Federal Fluminense, 1981. 220 p.

PEIXOTO, Anamaria Casasanta. *Educação no Brasil anos vinte*. São Paulo: Loyola, 1983.

PENTEADO, José de Arruda. *Didática e prática de ensino: uma introdução crítica*. São Paulo: McGraw-Hill do Brasil, 1979. 248 p.

PESSANHA, José Américo. Platão: as várias faces do amor. In: NOVAES, Adauto. *Os sentidos da paixão*. São Paulo: Funarte; Cia. das Letras, 1988.

PEY, Maria Oly. *Reflexões sobre a prática docente*. São Paulo: Loyola, 1984.

PILETTI, Claudino. *Didática geral*. 7. ed. São Paulo: Ática, 1986. 258 p.

PINHEIRO, Lucia M.; PINHEIRO, Maria do Carmo M. *Prática na formação e no aperfeiçoamento do magistério primário*. São Paulo: Nacional, 1969. 406 p.

POPHAM, W. J.; BAKER, Eva L. *Sistematização do ensino*. Porto Alegre: Globo, 1976. 157 p.

PORTILHO, M. Helena; PORTILHO, Eponina. *Leitura silenciosa, seleta – exercícios, quinta série (admissão)*. Rio de Janeiro: Conquista, 1953. 32 p.

POZO PARDO, Alberto Dei. *Didáctica general: 2º ano de normales*. 2. ed. Burgos: Rijos de Santiago Rodrigues, 1969. 488 p.

PRÉVOT, Jacques. *L'utopie éducative – Coménius*. Paris: Belin, 1981.

PULIAS, Earl; YOUNG, James D. *A arte do magistério*. Rio de Janeiro: Zahar, 1970. 256 p.

REGO, Luis. *Meu desejo de ser útil*. Maranhão: M. Silva, 1933.

REZZANO, Clotilde Guillén de. *Manual de pedagogia*. 8. reimp. Buenos Aires: Kapelusz, 1953. 151 p.

ROSE, Homer C. *El instructor y su tarea; normas básicas para el adestramiento técnico*. 2. ed. Buenos Aires: Talleres Graficos Cadel, 1970. 277 p.

ROUX, Soeur Marie Geneviève. *Les petites écoles vincentiennes*. Paris, 1987. Mimeografado.

SANTOS, Theobaldo Miranda. *Manual do professor primário*. 4. ed. São Paulo: Nacional, 1956. 420 p.

SCHMIEDER, A. Y. J. *Didáctica general*. Buenos Aires: Losada, 1942. 192 p. (Cap. III: Formas especiales de actividad o trabajo en la instrución... El espiritu docente).

SEYFERT, Richard. *Prácticas escolares*. 2. ed. Barcelona: Labor, [1956] 1929.

SILVA, Ezequiel Theodoro da. *O professor e o combate à alienação imposta*. São Paulo: Cortez, Autores Associados, 1989. (Coleção Polêmicas do Nosso Tempo).

TAHAN, Malba. *O Mundo precisa de ti, professor; primeiras noções sobre a ética profissional do professor*. Rio de Janeiro: Vecchi, 1967. 169 p.

TEIXEIRA, Anísio. *Educação para a democracia: introdução à Administração Escolar*. 2. ed. São Paulo: Nacional, 1953. 236 p.

TEIXEIRA, Anísio. *Educação e o mundo moderno*. São Paulo: Nacional, 1969.

TORRES FILHO, Rubens Rodrigues. *Poros*. São Paulo: Duas Cidades, 1989.

TOUZERY, M. le Chanoine. *Cours de pédagogie*. Rodez: Imorimerie Catholique, 1911.

VÁSQUEZ GÓMEZ, Gonzalo. *El perfeccionamiento de los professores y la metodología participativa*. Barcelona: Universidad de Navarro, 1975. 321 p.

WACHOWICZ, Lilian A. *O método dialético na didática*. São Paulo: Papiros, 1989. 141 p.

XAVIER, Maria Elizabeth Sampaio Prado. *Capitalismo e escola no Brasil: a constituição do liberalismo em ideologia educacional e as reformas do ensino (1931- 1961)*. Campinas: Papirus, 1990. (Coleção Magistério: formação e trabalho pedagógico).

Boletins, Revistas e Jornais

A ARTE de ser um perfeito mau professor. *Formação, Revista Brasileira de Educação*, Rio de Janeiro, Djalma Cavalcanti, ano VIII, n. 86, p. 33-35, set. 1945.

A GRANDE responsabilidade dos Mestres. Mensagem do Prefeito Celso Azevedo à classe no "Dia do Professor". *Estado de Minas*, Belo Horizonte, 31 out. 1955.

ALESSANDRE, Maria A.; OLIVEIRA, Artur; MACHADO, Cristiano M. Homenagem ao Sr. Secretário da Educação. *Revista do Ensino*, Belo Horizonte, Secretaria da Educação e Saúde Pública, ano XIII, n. 170-172, p. 8-17, jan./mar. 1940.

ALLOCUÇÃO do Santo Padre aos professores. *Revista Brasileira de Pedagogia*, Rio de Janeiro, Confederação Católica Brasileira de Educação, ano II, n. 11, p. 80, fev. 1935.

ALMEIDA, Prisciliana Duarte de. Oração do Mestre. *Amae Educando*, Belo Horizonte, v. 1, n. 9, p. 10.

ALMEIDA, Raymundo. Ensino moderno e religião. *Revista do Ensino*, Belo Horizonte: Secretaria da Educação e Saúde Pública, ano VIII, n. 98-100, p. 39-46, jan./mar. 1934.

ANDRADA, Bonifacio Olinda de. O ensino normal. *Revista do Ensino*, Belo Horizonte: Secretaria da Educação e Saúde Pública, ano IX, n. 120-121, p. 113-119 , nov./dez. 1931.

ANGIADA, Leonice. Festa do mestre. *Revista Brasileira de Pedagogia*, Rio de Janeiro: Confederação Católica Brasileira de Educação, v. 1, n. 3, p. 174-175, abr. 1934.

APPLE, Michael. Ensino e trabalho feminino: uma análise comparativa da história e ideologia. *Caderno de Pesquisa*, São Paulo, v. 64, fev. 1988.

APPLE, Michael. Relações de classe e de gênero e modificações no processo do trabalho docente. *Caderno de Pesquisa*, São Paulo, v. 60, p. 3-14, fev. 1987.

APRESENTAÇÃO. *Atualidades Pedagógicas*, São Paulo: Ary da Matta & Enio Silveira, ano I, n. 1, p. 1-2, jan./fev. 1950.

A PROFESSORA. *Diário de Minas*. Belo Horizonte, 29 out. 1950.

A PROFISSÃO de professor. *Revista do Ensino*, Belo Horizonte: Inspectoria Geral da Instrucção, ano IV, n. 40, p. 1-3, dez. 1929.

ASSOCIAÇÃO DAS PROFESSORAS PRIMÁRIAS DE MINAS GERAIS. Professora. *Estado de Minas*, Belo Horizonte, 15 out. 1966.

AZEVEDO, Aroldo. O professor. *Atualidades Pedagógicas*, São Paulo: Ary da Matta & Enio Silveira, ano I, n. 1, p. 11-12, jan./fev. 1950.

BACKHEUSER, Everardo. O papel do mestre na escola nova. *Revista Brasileira de Pedagogia*, Rio de Janeiro: Confederação Católica Brasileira de Educação, ano I, n. 4, p. 193-206, maio 1934.

BACKHEUSER, Everardo. Educação e comunismo. *Revista Brasileira de Pedagogia*, Rio de Janeiro: Confederação Católica Brasileira de Educação, ano III, n. 22, p. 67-77, mar. 1936.

BASTIDE, Roger. Educação dos educadores. *Revista Brasileira de Estudos Pedagógicos*, Rio de Janeiro: Ministério da Educação e Saúde, ano XII, n. 33, p. 20-43, maio/ago. 1948.

BIBLIOTECA mínima do professor primário. *Revista do Ensino*, Belo Horizonte: Inspetoria-Geral da Instrução, ano VI, n. 68-70, p. 1-4, abr./jun. 1932.

BOING, P. Guilherme. O celibato forçado do professorado. *Revista Brasileira de Pedagogia*, Rio de Janeiro: Confederação Católica Brasileira de Educação, ano IV, n. 9-10, p. 361-363, out./nov. 1934.

CAMELLO, Francisca. Canção de Louvor. *Amae Educando*, Belo Horizonte, ano I, n. 9, out. 1968.

CAMPOS, Lectícia Chaves. Disciplina. *Educando*, Belo Horizonte: Associação dos Professores Primários de Minas Gerais, ano III, n. 17, p. 353-356, mar. 1942.

CARTA a uma Normalista. *Amae Educando*, Belo Horizonte, ano I, n. 9, out. 1968.

CARTA do S. P. Pio X, Sobre a instrucção religiosa que os parochos devem dar aos meninos na parochia. *Boletim Eclesiástico*, 1905.

CARTA Pastoral, D. Silverio Gomes Pimenta, por graça de Deus e da S. Sé Apostolica, Arcebispo Metropolitano de Marianna, prelado domestico de S. S. Pio X etc. *Boletim Eclesiastico*, anno X, n. 3, mar. 1911.

CARTA Pastoral, D. Silverio Gomes Pimenta, por mercê de Deus e da S. Sé Apostolica, Arcebispo de Marianna, Prelado domestico de SS. o Papa Pio X etc.

Boletim Ecclesiastico – Orgam Official da Archidiocese de Marianna, anno XI, n. 4, abr. 1912.

CARVALHO, Abílio de. Código de moral. *Formação, Revista Brasileira de Educação*, Rio de Janeiro: Djalma Cavalcanti, ano XVI, n.183, p. 27-32, out. 1953.

CARVALHO, Jairo Dias de. Aspectos da formação docente. *Atualidades Pedagógicas*, São Paulo: Ary da Matta & Enio Silveira, ano III, n. 15, p. 34-35, maio/jun. 1952.

CASASANTA, Guerino. O curso de aperfeiçoamento para religiosas. *Revista do Ensino*, Belo Horizonte: Inspetoria-Geral da Instrução, ano VII, n. 90-91, p. 29-38, jul. 1933a.

CASASANTA, Guerino. A disciplina. A disciplina que nos convém. *Revista do Ensino*, Belo Horizonte: Inspetoria-Geral da Instrução, ano VII, n. 97, p. 28-34, dez. 1933.

CASASANTA, Guerino. Escola Normal "Sacré Coeur de Marie". *Revista do Ensino*, Belo Horizonte: Inspetoria-Geral da Instrução, ano VII, n. 97, p. 18-20, dez. 1933c.

CASASANTA, Manuel. Jesus-Christo na escola. *Revista do Ensino*, Belo Horizonte: Inspetoria-Geral da Instrução, ano VII, n. 97, p. 47-51, dez. 1933.

CASASANTA, Mário. Ensaio sobre a disciplina. *Revista Brasileira de Pedagogia*, Rio de Janeiro: Confederação Católica Brasileira de Educação, ano I, n. 6, p. 1-11, jul. 1934.

CATECISMO. Boletim Eclesiastico, anno VII, 1909.

CELIBATO pedagógico. Revista do Ensino, Belo Horizonte: Inspetoria-Geral da Instrução, ano VII, n. 97, p. 105-107, dez. 1933.

CIRCULAR, O Exmo. e Rvmo. Sr. Bispo diocesano manda reproduzir esta Circular dirigindo-a a todo o clero, tendo-a dirigido sómente a alguns Parochos em 1901. S. Exc. Rvma. quer que seja também lida aos fiéis. Boletim Eclesiástico, 1905.

COELHO, José Maria. Hynno às professoras. Revista Brasileira de Pedagogia, Rio de Janeiro: Confederação Católica Brasileira de Educação, ano I, n. 4, p. 231-232, maio 1934.

COLÉGIO "N. S. das Dores", discurso do exmo. sr. bispo diocesano, que paraninfou a nova turma de normalistas. Revista do Ensino, Belo Horizonte: Inspetoria-Geral da Instrução, ano VII, n. 97, p. 34-46, dez. 1933.

CONSAGRAÇÃO da Professora. *Estado de Minas*, p. 2, 31 out. 1936.

CORREA, Maria do Céo. Voz da Escola. *Voz da Escola*, Belo Horizonte, Órgão da Escola de Aperfeiçoamento, ano I, n. 18, dez. 1929.

COSTA, Firmino. Os mestres do passado, escola moderna. *Revista do Ensino*, Belo Horizonte: Secretaria de Educação, ano XX, n. 201, p. 76-78, jan./mar. 1952.

COSTA, Paulo Henrique M. Dia da Professora. *Estado de Minas*, Belo Horizonte, 15 out. 1966. (Homenagem do Lavourinha)

CUNHA, Maria Luiza de Almeida. A mulher que trabalha. *Educando*, Belo Horizonte: Associação dos Professores Primários de Minas Gerais, ano III, n. 19, p. 431, jul. 1942.

DANTI, José. A coeducação à luz da doutrina cathólica. *Revista Brasileira de Pedagogia*, Rio de Janeiro: Confederação Católica Brasileira de Educação, ano II, n. 11, p. 1-4, fev. 1935.

DEUS, João de. Lembrança. *Estado de Minas*, 31 out. 1954.

DIA da professora ontem na escola infantil Bueno Brandão. Estado de Minas, Belo Horizonte, 5 nov. 1931.

DIÁRIO, o que é. *Revista do Ensino*, Belo Horizonte, Inspectoria Geral da Instrucção, ano V, n. 43, p. 9-13, mar. 1930.

DUTRA, Aimoré. O velho mestre. *Revista do Ensino*, Belo Horizonte: Inspetoria-Geral da Instrução, ano VII, n. 95, p. 59-63, out. 1933.

EDUCANDO, Belo Horizonte, Associação dos Professores Primários de Minas Gerais, ano III, n. 19, p. 430, jul. 1942.

EULÁLIO, Mariana Carlota da Mata. Formação Religiosa. *Educando*, Belo Horizonte: Associação dos Professores Primários de Minas Gerais, ano III, n. 17, p. 357-359, mar. 1942.

FAGUNDES, Abel. A personalidade do professor. *Revista do Ensino*, Belo Horizonte: Inspectoria Geral da Instrucção, ano V, n. 43, p. 4-6, mar. 1930.

FERREIRA, Maria da Conceição Pinto. Ser Professora. *Estado de Minas*, Belo Horizonte, 15 out. 1961.

FERREIRA, Maria da Conceição Pinto. À Nossa Mestra. *Estado de Minas*, Belo Horizonte, 14 out. 1962.

FERREIRA, Maria da Conceição Pinto. Professora-Jardineira. Às Professoras do Brasil. *Estado de Minas*, Belo Horizonte, 18 out. 1964.

FORMAÇÃO, editorial. *Formação, mensário sobre educação e sua técnica*. Rio de Janeiro: Djalma Cavalcanti, ano I, n. 1, p. 1, ago. 1938.

FRANCE, Anatole. Educação de uma menina. *Revista do Ensino*, Belo Horizonte, Secretaria da Educação e Saúde Pública, ano VIII, n. 107, p. 48, out. 1934.

FRIJHOFF, Willem; JULIA, Dominique. *L'Éducation des riches. deux pensionnats: Belley et Grenoble*. Cahiers d'Histoire, tome XXI, p. 105-131, 1976.

GOMES, José Alfredo. A escola doméstica de Brazopolis. *Revista do Ensino*, Belo Horizonte, Inspetoria-Geral da Instrução, ano VII, n. 93, p. 5-21, ago. 1933.

HOMENAGEANDO as Servidoras da Escola Mineira. *Estado de Minas*, p. 3, 31 out. 1940.

HOMENAGEM do Estado de Minas. Hoje há mais flores nas escolas. *Estado de Minas*, Belo Horizonte, 15 out. 1968.

HOMENAGEM do grupo Santos Dumont ao Dr. Noraldino Lima e ao professor Guerino Casasanta. *Minas Gerais*, Belo Horizonte, 31 out. 1933.

HOMENAGEM do Jaraguá Country Club. Maçã para a Professora. *Estado de Minas*, Belo Horizonte, 15 out. 1963.

KEHL, Renato. Mestres do futuro. *Revista Brasileira de Estudos Pedagógicos*, Rio de Janeiro: Ministério da Educação e Saúde, ano XI, n. 31, p. 347-350, set./out. 1947.

KERSCHENSTEINER, Georg. Educador. *Educando*, Belo Horizonte: Associação dos Professores Primários de Minas Gerais, ano II, n. 15, p. 241, out. 1941.

LACOMBE, Laura J. A cultura da mulher. *Revista Brasileira de Pedagogia*, Rio de Janeiro: Confederação Católica Brasileira de Educação, ano III, n. 24-25, p. 250-255, maio/jun. 1936.

LIMA, Noraldino. A colação de gráu da turma de 1933 do Colégio Imaculada Conceição. *Revista do Ensino*, Belo Horizonte: Inspetoria-Geral da Instrução, ano Vll, n. 97, p. 8-12, dez. 1933a.

LIMA, Noraldino. Colação de gráu das alunas da Escola Normal Oficial de Formiga. *Revista do Ensino*, Belo Horizonte: Inspetoria-Geral de Instrução, ano VII, n. 97, p. 13-18, dez. 1933b.

LIMA, Noraldino. Colação de gráu na Escola Normal de S. Gonçalo do Sapucaí. *Revista do Ensino*, Belo Horizonte: Inspetoria-Geral da Instrução, ano VII, n. 97, p. 21-28, dez. 1933c.

LIMA, Noraldino. Um hino à professora. *Revista do Ensino*, Belo Horizonte: Secretaria da Educação e Saúde Pública, ano VIII, n. 98-100, p. 38-39, jan./mar. 1934.

LIMA JUNIOR, Augusto de. As irmãs dominicanas no Brasil. Formação, *Revista Brasileira de Educação*, Rio de Janeiro: Djalma Cavalcanti, ano XVI, n. 183, p. 7-10, out. 1953.

LOPES, Eliane Marta Teixeira. Casa da Providência: uma escola mineira do século XIX. *Educação em Revista*, Belo Horizonte, n. 6, p. 28-34, dez. 1987.

LOURENÇO FILHO. O dia do mestre. *Revista Brasileira de Pedagogia*, Rio de Janeiro: Confederação Católica Brasileira de Educação, ano I, n. 2, p. 104-105, mar. 1934.

LOURENÇO FILHO. Discurso do professor Lourenço Filho. Formação, *Revista Brasileira de Educação*, Rio de Janeiro: Djalma Cavalcanti, ano X, n. 104, p. 3-8, mar. 1947.

LOURO, Guacira Lopes. Magistério de 1º grau: um trabalho de mulher. *Educação e Realidade*, ago./dez. 1989.

MACHADO, Cristiano. Mensagem do Sr. Cristiano Machado, secretário da Educação ao professorado mineiro. *Estado de Minas*, Belo Horizonte, 31 out. 1944a.

MACHADO, Cristiano. Discurso por ocasião do "Dia do Professor". *Revista Brasileira de Estudos Pedagógicos*, Rio de Janeiro: Ministério da Educação e Saúde, ano II, n. 6, p. 446-447, dez. 1944b.

MADUREIRA, J. Palestrando com professores. *Revista do Ensino*, Belo Horizonte: Inspetoria-Geral da Instrução, ano VII, n. 92, p. 5-10, jul. 1933.

MAGALHÃES, Henrique. A festa de nosso primeiro mestre. *Revista Brasileira de Pedagogia*, Rio de Janeiro: Confederação Católica Brasileira de Educação, ano I, n. 1, p. 43-47, fev. 1934.

MARQUES, Lúcia da Glória. O mestre e a rosa. *Estado de Minas*, Belo Horizonte, 16 out. 1966.

MATTA, Ary da. Dia da mestra. Formação, *Revista Brasileira de Educação*, Rio de Janeiro: Djalma Cavalcanti, ano XI, n.126, p. 53-54, jan. 1949.

MAYEUR, Françoise. L'enseignement féminin en France du XIXe siècle à nos jours. *Administration et Education*, n. 18, p. 21-27, avr. 1983.

MENDES, Onofre. Professora. *Estado de Minas*, Belo Horizonte, 6 out. 1966.

MENSAGEM do Prefeito Celso Azevedo aos educadores municipais. *Estado de Minas*, Belo Horizonte, 15 out. 1957.

MINAS GERAIS. Decreto n.º 5.328, 2 de outubro de 1957 (José Francisco Bias Fortes e Abgar Renault).

MINAS GERAIS. Lei 2.610 de 8 de janeiro de 1962 (contém o código do ensino primário). Título X, capítulo I. Da nomeação para o cargo de professor primário. *Separata da Revista do Ensino*, Belo Horizonte: Imprensa Oficial, n. 211-212, p. 166-167, abr./ago. 1962.

MINAS GERAIS. Lei 2.610 de 8 de janeiro de 1962 (contém o código do ensino primário). Título X, capítulo V. Do concurso para o cargo de professor primário. *Separata da Revista do Ensino*, Belo Horizonte: Imprensa Oficial, n. 211-212, p. 170-176, abr./ago. 1962.

MIRANDA, Maria José. A coeducação. *Revista Brasileira de Pedagogia*, Rio de Janeiro: Confederação Católica Brasileira de Educação, ano I, n. 7, p. 104-109, ago. 1934.

MISTRAL, Gabriela. Oração do mestre. *Revista do Ensino*, Belo Horizonte: Inspetoria-Geral da Instrução, ano VII, n. 95, p. 1-2, out. 1933.

MONTANDON, Leonilda. Educação moral nas escolas. *Revista do Ensino*, Belo Horizonte: Inspetoria-Geral da Instrução, ano VII, n. 92, p. 2629, jul. 1933.

MONTANDON, Leonilda. Horários escolares. *Educando*, Belo Horizonte: Associação dos Professores Primários de Minas Gerais, ano II, n. 15, p. 251-253, out. 1941.

MONTANDON, Leonilda. S. O educador na escola moderna. *Educando*, Belo Horizonte: Associação dos Professores Primários de Minas Gerais, ano III, n. 17, p. 360-361, mar. 1942.

MONTEIRO, Marta Nair. Ao Professor. *Estado de Minas*, Belo Horizonte, 15 out. 1963.

MONTEIRO, Marta Nair. Às Mestras. *Estado de Minas*, Belo Horizonte, 15 out. 1964.

MOURA, Elza de. Mensagem às Professoras. *Estado de Minas*, Belo Horizonte, 14 out. 1962.

MOURA, Elza de. Dia do Professor. *Estado de Minas*, Belo Horizonte, 16 out. 1966.

MULLER, Christiano. Dignidade, austeridade, firmeza e doçura do mestre. *Revista do Ensino*, Belo Horizonte: Secretaria da Educação e Saúde Pública, ano XI n. 137-139, p. 100-104, abr./jun. 1937.

NEVES, Ismael Ramos das. Sê feliz, professor. *Estado de Minas*, Belo Horizonte, 15 out. 1961.

NEVES, Ismael Ramos das. No dia do Professor. *Estado de Minas*, Belo Horizonte, 20 out. 1963.

NEVES, Ismael Ramos das. Escuta-me Professora. *Estado de Minas*, Belo Horizonte, 16 out. 1966.

NOGUEIRA, José da Silva. O valor de "Formação". Formação, *Revista Brasileira de Educação*, Rio de Janeiro: Djalma Cavalcanti, ano XI, n. 128, p. 20, mar. 1949.

O DIA da mestra. *Estado de Minas*, Belo Horizonte, 16 out. 1966.

O DIA do mestre. *Estado de Minas*, Belo Horizonte, 31 out. 1941.

OLGA, Irmã. Escola nova christã. *Revista do Ensino*, Belo Horizonte: Secretaria da Educação e Saúde Pública, ano X, n. 128-133, p. 65-76, jul./dez. 1936.

OLIVEIRA, Alaíde Lisboa. O professor. *Escola Secundária*, Rio de Janeiro, n. 12, p. 22-25, mar. 1960.

ORAÇÃO do educador. Prescilina Duarte de Almeida. *Estado de Minas*, 31 out. 1954.

ORGANISATION pédagogique de l'enseignement. *L'Education Catholique*, ano XXXI, n. 18, p. 194-203, jul. 1911.

OS DEZ Mandamentos da Professora. *Estado de Minas*, Belo Horizonte, 15 out. 1961.

OS JORNAIS dos grupos escolares de Minas. *Revista do Ensino*, Belo Horizonte: Inspetoria-Geral da Instrução, ano VII, n. 95, p. 63-65, out. 1933.

PAIS, Waldenmar Tavares. O apostolado do professor. *Revista do Ensino*, Belo Horizonte: Secretaria da Educação, ano XX, n. 203, p. 189-190, jul./set. 1952.

PAZ, Pedro. Ser professor. *Revista do Ensino*, Belo Horizonte: Inspetoria-Geral da Instrução, ano VI, n. 78, p. 58-62, dez. 1932.

PEIXOTO, Afrânio. Oração da mestra. Formação, *Revista Brasileira de Educação*, Rio de Janeiro: Djalma Cavalcanti, ano X, n. 104, p. 37-38, mar. 1947.

PENSIONNATS primaires. *L'Education Catholique*, ano XXXI, n. 6, p. 132-135, fev. 1911.

PIO XI. Ambiente da educação; a palavra de Roma. *Revista Brasileira de Pedagogia*, Rio de Janeiro: Confederação Católica Brasileira de Educação, ano I, n. 5, p. 263-271, jun. 1934.

PIRAGIBE, José. Professor. *Revista Brasileira de Pedagogia*, Rio de Janeiro: Confederação Católica Brasileira de Educação, ano I, p. 43, p. 231-233, abr. 1938.

PONTES, Salvador Pires. A escola e o progresso. *Revista do Ensino*, Belo Horizonte: Inspetoria-Geral da Instrução, ano VII, n. 92, p. 52-58, jul. 1933.

PORTUGAL, Henrique Furtado. Educação sanitária e a mulher. *Revista do Ensino*, Belo Horizonte: Secretaria da Educação, ano XX, n. 203, jul./set. 1952.

QUE FAZER das situações difíceis? *Revista do Ensino*, Belo Horizonte: Inspetoria-Geral da Instrução, ano VII, n. 92, p. 1- 5, jul. 1933.

SANTIAGO, Alice de Andrade. O professor e a educação da criança. *Revista do Ensino*, Belo Horizonte: Secretaria da Educação e Saúde Pública, ano VIII, n. 102, p. 23-26, maio 1934a.

SANTIAGO, Alice de Andrade. A personalidade em formação e a responsabilidade do professor. *Revista do Ensino*, Belo Horizonte: Secretaria da Educação e Saúde Pública, ano VIII, n. 104, p. 68-71, jul. 1934b.

SANTIAGO, Alice de Andrade. A educação moral e a função da escola. *Revista do Ensino*, Belo Horizonte: Secretaria da Educação e Saúde Pública, ano VIII, n. 106, p. 12-16, set. 1934c.

SANTIAGO, Alice de Andrade. D. Bosco, modelo dos educadores. *Revista do Ensino*, Belo Horizonte: Secretaria da Educação e Saúde Pública, ano VIII, n. 108, p. 714, nov. 1934d.

SILVA, Dulce Pimentel. Oração da Mestra. *Estado de Minas*, Belo Horizonte, 14 out. 1962.

SILVEIRA, Alberto Barbosa. Hino à professora. *Estado de Minas*, Belo Horizonte, 15 out. 1961.

SILVEIRA, Alípio. Dom Bosco, um expoente da pedagogia católica. Formação, *Revista Brasileira de Educação*, Rio de Janeiro: Djalma Cavalcanti, ano XI, n. 126, p. 5-12, jan. 1949a.

SILVEIRA, Alípio. Madre Cabrini, a grande educadora. Formação. *Revista Brasileira de Educação*, Rio de Janeiro: Djalma Cavalcanti, ano XI, n. 128, p. 11-14, mar. 1949b.

TAVARES, Hênio. Missão Cumprida. *AMAE Educando*, Belo Horizonte, ano 3, n. 20, out. 1970.

TAVARES, Maria Guiomar Orsini. Mestra Querida. *Estado de Minas*, Belo Horizonte, 28 out. 1956.

TAVARES, Waldemar. A Pedagogia de Ignacio de Loyolla. *O Horizonte*, Belo Horizonte, 22 jul. 1931.

TIGRE, Silvia Bastos. Feminismo ou masculinismo. *Atualidades Pedagógicas*, São Paulo: Ary da Matta & Enio Silveira, ano I, n. 2, p. 27-28, mar./abr. 1950a.

TIGRE, Silvia Bastos. Feminismo ou masculinismo. *Atualidades Pedagógicas*, São Paulo: Ary da Matta & Enio Silveira, ano I, n. 3, p. 9-12, maio/jun. 1950b.

TIGRE, Silvia Bastos. Feminismo ou masculinismo. *Atualidades Pedagógicas*, São Paulo: Ary da Matta & Enio Silveira, ano I, n. 4, p. 26-30, jul./ago. 1950c.

TOLEDO, João. A atitude do mestre. *Revista do Ensino*, Belo Horizonte: Secretaria da Educação e Saúde Pública, ano VIII, n. 105, p. 7576, ago. 1934.

UM MANUAL de pedagogia. *Revista do Ensino*, Belo Horizonte: Inspectoria Geral de Instrucção, ano V, n. 49, p. 1-3, set. 1930.

UMA PÁGINA do "educador apóstolo de Guibert. *Revista Brasileira de Pedagogia*, Rio de Janeiro: Confederação Católica Brasileira de Educação, ano I, n. 9-10, p. 280. out./nov. 1934.

UMA PALAVRA ao Professor. *AMAE Educando*, Belo Horizonte, ano 3, n. 20, out. 1970.

VISITA ao Colégio Sion de Petrópolis. *Formação, Mensário sobre a educação e sua técnica*, Rio de Janeiro: Djalma Cavalcanti, ano I, n. 1, p. 93-94, ago. 1938.

VON DYKE, Henry. Um tributo ao mestre desconhecido. *Revista Brasileira de Pedagogia*, Rio de Janeiro: Confederação Católica Brasileira de Educação, ano II, n. 20, p. 245, nov. 1935.

TERCEIRA PARTE: RELIGIÃO E CONTEXTO

ARY, Zaira. *Marianisme comme "culte" de la supériorité spirituelle de la femme: quelques indications de la présence de ce stéréotype au Brésil.* In: ICA Amsterdam, 46., 1988. BARBOSA, Waldemar de Almeida. *História de Minas*. Belo Horizonte: Comunicação, 1979. 2. v.

BOA NOVA, Antonio Carlos. *Considerações sobre o culto católico de Maria*. Ciência e Cultura, v. 30, n. 9, p. 1064-1075, set. 1978.

BOUSSOULADE, Jean. *Moniales et hospiyalières dans la tourmente rérolutionaire*: Les communautés de religieuses de l'ancien diocese de Paris 1798-1801. Paris: Letouzey & Ané, 1962.

BOUTRY, Philippe. Marie, la grande consolatrice de la France au XIXe siècle. *L'Histoire*, n. 50, p. 30-39, nov. 1982.

CALVET, J. *La littérature religieuse de François de Sales à Fénelon*. Paris: Duca, 1956.

CALVET, J. *Sainte Louise de Marillac par elle même*. Portrait. Paris: Téqui, 1958.

CAMELLO, Maurílio José de O. *Dom Antonio Ferreira Viçoso e a reforma do clero em Minas Gerais no século XIX*. São Paulo: USP, 1986. 529 f. Tese (Doutorado em: História) – Faculdade de Filosofia, Letras e Ciências Humanas, Universidade de São Paulo, São Paulo, 1986.

CARMONA, Michel. *Marie de Médicis*. Paris: Marabout, 1981.

CARMONA, Michel. *Richelieu*. L'ambition et le pouvoir. Paris: Marabout, 1983.

CHATELLIER, Louis. *L'Europe des devots*. Paris: Flammarion, 1987.

COGNET, Louis. *Le jansénisme*. Paris: PUF, 1985. (Que sais-je).

CONCHA, Leonor Aida. *El poder y la mujer en la iglesia*. [S.l.]: Comut, [s.d.].

CONSTANT, Jean-Marie. La noblesse et la fronde. *L'Histoire*, n. 115, p. 26- 34, oct. 1988.

COSTE, Pierre. SVP *Correspondance, entretiens, documents*. Paris: Gabalda, 1920- 1925.

COSTE, Pierre. *Monsieur Vincent* – Le grand saint du grand siècle. Paris: Desclée de Brower, 1933.

DANS la tradition vivante de la Compagnie: le souci et le service des enfants et des jeunes. set. 1985.

DODIN, André. *Saint Vincent de Paul et la Charité*. Bourges: Tardy Quercy, 1960. (Col. Maitres Spirituels).

DULONO, Claude. *La vie quotidienne des femmes au grand siècle*. Paris: Hachette, 1984.

DUROSELLE, J. B.; MAYEUR, J. M. *Histoire du Catholicisme*. Paris: PUF, 1985. (Que sais-je).

FOUCHER, Jean-Pierre. *Sainte Louise de Marillac.* Meditations, avis, maximes, pensées, testament, lettres. Belgique: Soleil Levant, 1960.

GOBILLON. *La vie de Mademoiselle Le Gras Fondatrice et Première Supérieure de la Compagnie des Filles de la Charité Servante des Pauvres Naiades.* Paris: Pralard, 1676.

GUELLIER, Yvette. Céans on tient petites écoles. Contribution à l'histoire de l'instruction Chrétienne et de L'éducation au temps de Saint Vincent de Paul et de Sainte Louise de Marillac. 1630-1660. Angers: ISPC, 1979. Mimeografado.

JOUHAUD, Christian. *Mazarinades.* La fronde des mots. Paris: Aubier, 1985.

LAURENTIN, R. *Vie de Catherine Labouré.* Voyant de la rue du Bac et servante des pauvres – 1806-1876. Paris: Desclée de Brouwer, 1980.

LEDÓCHOWSKA, Teresa. *Angela Mérici e a Companhia de Santa Ursula à luz dos documentos.* Ancora: 1972.

LES ENSEIGNEMENTS PONTIFICAUX. *Le Problème Feminin.* Présentation et Table par las Moines de Solesmes. Bélgica: Desclée & Cie., 1953.

LESTONNAC, Jeanne de. *Uma vida... uma mulher... uma obra.* (Fundadora da Companhia de Maria – Província do Brasil) São Paulo: Loyola, 1988. (1556- 1640).

MARILLAC, Louise. *Lettres.* Ed. autog. Pensées. Ed. autog. In-4°

MARILLAC, Louise. *Tendresse de Dieu pour les Hommes.* (Collection Les Ori ines).

MARILLAC, Louise. *Collection Belles Histoires et Belles Vies,* n. 33.

MARTIN, Marie-Madeleine. *Saint Vincent de Paul et les grands.* Paris: Éditions du Conquistador, 1960.

MAYNARD, Chanoine Michel-Ulysse. *Vertus et doctrine spirituelle de Saint Vincent de Paul.* 5ème ed. Paris: [S.l.] 1878.

RÉMOND, René. *Introdução à história do nosso tempo.* O século XIX, 1815- 1914. São Paulo: Cultrix, 1986.

RICHOMNE, Agnes. *Sainte Louise de Marillac.* Paris: Fleurus, 1957.

SABATIER, Robert. *Les plus belles lettres de Saint Vincent de Paul.* Paris: Calmann-Lévy, 1961.

STEVENS, Evelyn P. Marianismo: The Other Face of Machismo in Latin America. In: PESCATELLE, Ann (Ed.). *Female and Male in Latin America Essays.* Pittsburg: University of Pittsburgh Press, 1973.

TORRES, João Camilo de O. *História de Minas Gerais.* Belo Horizonte: Difusão Pan-Americana do Livro; Bernardo Alvares, [s.d.].

VINCENT DE PAUL (Saint). *Conférences aux Filles de la Charité.* Nouv. ed. 1902.

WILHELM, Jacques. *Paris no tempo do Rei Sol,* 1660-1715. São Paulo: Companhia das Letras, 1988. (Vida Cotidiana).

Bibliografia Para A Questão Religiosa

AUBERT, R. *Le Pontificat de Pie IX 1846-1878.* Histoire de l'Église depuis les origines jusqu'à nos jours. Paris: Bloud & Gay, 1952.

AZZI, Riolando. *A vida religiosa feminina no Brasil.* Rio de Janeiro, 1968. Mimeografado.

BOSCHI, Caio César. *Os leigos e o poder: Irmandades Leigas e Política Colonizadora em Minas Gerais.* São Paulo: Ática, 1986.

CONFERÊNCIA GERAL DO EPISCOPADO LATINO-AMERICANO. *A evangelização no presente e no futuro da América Latina.* Conclusões: PUEBLA. Texto Oficial da CNBB. São Paulo: Loyola, 1980.

CUSA, Nicolau de. *A visão de Deus.* Lisboa: Fundação Calouste Gulbenkian, 1988.

DUFOURCQ, Elisabeth. Approche démografique de l'implantation hors d'Europe des congrégations religieuses féminines d'origine française. *Population,* Revue de l'Institut National d'Études Démografiques, Paris, n. 1, p. 396-403, 1988.

FRAGOSO, Hugo. A Igreja na Formação do Estado Liberal (1840-1875). In: HAUCK, J. F. *História da Igreja no Brasil.* Petrópolis: Vozes, 1980.

GARCÍA, José Luis Gutiérrez. *Doctrina Pontificia.* Madrid: Editorial Catolica, 1958.

GERMAIN, Elisabeth. *Langages de la foi a travers l'histoire.* Mentalités et Catéchese – approche d'une étude des mentalités. Paris: Fayard-Mame, 1972.

GERMAIN, E.; COLIN, P. et al. *Aux origines du Catéchisme en France.* Bélgique: Relais-Desclée, 1989.

GUERRY, Monseigneur. *La doctrine sociale de l'église.* Son actualité, ses dimensions, son rayonnement. Paris: Bonne Presse, 1957.

HAUCK, João Fagundes et al. *História da Igreja no Brasil.* A Igreja no Brasil no século XIX. Petrópolis: Vozes, 1980.

HOONAERT, Eduardo. *Formação do catolicismo brasileiro: 1550-1800.* Petrópolis: Vozes, 1974.

HOONAERT, Eduardo; AZZI, Riolando et al. *História da Igreja no Brasil.* Petrópolis: Vozes, 1977.

LANGLOIS, Claude. *Le catholicisme au féminin* – Les congrégations françaises à supérieure générale au XIXe siècle. Paris: Cerf, 1984.

MICHAUD. *Biographie universelle* – ancienne et moderne. Paris: [s.n.], [s.d.]. t. 43.

MOFFAT, Alfredo. *Psicoterapia do oprimido, ideologia e técnica da psiquiatria popular.* 6. ed. São Paulo: Cortez, 1986.

POULAT, Émile. Liberté, Laïcité. *La guerre des deux France et le principe de la modernite.* Paris: Cerf, 1987.

ROMANO, Roberto. *Igreja, domesticadora de massas ou fonte do direito coletivo e individual? Uma aporia pós-conciliar.* Campinas: IFCH/Unicamp, 1990. Primeira versão.

SANT'ANA, Anair. *Conheça melhor, ame mais Nossa Senhora.* Belo Horizonte: Fumarc, 1989.

TÜCHLE, Hermann et al. *Reforme et contre-réforme.* Nouvelle Histoire de l'Église. Paris: Du Seuil, [s.d.].

VAINFAS, Ronaldo. *História e sexualidade no Brasil.* Rio de Janeiro: Graal, 1986.

WILLAERT, Leopold. *Histoire de L'Église. (Après le Concile de Trente)*. La Restauration Catholique. 1563-1648. v. 18.

Dicionários

VACANT- MANGENOT-AMANN. Dictionnaire de Théologie Catholique. L'Exposé des doctrines de la Théologie Catolique, leurs preuves et leur histoire. Paris: Letouzey et Ané, [1932]1967.

R. P. HELYOT. Dictionnaire des Ordres Religieux ou Histoire des Ordres Monastiques Religieux et Militaires, et des Congregations Seculiéres de l'un et de l'autres Sexes, qui ont étés établies jusqu'à present. Paris: Aux Ateliers Catholiques Du Petit-Montrouge, 1847.

Em Especial, Os Verbetes:

Catholicisme hier, aujourd'hui, demain. In: *Dictionnaire de Spiritualité*. Paris: Beauchesne, 1974.

QUARTA PARTE: HISTÓRIA DA MULHER E HISTÓRIA DA EDUCAÇÃO DA MULHER

ALDRICH, Richard. *Gender Issues in the History of Education in England*. Tradução de Gilberto Ramos. 1989. Mimeografado.

ALMEIDA, Maria Isabel Mendes de. *Maternidade, um destino inevitável?* Rio de Janeiro: Campus, 1987.

ARNOLD, Odile. *Le corps et l'âme*. La vie des religieuses au XIXe siècle. Paris: Seuil, 1984.

ARON, Jean-Paul. *Misérable et glorieuse*. La femme du XIXe siècle. Paris: Complexe, 1984.

BELLINI, Ligia. *A coisa obscura: mulher, sodomia e inquisição no Brasil colonial*. São Paulo: Brasiliense, 1989.

BERNARDES, Maria Thereza Caiuby Crescenti. *Mulheres de ontem? Rio de Janeiro – Século XIX*. São Paulo: T. A. Queiroz, 1988.

BRICARD, Isabelle. *Saintes ou Pouliches* – l'éducation des jeunes filles au XIXème siècle. Paris: Albin-Michel, 1985.

BRUSCHINI, Cristina; COSTA, Albertina de O. (Org.). *Rebeldia e submissão: estudos sobre condição feminina*. São Paulo: Vértice, 1989.

CARPANTIER, Marie. *Conseils sur la direction des salles d'asile*. Paris: Hachette, 1847.

CARVALHO, Nanci V. (Org.). *A condição feminina*. São Paulo: Vértice, 1988. (Enciclopédia Aberta de Ciências Sociais).

CASA NOVA, Vera Lúcia. *Como te tornarás feliz?* Conselhos para as donzelas cristãs. Para um estudo da semiótica dos conceitos. Ensaios de Semiótica, n. 10, dez. 1983.

CASTELLO BRANCO, Lúcia; BRANDÃO, Ruth Silviano. *A mulher escrita*. Rio de Janeiro: Casa-Maria; Livros Técnicos e Científicos, 1989.

CASTILLA DEL PINO, Carlos. *A função da mulher*. São Paulo: Martins Fontes, 1987.

CHALHOUB, Sidney. *Trabalho, lar e botequim: o cotidiano dos trabalhadores no Rio de Janeiro na Belle Époque*. São Paulo: Brasiliense, 1986.

COLLIN, V. *Une année de pension. Confidences enfantines*. Paris: Bons Livres, 1857.

CORBIN, Alain. *Les Filles de Noce. Misère sexuelle et prostitution* (19e siècle). Paris: Flammarion-Champs, 1982.

CRUZ, Sor Juana Inés de la. *Letras sobre o espelho*. São Paulo: Iluminuras, 1989.

DARMON, Pierre. *Mythologie de la femme dans l'ancienne France*, XVIe-XIXe siècle. Paris: Seuil, 1983.

DAVIS, Natalie Zemon. *Culturas do povo sociedade e cultura no início da França Moderna*. Rio de Janeiro: Paz e Terra, 1990.

DEL PRIORE, Mary. *A mulher na história do Brasil*. São Paulo: Contexto,1988.

DELUMEAU, Jean. *História do medo no Ocidente 1300-1800*. São Paulo: Cia. das Letras, 1989.

DE MARCO, Valéria. *O império da cortesã Lucíola: um perfil de Alencar*. São Paulo: Martins Fontes, 1986.

DIAS, Maria Odila Leite da Silva. *Quotidiano e poder em São Paulo no século XIX*. São Paulo: Brasiliense, 1984.

D'INCAO, Maria Angela. *Amor e família no Brasil*. São Paulo: Contexto, 1989.

DROHOJOWSKA, (Condessa). *Qualités et défauts des jeunes filles*. Paris: Victor Sarlit, 1876.

DUBY, Georges. *Idade Média, idade dos homens do amor e outros ensaios*. São Paulo: Cia. das Letras, 1989.

DUFRANCATEL, Christiane et al. *L'histoire sans qualités*. Paris: Galilée, 1979.

DULONG, Claude. *La vie quotidienne des femmes au grand siècle*. Paris: Hachette, 1984.

DUPUIS, Jacques. *Em nome do pai, uma história da paternidade*. São Paulo: Martins Fontes, 1989.

ESTEVES, Martha de Abreu. *Meninas perdidas: os populares e o cotidiano do amor no Rio de Janeiro da Belle Époque*. Rio de Janeiro: Paz e Terra, 1989.

FARGE, Arlette. *La vie fragile*. Violence, pouvoirs et solidarités à Paris au XVIIIe siècle. Paris: Hachette, 1986.

FARGE, Arlette. *Le gout de l'archive*. Paris: Seuil, 1989.

FARGE, Arlette; FOUCAULT, Michel. *Le désordre des families*. Lettres de cachet des Archives de la Bastille. Paris: Gallimard, 1982. (Collection Archives).

KLAPISCH-ZUBER, C. (Org.). *Madame ou mademoiselle?* Itinéraires de la solitude feminine XVIII-XXe siècle. Paris: Montalba, 1984.

FAUSTO, Boris. *Crime e cotidiano, a criminalidade em São Paulo (1880-1924)*. São Paulo: Brasiliense, 1984.

FÉNÉLON, François de Salignac de la Mothe. *Éducation des filles*. Paris: Ernest Flammarion, 1929. 351 p.

FLORESTA, Nísia. *Direitos das mulheres e injustiça dos homens*. 4. ed. São Paulo: Cortez, 1989a.

FLORESTA, Nísia. *Opúsculo humanitário*. São Paulo: Cortez; Brasília: lnep, 1989b.

FONTES, Ofélia; FONTES, Narbal. *Um reino sem mulheres: biografia romanceada de Nicolau Durand de Villegaignon*. 2. ed. Rio de Janeiro: J. Olympio, 1986.

FRAISSE, Geneviève. *Muse de la Raison. La démocratie exclusive et la différence des sexes*. Aix-en-Provence: Alinea, 1989.

FREYRE, Gilberto. *Modos de homem & modas de mulher*. Rio de Janeiro. Record, 1987.

GAY, Peter. *Educação dos sentidos*. São Paulo: Cia das Letras, 1988.

GAY, Peter. *A paixão terna*. São Paulo: Companhia das Letras, 1990.

GODINEAU, Dominique. *Citoyennes tricoteuses. Les femmes du peuple à Paris pendant la Révolution Française*. Aix-en-Provence: Alinea, 1988.

GOLDBERG, Anette. *Feminismo no Brasil Contemporâneo: o percurso intelectual de um ideário político*. BIB, Rio de Janeiro, n. 28, p. 42-70, 1989.

GOMES, Joaquim Ferreira. *A mulher na Universidade de Coimbra, alguns dados para uma investigação*. Coimbra: Almedina, 1987.

HOURS, Bernard. *Madame Louise, princesse au Carmel*. 1737-1787. Paris: Cerf, 1987.

KNIBIEHLER, Yvonne et al. *De la Pucelle à la Minette. Les jeunes filles de l'âge classique à nos jours*. Paris: Temps Actuels, 1983.

KNIBIEHLER, Y.; GOUTALIER, R. *La femme au temps de colonies*. Paris: Stock, 1985.

LEAL, Elisabeth J. M. *Instituto Estadual de Educação: a erosão da ordem autoritária*. Florianópolis: UFSC, 1989.

LES ENSEIGNEMENTS PONTIFICAIJX. *Le problème féminin*. Présentation et Tables par les Moines de Solesmes. Bélgica: Desclée & Cie.; Éditeurs Pontificaux, 1953.

LEVY, Marie-Françoise. *De mères en filles – L'éducation des françaises 1850-1880*. Paris: Calmann-Levy, 1984.

LOPES, Maria Antónia. *Mulheres, espaço e sociabilidade: a transformação dos papéis femininos em Portugal à luz de fontes literárias* (segunda metade do século XVIII). Lisboa: Horizonte, 1989. (Coleção Horizonte Histórico).

LOURO, Guacira Lopes. *Prendas e antiprendas – uma escola de mulheres*. Porto Alegre: UFRGS, 1987.

MACFARLANE, Alan. *História do casamento e do amor. Inglaterra, 1300-1840*. São Paulo: Cia. das Letras, 1990.

MAURER, Philippe. *Pour um centenaire – Le Lycée Jeanne d'Arc de Rouen. 1882-1982*. Rouen: CRDP, 1982.

MAYER, Hans. *Os marginalizados*. Rio de Janeiro: Guanabara, 1989.

MAYEUR, Françoise. *Éducation et images de la femme chrétienne en France au début du XXe siècle à l'occasion du centenaire de la mort de Mgr.* Dupanloup. Lyon: Hermes, 1980.

MICHELET, J. *La femme.* Paris: Flammarion-Champs, 1981.

MICHELET, J. *O povo.* São Paulo: Martins Fontes, 1988.

MILES, Rosalind. *A história do mundo pela mulher.* Rio de Janeiro: Livros Técnicos e Científicos; Casa-Maria, 1989.

MITSCHERLICH, Margarete. *La femme pacifique.* Étude psychanalytique de l'agressivité selon le sexe. Paris: Des Femmes, 1988.

MORLEY, Helena. *Minha vida de menina: cadernos de uma menina provinciana nos fins do século XIX.* 5. ed. Rio de Janeiro: J. Olympio, 1958.

MOSER, Anita. *A nova submissão: mulheres da Zona Rural no processo de trabalho industrial.* Porto Alegre: Edipaz, 1985.

MOTT, Maria Lucia de Barros. *Submissão e resistência: a mulher na luta contra a escravidão.* São Paulo: Contexto, 1988. (Coleção Repensando a História).

NEVES, Siloé Pereira. *Homem-mulher e medo, metáforas da relação homem-mulher.* Petrópolis: Vozes, 1986.

OLIVIER, Christiane. *Les enfants de Jocaste.* Paris: Denoel/Gontier, 1980.

PAIRE, Alain. *L'histoire sans qualités.* Paris: Galilée, 1979.

PAIVA, Vera. *Evas, Marias, Liliths... As voltas do feminino.* São Paulo: Brasiliense, 1989.

PEIXOTO, Afrânio. *A educação da mulher.* São Paulo: Nacional, 1936.

PEIXOTO, Afrânio. *Eunice ou a educação da mulher.* Rio de Janeiro: W. M. Jackson, 1947.

PERNOUD, Régine. *A mulher no tempo das catedrais.* Lisboa: Gradiva, 1984.

PERROT, Michelle (Org.). *Une histoire des femmes est-elle possible?* Paris: Rivages, 1984.

PERROT, Michelle. *Os excluídos da história: operários, mulheres e prisioneiros.* Organização Stella Bresciani. Rio de Janeiro: Paz e Terra, 1988.

POMMIER, Gerard. *A exceção feminina, os impasses do gozo.* Rio de Janeiro: Jorge Zahar, 1987.

PRADO, Rosane Manhães. Um ideal de mulher: estudo dos romances de M. Delly. In: BARROS, Myriam M. L. de; PRADO, Rosane M. (Orgs.). *Perspectivas antropológicas da mulher.* Rio de Janeiro: Zahar, 1981. v. 2.

PRAVAZ, Susana. *Três estilos de mulher: a doméstica, a sensual, a combativa.* Rio de Janeiro: Paz e Terra, 1981.

PREVOT, Jacques. *La première institutrice de France: Madame de Maintenon.* Paris: Belin, 1981.

RAGO, Margareth. *Do cabaré ao lar. A utopia da cidade disciplinar Brasil 1890- 1930.* Rio de Janeiro: Paz e Terra, 1985.

RÉGIA, Mara et al. *Como trabalhar com mulheres.* Coletivo FEMPRESS-Brasil. Petrópolis: Vozes, 1988.

REYNES, Geneviève. *Couvents des femmes. La vie des religieuses cloitrées dans la France des XVII et XVIIIe siécles.* Paris: Fayard, 1987.

ROMANO, Roberto. *Lux in tenebris, meditações sobre filosofia e cultura.* Campinas, Unicamp; São Paulo: Cortez, 1987.

ROMANO, Ruggiero (Org.). Parentesco. In: *Enciclopédia Einaudi.* Lisboa: Casa da Moeda; Imprensa Nacional, 1990. v. 20.

ROSEMBERG, Fúlvia; PINTO, Regina Pahim. *A educação da mulher.* São Paulo: Nobel; Conselho Estadual da Condição Feminina, 1985.

SAMARA, Eni de Mesquita. *As mulheres, o poder e a família: São Paulo século XIX.* São Paulo: Marco Zero, 1989.

SAND, George. *Historia de mi vida.* Buenos Aires: Centro Editor de América Latina, 1978.

SCOTT, Joan. Gênero, uma categoria útil de análise histórica. *Educação e Realidade,* v. 15, n. 2, jul./dez. 1990.

SHORTER, Edward. *Les corps des femmes.* Paris: Seuil, 1984.

SOIHET, Rachel. *Condição feminina e formas de violência. Mulheres pobres e ordem urbana 1890-1920.* Rio de Janeiro: Forense Universitária, 1989.

SONNET, Martine. *L'éducation des filles au temps des Lumières.* Paris: Cerf, 1987.

SWAIN, Gladys et al. *O feminino: aproximações.* Rio de Janeiro: Campus, 1986.

VARIKAS, Eleni. *Relações entre os sexos na França e na Grécia do séc. XIX.* Mimeografado.

VARIKAS, Eleni. Droit naturel, nature feminine et égalité des sexes. *L'Homme et la société,* Paris: L'Harmattan, n. 85-86, p. 98-111, 1988.

VARIKAS, E.; RIOT-SARCEY, M. Feminist Consciousness in the Ninteenth Century: a Pariah Consciousness? *Praxis Internacional,* v. 5, p. 4, jan. 1986.

VIEZZER, Moema. *O problema não está na mulher.* São Paulo: Cortez, 1989.

WHITAKER, Dulce. *Mulher & Homem: o mito da desigualdade.* São Paulo: Moderna, 1988. (Coleção Polêmica).

Revistas

BOLETIM do Grupo de Trabalho. A mulher na literatura da Associação Nacional de Pós-Graduação e Pesquisa em Letras e Linguística. Belo Horizonte: UFMG, 1988. Ano I, n. 1.

BOLETIM INFORMATIVO E BIBLIOGRÁFICO DE CIÊNCIAS SOCIAIS. Anpocs. Rio de Janeiro: Vértice, n. 28, 1989.

ÉDUCATION des filles, enseignement des femmes. *Pénélope,* Cahiers n. 2, Printemps 1980.

FATALE Beauté. *Autrement,* Paris, n. 98, 1987.

FEMININO e Literatura. *Tempo Brasileiro,* Rio de Janeiro, n. 101, 1990.

L'AMOUR. *Le genre humain.* Complexe, Paris, n. 13, 1985.

LE GENRE de l'histoire. *Les Cahiers du Grif,* Paris: Editions Tierce, n. 37-38, Printemps 1988.

LE MASCULIN. *Le genre humain.* Complexe, Paris, n. 10, 1984.

METIERS des femmes. *Le Mouvement Social*, Paris: Les Éditions Ouvrières, n. 140, jui./sept. 1987.

MULHER e Arte. *Cadernos do Núcleo de Estudos e Pesquisas sobre a Mulher*, Belo Horizonte: UFMG, 1988.

MULHER e Educação. *Educação e Realidade*, Porto Alegre, v. 16, n. 2, jul./ dez. 1990. Número especial organizado por Guacira Lopes Louro (UFRGS) e Eliane Marta Teixeira Lopes (UFMG).

O CORREIO DA UNESCO. Rio de Janeiro, ano 8, n. 9, 1980. Edição especial sobre a Mulher. PERSPECTIVAS ANTROPOLÓGICAS DA MULHER. Rio de Janeiro: Zahar, n. 2, 1981.

PETITES Filles en Education. *Les Temps Modernes*, Paris, mai 1976.

Novo ponto de partida
Educação: a angústia desse objeto[1]

Cent fois remets ton travail....

"A educação (não) é tudo"

Hoje, já é comum, e não chega a assustar nem mesmo aos desavisados, a frase que Freud nos disse, sem complacência, que educar é um ofício impossível ou uma tarefa impossível.

Freud diz isso no "Prefácio" que faz ao livro *Juventud desamparada*, de Aichhorn, em 1925, e depois em *Análise terminável e interminável*, em 1937, mas reconhece que a ideia dos três *métiers* impossíveis não vem dele e que dela se apropriou de boa vontade. Marcelo Ricardo Pereira desvenda a origem e a localiza em *Sobre a Pedagogia*, de Kant. Ora, esse impossível exige-nos trabalho, pois diz justamente das incertezas, das desilusões, da incongruência humana e do mal-estar na cultura – que também se encontram no cerne da arte de educar.[2]

Às vezes traduzo, e não sem razão, a palavra *"métier"* por "mister". Sempre me intrigou o fato de *"métier"* ser traduzido por "profissão". Vejam o que dizem os dicionários sobre essa palavra: em português antigo, para ofício e ocupação usava-se apenas "mester", e para necessidade e urgência, "mister". Hoje, "mister" é usado em ambas as acepções.

---

[1] Parte deste texto foi apresentado na Jornada da Aleph – Escola de Psicanálise, 2012.

[2] PEREIRA, Marcelo Ricardo; SANTIAGO, Ana Lydia Bezerra; LOPES, Eliane Marta Teixeira. Apresentação do dossiê Psicanálise e Educação. *Educação em revista*, Minas Gerais, v, 25, n. 1, p. 141-148, 2009. ISSN 0102-4698. Doi: 10.1590/S0102-46982009000100007. Disponível em: <https://goo.gl/xqxBtX>. Acesso em: 12 jul. 2017.

Nos dicionários contemporâneos, temos ofício, ocupação, ministério, incumbência, propósito, meta, fim, precisão, necessidade, urgência e aquilo que é necessário ou forçoso. Educação pode ser – e é bom que seja – articulada com cada uma dessas acepções. Esse exercício é bom para fazer brotar o questionamento quanto ao poder das palavras com as quais nos acostumamos e das quais não temos dúvidas. O melhor poder das palavras é gerar dúvida. Do ponto de vista formal, é certo que se pode dizer que "profissão" é uma tradução correta para "*métier*", mas será que educar – um verbo – é uma profissão?

Para não ficar usando a palavra "mister", esse substantivo fora de moda, vou dizer que educar é uma ação, pois que é verbo – e o verbo, como possivelmente lembramo-nos todos, é uma palavra que exprime ação, um estado ou um futuro. Portanto, educar é uma ação que uma pessoa pode exercer sobre outra através da palavra. Entretanto, como disse Santo Agostinho,[3] as palavras nada ensinam, mas nada se ensina sem as palavras.[4] E, infelizmente, para nós, humanos, que nem sempre sabemos disso, a palavra é muito mais poderosa do que pensamos. Não a controlamos. Durante séculos, os homens se gabaram de ser os únicos seres vivos do planeta capazes de falar, mas até hoje não acreditam que não dizem só o que querem e que as palavras não dão conta de tudo. Assim é também no ato de educar: quando quem educa ou quem ensina imagina estar se dirigindo ao Eu do outro, criança ou adulto, "o que está atingindo, sem sabê-lo, é o seu Inconsciente; e isto não ocorre pelo que crê comunicar-lhe, mas pelo que passa do seu próprio Inconsciente através de suas palavras".[5] Assim, os limites da ação de educar encontram sua impossibilidade no fato de que não se submete o Inconsciente – é ele que nos sujeita. É verdade que não há outro domínio possível senão o do Eu, aquele que se exerce conscientemente, mas trata-se de um domínio ilusório, pois o Inconsciente demonstra possuir um peso muito maior que todas as intenções conscientes.

Seriam, então, as palavras mais poderosas do que os métodos que usamos para transmitir conhecimentos? Em última instância, as palavras independeriam dos métodos? Não são os métodos que as faculdades e os

---

[3] Volto a insistir na importância da leitura da obra, *De Magistro*, de Santo Agostinho.

[4] Cf. LOPES, Eliane Marta Teixeira. Da Sagrada Missão Pedagógica. In: *A Psicanálise escuta a educação*. Belo Horizonte: Autêntica, 1998.

[5] MILLOT, Catherine. *Freud antipedagogo*. Rio de janeiro: Jorge Zahar, 1987. p.150.

cursos de formação nos ensinam como sendo eficazes ou não eficazes, competentes ou não competentes para transmitir determinado conteúdo? O impossível poderia então estar articulado a essa função da palavra.

Entretanto, impossibilidade não é nem impraticabilidade nem impotência. Dizer que a educação é impossível é dizer desse mal-estar que ronda permanentemente nossa ação e nossos escritos. É dizer de nossa construção permanente em torno de um furo, tarefa incessante para quem se dispõe a fazer esse caminho.[6] Além disso, é preciso admitir que o ego não é o senhor da sua própria casa, coisa difícil para a educação, que pretende sempre, a qualquer custo, sustentar e conservar isto de onde vem seu prestígio: a ilusão de que determina o futuro.

Podemos afirmar que a educação é também interminável, pois onde está seu futuro? Em que ponto ele se situa? Quem o prevê? Em que momento aparece e já é futuro? Podemos ficar aborrecidos com a denúncia de que para o nosso trabalho o insucesso está previsto desde o começo, ou com o insuficiente sucesso de nossa ação, como queria Freud, mas é que não há uma necessária causalidade entre o que fazemos e o resultado, não há "causalidade" entre os meios pedagógicos utilizados ou as palavras e os efeitos obtidos. O futuro não está, nem é, determinado pelo que fazemos ou deixamos de fazer, mesmo que as doutrinas, os métodos, as técnicas e a prática pedagógica visem primordialmente ao controle e à garantia do sucesso da ação. E, mesmo que isso deva ser feito, nada pode garantir o sucesso da educação. Isso traz sofrimento, isso traz mal-estar, isso provoca a "ilusão de um futuro" e, por qualquer futuro, melhor seria não tecer ilusões.

A educação é um dos últimos domínios em que os raios da razão iluminista teimam em estar acesos, e ela se gaba disso. O projeto moderno para a escola prometia aos seus usuários ascensão social, compensação, promoção, progresso, cidadania, esclarecimento, instrução, liberdade, igualdade, fraternidade. Tudo. Para simplificar, passou-se a dizer que "Sem educação não há salvação". Com isso, aliava-se ao projeto moderno o projeto catequético e salvacionista da Igreja Católica. Tornamo-nos todos missionários da razão. É uma herança pesada. Uma herança que, infelizmente, não pertence ao passado.

---

[6] "Há um furo no saber constituído e essa ruptura faz [na divisão] a inauguração do inconsciente" (BELISÁRIO, Mônica de Almeida. A Instituição Psicanalítica: o Mal-Estar. In: *Transfinitos*. Belo Horizonte: Autêntica; Aleph, 1999. p. 30-34).

Diferentes manifestações em diferentes épocas vão consolidando essas ideias.[7] Tempos atrás, uma poderosa rede de TV anunciava sua atuação no campo da educação, e uma voz presunçosa afirmava: "Por trás de tudo isso existe uma ideia muito forte"; a seguir a vinheta anunciava vaidosamente, melodiosamente: "educação é tudo". Aí, sim, entramos no terreno do verdadeiramente impossível. Quando dizemos que a educação é tudo, também dizemos que os que a têm (ou que julgam tê-la) de nada mais precisam. Estão, estamos, de novo, mais uma vez, salvos.

A educação é essa "não-toda" que não cessa de não se escrever e de se escrever. A linguagem não a apreende toda nem dá conta dela toda, mas ela só tem a linguagem... Escapa ao significante-mestre (educação), escapa ao laço social, mas curva-se a ele, não deixando de se estabelecer, mas sem se conter em um discurso estabelecido.

Quando digo, apoiada em Freud, que a educação é um mister impossível, que nada pode garantir o sucesso da educação e que é melhor não tecer ilusões quanto ao futuro, não estou dizendo que não se deva educar. A educação não é salvação nem condenação; não é tudo nem é nada. A educação é uma aposta: o jogo tem que, deve, precisa ser jogado. É responsabilidade de cada um apostar todas as suas fichas nela.

Sobre ensinar e aprender

Ensinar e aprender são, podemos talvez dizer, os dois eixos principais da educação. A partir do século XII, na França, houve tal preocupação em fazer coincidir as duas coisas – ensinar e aprender – que, contemporaneamente à escolástica, o verbo *"apprendre"*, que já era aprender, torna-se também ensinar. Posso atribuir um sentido romântico a essa firula da língua e dizer que quem ensina aprende, que quem aprende pode ensinar a quem ensina, que mestre é quem de repente aprende (Guimarães Rosa), mas isso seria enganar-se com o fato histórico de que é durante a escolástica, na França, e não em outro momento qualquer, que essa simultaneidade se dá. Não havia nada de romântico na escolástica.

---

[7] LOPES, Eliane Marta Teixeira. *Da sagrada missão pedagógica*. São Paulo: Universidade São Francisco, 2003. (Primeira edição.)

A escola medieval visava garantir a conservação e a difusão de saberes, resguardando a ortodoxia e combatendo outros saberes julgados heréticos, ilegítimos ou perigosos, e era necessário garantir as condições favoráveis para que essa "aposta política" fosse ganha. O recurso a uma rigorosa didática para o entendimento da revelação, para o entendimento da disputa e do esforço, para a conciliação entre a fé e a razão, dos quais a escolástica não abria mão, oferecem a dimensão da preocupação com a coincidência entre ensinar e aprender. Mesmo que a língua portuguesa não tenha criado essa filigrana de linguagem/pensamento, dado o baixo desenvolvimento da escolástica e a ausência de "homens de saber" em Portugal nessa época, guardou-se, pelo caráter sempre político do local destinado ao ensino – a escola[8] –, a necessidade de fazer coincidir, à custa de muita didática, ensinar e aprender. Sempre que se ensina, o que se espera é que o outro aprenda e aprenda o que foi ensinado. Para fazer esse pensamento potencialmente poderoso funcionar, métodos, técnicas e tecnologias para ensinar e aprender sucedem-se ao longo da história. Todos eles são eficazes – mesmo que nenhum deles seja completamente fosse eficaz, pois que, se fossem, não haveria necessidade de tantas mudanças e novidades. Na verdade, o sucedimento de uns por outros não é modismo, como querem alguns; é o sintoma de que existe uma insatisfação, um mal-estar que não cessa – nunca cessou. O sentimento de insucesso, anunciado por Freud, mas também as constantes denúncias de que tudo vai mal, porta-voz de um ideal, o sustenta.

Filósofos e historiadores sempre discorreram e discutiram sobre ensinar e aprender. O que posso depreender de acordos e controvérsias entre eles é que ensinar nunca foi ato isento de muita contradição[9] e de muita perversão[10] (sem recorrermos a significados e conceitos filosóficos e psicanalíticos).

---

[8] É claro que houve aí uma nova perversão, que é aquela que separa o sentido original grego de escola (*Skolê*) daquele que assumiu no Império Romano e mais tarde no cristianismo e suas reformas.

[9] [Do latim *contradictione*.]S. f.1. Incoerência entre afirmação ou afirmações atuais e anteriores, entre palavras e ações; desacordo. 2. Contestação, impugnação; contradita. 3. Objeção, oposição.

[10] [Do latim *perversione*.] S. f.1. Ato ou efeito de perverter(-se). 2. Corrupção, desmoralização, depravação. 3. Alteração, transtorno: perversão do olfato, do gosto. 4. Med. Desvio ou perturbação de uma função normal, sobretudo no terreno psíquico.

- Contradição: se se ensina, é porque alguém está aprendendo. Mas... sempre está? Sempre que se ensina a alguém – pois que ensinar pressupõe um outro – esse alguém aprende?
- Perversão: já que não há nenhuma garantia de que exista uma correspondência entre os dois termos [ensinar e aprender] e, sendo assim, não há garantia para o ato.

Se é verdade que em ensinar existe uma contradição e uma perversão, chegamos a uma aporia que, no limite, levaria a uma invalidação, uma destruição, uma eliminação do legado de saberes entre humanos que, independentemente de qualquer teoria, didática ou epistemologia, existe e continuará existindo – para o bem de todos.

Para sair dessa aporia, proponho pensar que ensinar é um ato de fé. Retomemos a palavra "fé" em sua origem. No latim, era *fides*: confiança, lealdade, fidelidade. Foi o latim cristão que especializou o sentido do vocábulo em "confiança em Deus", mas nada nos impede de desinvesti-lo dessa especialização. Estamos, portanto, falando em fé como confiança, lealdade. De novo, aposta.

Se concordarmos que ensinar é um ato de fé, obrigamo-nos a também concordar que é "ter fé em", "fazer fé em", em vez da desgastada e missionária fórmula "levar fé a". Depositar confiança em; confiar; acreditar – no sujeito que é o ensinante, no sujeito que é o aprendiz.

Apesar de todas as legislações democráticas que consagram capítulos ao dever e à obrigação de educar e de ser educado, tanto do ponto de vista da prática educativa ou pedagógica[11] quanto do ponto de vista do sujeito que educa ou daquele que é educado, não há garantias, é mesmo uma aposta que necessita de toda a implicação dos sujeitos para que seja possível ganhá-la.[12] No entanto, se a apropriação daquelas fórmulas que nos serviram de boia durante tantos séculos (e não apenas anos) continuar sendo feita sem nenhuma análise, sem nenhuma crítica de nossa parte, sem nenhum trabalho de desconstrução ou de interpretação, continuaremos carregando esse pesado fardo como missionários, até mesmo da razão.

---

[11] Na hora H do uso desses termos, é que se constata com que imprecisão são utilizados! Na verdade, os conceitos que davam suporte ao uso se embaralharam e se perderam ao longo do tempo...

[12] A partir da ideia de que a educação é uma aposta, vale a pena (talvez) investir nela e confirmá-la ou negá-la. A psicanálise pode trazer uma contribuição indispensável. Cf. LACAN, J. O seminário, *livro 16: de um Outro ao outro*. (1968-1969). Confira também a longa lista de textos disponíveis na internet sob os títulos "aposta", "pari", "Pascal".

A professora Maria José disse à Inspetora que veio inspecionar:
— A senhora me desculpe, mas os meninos estão fazendo prova... Sabe? Essa é única arma que eu tenho pra fazer eles estudarem...

Seria a PROVA possível? Não há prova de que se ensinou, não há prova de que se aprendeu. Mesmo que se faça prova, mesmo que se aplique prova. Professores e alunos convocados, sempre, a darem prova. Dar prova... estranho testemunho de alunos e professores que pode resultar em um esforço, em uma cobrança exaustiva, infindável e, conforme os fins a que se destina, inútil. Mesmo quando é uma arma.

Aprendemos, ensinamos, provamos: intramuros, extramuros, nos pátios, na aula. Aula, esse lugar, essa coisa, às vezes mais que isso, uma causa. Nas grandes salas dos palácios de Carlos Magno, rei dos francos, no século VIII, era nas aulas que se realizavam as lições. E aula era apenas isto: o lugar. Áulicos eram aqueles que frequentavam o lugar. A língua viajou daí para lição ou exercício ministrado pelo professor num determinado espaço de tempo (aula) e para uma certa maneira — bajuladora, aduladora — de frequentar o poder (o áulico).

Educação e ensino, seminários, aulas e provas não são lugares de facilidades. À espreita, inimigos fidalgais, mas também figadais. Agarram-nos, com toda delicadeza, as unhas de ferro da submissão, da repetição — "repete, repete que tu aprendes", disseram para Paulo Freire. Para que a apreensão, o pavor da mudança, não invada tudo, repete-se e mantém-se o sistema.

A mesmice invencível talvez possa ser vencida — apenas isso: talvez [13]. Se, em vez de sempre aprender — com o outro, ao outro —, pudermos desaprender ou aprender de novo, mais uma vez.

A mesmice está sempre em busca da normalidade, e o normal, se é que existiu algum dia, não há mais. Tudo que aí poderia ser encaixado

---

[13] "O pensamento do talvez envolve talvez o único pensamento possível do acontecimento. E não há categoria mais justa para o porvir do que a do talvez. Tal pensamento conjuga o acontecimento, o porvir e o talvez para abrir-se à vinda daquele que vem, isto é, necessariamente sob o regime de um possível cuja possibilitação deve triunfar sobre o impossível. Pois um possível que fosse somente possível (não impossível), um porvir segura e certamente possível, de antemão acessível, seria um mal possível, um possível sem porvir. Seria um programa ou uma causalidade, um desenvolvimento, um desdobrar-se sem acontecimento" (DERRIDA, Jacques. *Políticas de la amistad*. Madrid: Totta, 1998. p. 46, apud LARROSA, Jorge; SKLIAR, Carlos (Orgs.). *Habitantes de Babel: políticas e poéticas da diferença*. Belo Horizonte: Autêntica, 2007, p. 287).

no normal, como normal, mesmo apertando um pouco para dar certo, para fazer aos moldes de Freud, ou de Lacan, ou de Gauss, se esvaiu. Deus, Pátria, Família, Escola, professor, professora, aluno, aluna normais? Bem tentaram chamar a escola de Escola Normal – depois veio o Normal Superior... eliminaram o significante dos papéis. Não há mais o normal. Existiu algum dia?

Segundo Maria Rita Kehl,

> A "crise do sujeito", outra face da chamada "crise da referência paterna", corresponde, a meu ver, ao deslocamento e à pulverização das referências que sustentavam, até meados do século passado, a transmissão da lei. Não se trata da ausência da lei na atualidade, mas da fragilidade das formações imaginárias que davam sentido e consistência à interdição do incesto – a qual, desde Freud, é considerada condição universal de inclusão dos sujeitos na chamada vida civilizada, seja ela qual for.[14]

O ideal de normalidade persegue os personagens da vida escolar. Qual ideal o presente projeta sobre o passado?

Quem pensaria em escola, em cenas escolares, sem professor, sem professora... e sem eles, os alunos e as alunas, que agora se escondem atrás de telas? Mas, em número cada vez maior, supervisoras, orientadoras, administradores e administradoras, gestores e gestoras, um batalhão de especialistas a dizer para uns e outros como dar certo. O ideal não dá trégua...

Do lado do(a) professor(a), está em marcha uma série de mecanismos, de atitudes, de comportamentos, de gestos e de palavras que visam a um auditor e a um auditório. Em reação, o aluno e a aluna produzem outros comportamentos, atitudes, gestos e palavras que respondem, mais ou menos violentamente, às manobras mais ou menos violentas ou persuasivas do professor, da professora. A disputa entre o amor e o ódio estará sempre presente. Cada um comparece e participa munido do que tem e do que crê ter; cada um busca despojar o outro do que tem ou do que crê ter.

Nesse campo semântico estão presentes – pelas próprias palavras e por sua origem – as ideias de proteção e de uma escassez que pode ser suprida, sempre implicando uma relação com um lugar, uma instituição, o estabelecimento de ensino, para que o ensino se estabeleça, ou uma

---

[14] KEHL, Maria Rita. Sonhos do avesso. *Folha de S.Paulo*, São Paulo, 6 set. 2009. Disponível em: <http://www1.folha.uol.com.br/fsp/mais/fs0609200912.htm>. Acesso em: 12 jul. 2017.

relação com um outro que não só é, presumivelmente, um adulto ou uma adulta, como também tem um título.

A escola, sobretudo a escola pública, passa a estar, depois do século XIX, na Europa, cada vez mais presente na vida das pessoas. No Brasil, o advento da República não traz imediatamente a democratização da educação, mas cria as condições para disputas, reivindicações, propostas pedagógicas, e o ensino sai de dentro das casas e passa aos estabelecimentos. Com isso, há cada vez menos preceptores e preceptoras e cada vez mais mestres, mestras, professores, professoras, lentes, tias (sempre no feminino), educadores, educadoras...

Em cada época e em cada espaço geográfico, é o movimento da história que dá a essas expressões, aos significantes, os seus significados. Por exemplo, "lente", palavra que hoje ao ouvirmos nos lembra dos óculos, binóculos, algum tempo atrás se referia ao professor de escola secundária ou superior que lia as lições que dava. A palavra tinha sua origem no latim *legente*, "que lê". Na palavra, uma função, mas também uma didática. Assim, lendo dava-se aula. Havia ainda o repetidor, professor que tinha a função de repetir, repassar, explicar as lições dadas em aula de outro. Assim, repetindo dava-se aula.

Para a palavra que é a de uso mais corrente entre nós, "professor", "professora", o Aurélio reafirma o caráter sexista da língua portuguesa (embora não só ela o seja). Mas vale a pena deter-nos na etimologia de "professor" (conservemos o sexismo). Não há duas palavras para falar sobre aquele que professa – declara – publicamente verdades religiosas, e aquele que ensina dentro de uma escola. A partir do século XVI, a proclamação pública, a confissão em alto e bom som de uma verdade religiosa ou teológica, passa a fazer parte das práticas religiosas. Desse momento em diante, posto que o ensino fosse objeto de disputa entre duas reformas religiosas, a católica e a protestante, aquele que ensina, necessariamente, professa. E assim continuamos, séculos afora, a dizer essa palavra que perdeu o sentido original. Não sem consequências.

Bem mais antiga é a palavra "mestre". Mestre é todo aquele que se mostra perito em assunto sobre o qual dá lição; palavra que se aplica a todos os graus de ensino. Indo às etimologias francesas, que afinal são as mesmas nossas, vemos que em mestre (*magistro*) existe mais, do latim *magis*, que significa "mais". Há, portanto, uma superioridade do mestre em relação ao professor ao menos na origem da palavra. Quando era preciso se referir ao mestre que ensinava às crianças, acrescentava-se o epíteto: mestre-escola. Hoje, o mestre é aquele que faz um mestrado.

Mas convenhamos: os professores, as professoras, assim no plural, não existem, porque – sempre – professor/professora é um a um. Por mais que os cursos de formação se esforcem, por mais que os discursos e a legislação se esforcem. As lembranças podem atestar isso: não há o mesmo professor(a) nem para apenas dois alunos.

Vários autores de autobiografias, biografias, romances, poesias em diferentes tempos lembram-se do tempo em que foram alunos ou alunas; lembram-se de seus professores e de suas professoras, ou lembram-se de que foram professores(as) nas escolas ou em suas casas. Nenhum dos textos tem compromisso com a verdade; todos eles dizem a verdade. Alguns dos textos traçam um retrato de corpo inteiro, outros, apenas um perfil, ou sombra, ou borrão. Alguns são atrozes, outros são delicados; alguns condescendentes. O passado não é (era?) o que idealizamos.

Escolhi três excertos, amostras, notas atordoadas, sem nenhuma conclusão. O primeiro foi extraído do livro *Se não me falha a memória*, que teve sua vivência escolar no século XIX, em Minas Gerais:

> O mestre-escola, pálido e de cor terrosa, era inflexível na disciplina. O não saber a lição implicava bolos nunca menos de meia dúzia para cada lição não sabida. O mau comportamento provocava outro castigo para o qual Anatólio concorria como cúmplice e paciente ao mesmo tempo. Esse castigo determinava o diagnóstico daquele homem verdadeiramente enfermo do sistema nervoso.
>
> Os alunos, de resto, o provocavam, pintando escorpiões ou esculpindo-os em cera e colocando-os sobre a sua mesa, quando acaso se ausentasse por alguns instantes, indo ao interior da casa.
>
> Ao voltar e vendo o carangonço sobre seus papéis, ao lado da palmatória, perguntava quem praticara aquela indignidade e, como ninguém se acusasse, escolhia quatro e ordenava ao empregado:
>
> – Vá buscar o colchão...
>
> Enquanto o colchão não chegava, ordenava aos três, escolhidos arbitrariamente, que se deitassem no chão bem pegados uns aos outros. Daí a momentos entrava o Anatólio trazendo

na cabeça o colchão que de longe já recendia a urina choca encharcada... O Chico Carangonço puxava então a gaveta de sua mesa e retirava de dentro uma velha garrucha. Passeava dois minutos sobre os pequenos quase asfixiados, apontando-lhes a arma sobre o crânio e cantando a Marselhesa.[1]

No segundo, o poeta Carlos Drummond de Andrade revela sua educação e seus mestres:

Mestre

Arduíno Bolivar, o teu latim
Não foi, não foi perdido para mim.
Muito aprendi contigo: a vida é um verso
Sem sentido talvez, mas com que música!

Aula de alemão

Baixo, retaco, primitivo,
Irmão Paulo, encarregado da livraria,
Do ensino de Goethe a principiantes,
Leu um único livro em sua vida:
A arte de dar cascudos
Que ele pratica bem, mas não ensina.
Os lábios assustados ficam mudos
para sempre, em germânico.[2]

Mas a procura e, ao mesmo tempo, a construção de um ideal não cessam. O ideal vigia os "passos rumo ao êxito para todos".

Pequenos passos rumo ao êxito para todos
II. O MEU PROFESSOR IDEAL

Loek van Veldhüyzen and K Vreugdenhil

Os professores ensinam todos os dias. Preparam as aulas. Explicam o que tem de ser aprendido. Supervisionam os exercícios

---

[1] SALLES, Joaquim. *Se não me falha a memória*. Rio de Janeiro: IMS, 1993, p. 176.

[2] ANDRADE, Carlos Drummond de. *Poesia e Prosa*. Porto Alegre: EDIPUCRS, 1994, p. 646-547.

dos alunos. Checam os resultados. Aprendem a conviver com sua classe. Modelam e influenciam comportamentos, ensinando às crianças e aos jovens a consciência de seus deveres, formas de convívio social, valores e normas.

Isto não acontece no vácuo. A educação se faz na escola, onde muitas outras coisas acontecem. Há reuniões de professores. Há o Plano Diretor para se levar em conta. Há o contato com os pais.

Para executar a contento todas essas atividades, os professores devem possuir características muito especiais. Num perfil profissional, essas características são definidas numa certa ordem, permitindo que se construa uma imagem coerente da profissão.

Mas o ensino não para de mudar, e, com ele, muda a imagem do professor. Um perfil profissional é sempre o produto de um lugar e de um tempo determinados. Deveria ser revisto a cada cinco anos, aproximadamente. Um perfil profissional também volta-se, em certa medida, para o futuro. Inclui características de professores que, embora ainda não sejam universais, serão exigidas daqui a alguns anos.[3]

Não há disfarce: procura-se, persegue-se um professor ideal.

---

[3] Texto extraído do site Centro de Referência em Educação Mario Covas (SP). Disponível em: < http://www.crmariocovas.sp.gov.br/pdf/mudar_p008_023_c.pdf>. Acesso em: 27 maio 2017.

Este livro foi composto com tipografia Bembo e impresso
em papel Off-White 80 g/m² na gráfica Paulinelli.